海上丝路古城

海上丝路古城

程遂营 著

河南大学出版社
·郑州·

图书在版编目（CIP）数据

海上丝路古城 / 程遂营著．—郑州：河南大学出版社，2019.7（2025.10 重印）

ISBN 978-7-5649-3782-9

Ⅰ．①海… Ⅱ．①程… Ⅲ．①城市史—中国 Ⅳ．①K928.5

中国版本图书馆 CIP 数据核字（2019）第 132250 号

责任编辑 陈 巧
责任校对 孙增科
封面设计 马 龙

出 版 河南大学出版社
地址：郑州市郑东新区商务外环中华大厦 2401 号
邮编：450046
电话：0371-86059750
网址：hupress.henu.edu.cn
排 版 河南大学出版社设计排版中心
印 刷 河南印之星印务有限公司
版 次 2019 年 7 月第 1 版
印 次 2025 年 10 月第 3 次印刷
开 本 710 mm×1010 mm 1/16 印 张 17
字 数 242 千字 定 价 45.00 元

目录 Contents

第十五章

序言

在世界文明史上，曾经有一条贯通东西的国际交流大通道，它由中国人最早开辟，把中华文明与印度文明、阿拉伯文明、西方文明等多个文明连在一起，血脉相通。这条国际交流大通道就是举世闻名的“丝绸之路”。

丝绸之路跨越两千多年，纵横数万公里，曾经引领着世界文明发展的方向。没有当年的丝绸之路，就没有今天的全球化，不会形成地球村，也就失去了现代人类命运共同体形成的基础。

通过丝绸之路，中国的丝绸、瓷器、漆器、铁器等手工产品，造纸术、印刷术、指南针、火药等科学技术，以及饮食、服装、建筑、文学等生活艺术，源源不断地输入世界各地，对推动世界文明的进步发挥了巨大作用。反过来，海外的动物、植物、音乐、舞蹈、游戏，以及宗教、科技成果等也通过丝绸之路进入中国内地，对中国人的日常生活、思想信仰乃至中华文明产生了深刻影响。

不过，归根到底，无论陆上丝绸之路还是海上丝绸之路，都是以城市为节点的。这些城市既是丝路的起点，又是丝路的终点；它们承载了厚重的丝路文化，留下了珍贵的丝路遗产。基于此，本书在央视《百家讲坛》系列讲座《丝路上的古城》（第二部）的基础上，以我国的北海、湛江、广州、漳州、泉州、福州、温州、宁波、杭州、上海、南京、扬州、连云港、青岛、烟台 15 座海上丝路古城为载体，回顾它们在海上丝绸之路交流中所处的特殊地位，追忆它们在中国走向世界、世界走向中国的过程中所发挥的巨大作用，从而展示中华文明的灿烂、辉煌、包容与和谐，揭秘中华文明生生不息、保持旺盛生命力的动力源泉！

如果把从北海到烟台的 15 座海上丝路古城放在一起来看，我们会发现：

第一，海上丝绸之路开辟的时间也是在西汉时期。与陆上丝绸之路开辟几乎同时，我国已经开辟了通往世界各地的海上丝绸之路。只不过，海上丝绸之路的开辟是以沿海居民为了求得生存、发展的海外经商为先导，而后，国家力量开始介入，并逐渐把海上丝绸之路的路线官方化，并不断向西方延伸。

第二，海上丝绸之路的路线有多条。海上丝绸之路既有通往日本、韩国的东亚丝路，通往菲律宾、印度尼西亚、马来西亚、越南、柬埔寨的东南亚丝路，也有通往印度、斯里兰卡及阿拉伯国家，乃至非洲东海岸、欧洲的南亚、东非之路。

第三，海上丝绸之路中外交流的内容丰富。通过海上丝绸之路，中国输往世界各地的主要产品从丝绸、瓷器、茶叶，到儒家思想、律令制度、四大发明等，对沿线 60 多个国家和地区产生了不同程度的影响，形成了一股持续吹向全球的东方文明之风。与此同时，海外的名贵木材、珍珠香料，以及众多植物、宗教文化等，通过海上丝路输入中国内地，大大丰富了中国人的文化生活。因而，海上丝绸之路又有“陶瓷之路”“茶叶之路”“香料之路”等美誉。通过海上丝路，中国文化走向了世界，世界也逐渐认识和了解了原本神秘的中国。

第四，海上丝绸之路对沿海城市的影响巨大。随着海上丝绸之路贸易的繁荣，从北海到烟台等一座座沿海港口城市逐渐发展繁荣起来。经过数百年乃至一两千年的持续发展，它们从一个个不起眼的小渔村蜕变成为一座座繁华的沿海都市，实现了华丽的转身。而且，直到今天，这些沿海城市仍然是包容开放、活力四射的城市，引领着我国城市发展的方向。

21 世纪是海洋的世纪。中国从来没有像现在这样离不开世界，世界也从来没有像现在这样需要中国。由中国人开辟和倡导的丝绸之路在过去、现在和未来都一直承担并且仍将继续承担把世界连接起来的纽带作用，直到永远。

谨以二首《如梦令·丝路》作为此序的尾章：

如梦令·丝路

（一）

驼铃声在耳边，大漠背影渐远。

城市做驿站，续不尽前世缘。

丝路，丝路，世界不再遥远。

（二）

大海水连着天，梦里远去的帆。

港口做驿站，文明从此相连。

丝路，丝路，谱写时代新篇。

作者

2019 年 3 月 1 日

第一章

珍珠故乡话北海

趣味知识自测题

1. 我国是海洋大国，拥有海岸线的总长度是________。

A. 1.8 万公里　　B. 1.7 万公里　　C. 1.6 万公里　　D. 1.5 万公里

2. 除了 960 万平方公里的陆地面积，我国还拥有海洋国土面积________。

A. 200 多万平方公里　　B. 300 多万平方公里

C. 400 多万平方公里　　D. 500 多万平方公里

3. “买椟还珠”这个典故出自________。

A.《孟子》　　B.《庄子》　　C.《韩非子》　　D.《吕氏春秋》

4. 北海流传一句谚语“种千亩木奴，不如一龙珠”。“木奴”指的是________。

A. 荔枝　　B. 柑橘　　C. 香蕉　　D. 菠萝

5. 通常情况下，一颗“龙珠”的直径是________。

A. 3 ～ 5 毫米　　B. 5 ～ 10 毫米　　C. 15 ～ 20 毫米　　D. 20 ～ 25 毫米

6. 琥珀是一种宝石，它的原产地在________。

A. 地中海沿岸　　B. 波罗的海沿岸　　C. 阿拉伯海　　D. 日本海

7. 狮子的原产地不包括________。

A. 印度　　B. 阿富汗　　C. 肯尼亚　　D. 中国

8. 据《汉书·地理志》记载，汉代海上丝绸之路到达的地区不包括________。

A. 印度尼西亚　　B. 印度半岛　　C. 斯里兰卡　　D. 阿拉伯半岛

9. 汉武帝时期在南方地区设立的九郡不包括________。

A. 桂林　　B. 南海　　C. 儋耳　　D. 合浦

10. "男儿要当死于边野，以马革裹尸还葬耳"的名言出自________。

A. 卫青　　B. 霍去病　　C. 李广　　D. 马援

【评分标准】共 10 题，总分 100 分。每题选择正确得 10 分，选择错误 0 分。

【评估等级】

大牛（对城市很熟悉）：80 ～ 100 分；

及格（对城市基本了解）：50 ～ 70 分；

菜鸟（对城市很陌生）：0 ～ 40 分。

注：参考答案附在本章末。

开篇的话

中国是世界上主要的海洋大国，拥有1.8万公里的漫长海岸线以及辽阔的海域，在五千年的中华文明发展史中，孕育出了灿烂的海洋文化。在古代东西方的海上贸易中，我国曾经长期占据绝对的优势，成为闻名世界的海洋强国，拥有着广州、泉州等世界级大港。但是，我国是个传统农业大国，不自觉地形成了“重陆轻海”的观念。所以，明代中期以后，开始实行禁海政策，导致中国在世界航海史上的没落。鸦片战争以后长达百年的时间里，中国人民饱受西方列强的肆意欺凌与奴役，其中教训可谓血泪斑斑、刻骨铭心！

21世纪是海洋的世纪，中国作为一个海洋大国，必须有所作为，重塑海洋强国形象。不过，时至今日，我国国民的海洋意识还相当淡薄。比如，有一项调查显示，很多在校大学生在被问到我国的国土面积时，只知道960万平方公里的陆地面积，却不知，我国还有300多万平方公里的海洋国土面积，这也是中国神圣不可侵犯的领土。

我们这个讲座，结合海上丝绸之路发展历程，大致自南向北选取北海、广州、泉州、宁波、上海、烟台等15座自古以来就形成的港口城市进行讲解。探讨这些港口古城在海上丝绸之路的重要地位、作用，提高国人的海洋意识。

提及海上丝绸之路，人们通常想到的是广州、泉州等这些大港口，觉得它们似乎应该是海上丝绸之路的起点。不过，很多朋友也许不知道，从时间的先后来说，北海比广州、宁波更早就成了我国古代海上丝绸之路的始发港口。

说到这里，问题就来了：从地理位置上看，北海位于广西的南部，位置偏僻，与内地的交通极其不便，到底凭什么北海成了我国最早的海上丝绸之路始发港？

丝绸之路的始发港往往是贸易的集散地，那么，古代北海有什么特殊的贸易活动，能够促使封建政府把这里设立为海上丝绸之路的起点？

丝绸之路始发港的地位又对北海的城市发展产生了怎样的影响呢？

下面，我们就一起走进广西的北海，去揭开以上这些问题的面纱。

先从先秦时期的一个成语典故讲起。

一、靠珍珠致富的女人

战国时期的一本哲学著作《韩非子·外储说》里记载了这样一个典故：

春秋时期，一个楚国的珠宝商，做生意来到郑国，想出售一颗珍珠。为了让珍珠好卖，他用名贵的木材做了个匣子，用香料把匣子薰香，还用美玉、宝石以及翠鸟的羽毛等加以装饰。经过精心包装以后，果然很吸引人的眼球，一个郑国人以高价买走了这个匣子，但临走时却把匣子里的珍珠还给了楚国珠宝商人。

这个典故就是我们今天熟悉的“买椟还珠”。“椟”原意为函匣、柜子一类的收藏用具，也就是现在所说的木匣子。珠，也就是古代的珍珠。

买椟还珠的故事一直流传至今，韩非子的本意是借这个故事讽刺和嘲笑像郑国人那样舍本逐末、取舍失当的人。

但如果用今天的眼光来看这个典故故事，是不是还给我们带来了另外一个很有意思的问题：记载这个故事的韩非子当然懂得珍珠的珍贵，为什么那个郑国人偏偏不懂得珍珠的珍贵呢？

这跟珍珠的来源，以及古人的海洋意识有关。

珍珠是贝类或蚌类水生动物体内分泌而生成的一种有机宝石，分淡水珍珠和海水珍珠两类。一般来说，海水中孕育的珍珠比淡水珍珠个头更大，品质也更好。因此，价值也更高。现代社会，市场上流通的大多是人工养殖的淡水珍珠。而在古时候，人们还没有掌握人工养殖珍珠的技术，那时候的珍珠绝大多数是海水珍珠。

珍珠色彩柔和，质地细腻，光泽靓丽，浑然天成，每一颗都独具魅力，不需要人工雕琢加工，本身就是一件漂亮而珍贵的饰品。古人认为，珍珠是神赐予人类的礼物，佩戴珍珠可以袪灾避邪。加上珍珠的药用、美容和保健价值也很明显，因此，珍珠自古至今都是一种奢侈品，价值不菲。所以，才冠名“珍”字，就是珍贵、宝贵的意思。我们看电影、电视连续剧，发现帝王、后妃的帽子上都会镶嵌珍珠作为装饰，以显示其高贵的身份和地位，一般老百姓往往享用不起。

那么，我国的名贵珍珠到底出自哪里？

我国的海水珍珠主要产自南方广东、广西的海域，尤其是广西的北海地区。

北海位于北部湾近陆海域，地处亚热带，阳光充足，四季如春。海域风浪小，海水盐度适中，水质透明，浮游生物丰富，是珍珠贝生长的极佳场所。这里出产的珍珠凝重结实、浑圆粒大、晶莹光润，珠光艳丽而柔和，色彩斑斓而持久，成为人们心目中的珠中极品。由于北海位于我国的南方，人们就把这里出产的珍珠命名为南珠。世界上，出产珍珠的国家不止中国，但流行一个说法：

> 西珠不如东珠，东珠不如南珠。

西珠就是产自西洋（今欧洲大西洋海域）的珍珠，东珠就是产自东洋（今日本海）的珍珠。论成色、论价值，要数产于北海的南珠最上乘。在北海，还流传一句谚语：

> 种千亩木奴，不如一龙珠。

古人把质高粒大的海水珍珠称为龙珠，其直径可以达到 15 ~ 20 毫米，生长期长达 15 年以上，其身价往往一粒千金。木奴就是柑橘，柑橘是热带水果中的精品，也很珍贵。但在北海人看来，即使种上千亩的柑橘，也不如从大海中得到一颗龙珠值钱。

因此，北海自古以来就以产南珠知名，被誉为我国的“珠乡”“珠城”。

韩非子所记载的故事发生在我国历史上的春秋时期。那时候，楚国是一个南方的诸侯国，势力强大的时候，它统治的范围包括了今天的湖北、湖南，以及广东和广西的大部分地区。所以，楚国人可能早就认识了珍珠的价值，而那位卖珍珠的楚国商人售卖的可能就是北海所产的南珠。

但郑国就不同了，郑国是春秋时期位于中原地区的一个小诸侯国，主要包括今天以郑州为中心的河南中西部地区。那里距离我国南方的大海有几千里。由于交通不便，很多人，甚至包括中原地区的一部分社会精英分子，可能从来都没有走出自己的生活圈太远，一辈子都没有见过大海的大有人在。那位买了椟、还了珠的郑国人也许从没有见过大海，也不知道南珠的珍贵价值，闹出买椟还珠那样的笑话也就不奇怪了。

不过，买椟还珠只是南珠贸易的个案，南珠的价值终究是掩不住的。到了汉朝，有一个女人通过买卖南珠发了大财，成为我国历史上名副其实的珍珠富商。

那么，这位女子是谁？她又是怎么依靠南珠致富的呢？

西汉成帝（前32～前7年在位）的时候，有一位叫王章的人，做了京兆尹，也就是管理京城长安的最高长官。王章之所以能当上京兆尹，跟他的妻子有密切关系。

是他的妻子在朝中有很硬的后台吗？不是的。

原来，王章的妻子并非出身名门，甚至没有在历史上留下名字，但她却是一个很有胆识和才干的女子。早年，王章求学长安时，生活十分清苦。有一年冬天，王章因为长期用功读书，太辛苦了，得了重病。家里没有像样的被子，王章身上只盖着牛衣御寒。牛衣就是用草或麻编成的覆盖在牛身上，冬天里给牛御寒的草衣。王章病卧在牛衣中，一度绝望了，一边哭泣，一边与妻子诀别。王章妻则大声地激励丈夫，不要气馁、不要灰心，苦日子一定会挺过去的。王章很受感动，在妻子的精心照料下，身体一天天好起来，并最终功成名就，做了京兆尹。由此也留下了一个成语典故“牛衣对泣”，用来形容贫贱夫妻同过艰苦的生活。

所以，王章当上京兆尹可谓一波三折，经历了不少磨难。做了官以后，他也想好好为朝廷服务，所以，办事认真，性情耿直。有一次，王章向皇帝举报辅政大将军王凤独断专行、结党营私的劣行。结果，被王凤知道了。王凤是汉元帝的大舅哥，大权独揽。不久，王章便被王凤设局诬陷，以大逆之罪被处死，家产全部充公。王章的妻子和他尚在年幼的儿女也受到牵连，被流放到合浦，也就是今北海的合浦县。在西汉的时候，北海这个地方既偏僻又落后，所以成了犯人的主要流放地。

王章妻和他的儿女们如何生存下去?

通过“牛衣对泣”这个故事已经可以看出，王章妻不是一个一般的女人。果然，她保持了一贯的乐观、执着天性，并没有对生活失去信心。

当王章妻带着儿女来到合浦后发现，合浦紧邻大海，海上交通便利，这里不产粮食，当地百姓靠海吃海，以捕鱼和采珠为生。很多外地的商人把粮食、衣料等日常生活用品贩卖到这里，从珠民手里换取珍珠，再以高价把南珠倒卖到中原地区。久而久之，合浦就形成了一定规模的自发珠市，这就给王章妻做南珠生意提供了便利条件。于是，经过深思熟虑后，她便做起了南珠贸易，从北海把南珠通过各种渠道售卖到中原地区。数年之后，王章妻积累了巨额资产，成为合浦有名的女富商。

这个时候，从京城传来了好消息，独断专行的王凤去世，新登基的汉成帝为王章平反昭雪，并下诏让王章妻儿重返长安。

王章妻被贬合浦，经营南珠，竟至巨富的传奇经历，在当时引起了很大的社会反响。所以，才被完整地记载在史书里。

一个弱女子，怎么能够取得如此大的成功呢？分析起来，有以下几点原因：

第一，珍珠有巨大价值。汉代人已经充分认识到，南珠不仅是极佳的饰品，而且具有医疗、保健、美容等各种功效，是当时社会身份、地位和财富的象征。所以，珍珠拥有极大的价值，售卖珍珠可以获得巨大的利益。

第二，合浦已经形成一定规模的珠市。史书记载，汉朝的时候，合浦这里不产粮食，当地百姓靠海吃海，以捕鱼和采珠为生。很多中原的商人把粮食、衣料等日常生活用品贩卖到这里，从珠民手里换取珍珠，就像买椟还珠里的那位楚国商人一样。然后，再以高价倒卖到中原地区。久而久之，合浦就自发形成了一定规模的珠市。这就给王章妻做珍珠生意提供了市场的便利。

第三，王章妻很好地发挥了自身的经商优势。比如，她大胆、泼辣、勤奋、精明能干，熟悉两地的语言和文化，其丈夫王章当京兆尹时，在京城也积累了一定的人脉，这些关系也可以利用；再加上，作为一个心细的女性，她很快适应了合浦的环境，了解合浦珍珠、真心喜爱合浦珍珠，并很好地把握了珠市行情，才成就了一位女性富翁的传奇。

遗憾的是，王章妻叫什么名字，历史上并没有记载。不过，她在合浦的传奇经历，在很大程度上提高了合浦珍珠的知名度，增加了合浦珠市的传奇色彩。

王章妻经营南珠致富的故事说明了什么？因为南珠，北海的合浦形成了一定规模的珠市，珠民可以自由地在珠市做买卖，维持自己简单的生活。王章妻在合浦的那个时候珠市是什么样子，史书中并没有明确记载。不过，唐朝诗人项斯曾经有一首诗，描述了合浦珠市的情景：

领得卖珠钱，还归铜柱边。
看儿调小象，打鼓试新船。
醉后眠神树，耕时语瘴烟。

不逢寒便老，相问莫知年。

——项斯《蛮家》[1]

这无异于一幅合浦珠乡的风情画。卖了珍珠的珠民，来到铜柱边（当年伏波将军马援南征时留下的纪念物），这里有要把戏调小象的，有新船下水庆典的，这是珠市里能够看到的热闹情景。卖珠老汉用卖珠所得的钱打了美酒，边喝边欣赏着这些美景，喝醉了就倚树而眠，仿佛忘掉了周围的一切。从项斯的这首诗中我们发现，王章妻那个时候就形成的合浦珠市一直持续了好几百年，到唐朝的时候珠市仍然很兴盛。

我们还发现，一开始的时候，朴实的珠民不懂得如何和外地的商贾进行商贸交易，往往只是简单的物物交易，一颗珍珠能换来一升酒或一斗米就心满意足了。而后，随着合浦珍珠流入中原宫廷和民间，大批中原商人及货物集聚到合浦，珍珠不仅可以用来交换必要的饮食品，而且可以用来交换布匹、丝绸、陶瓷等日常生活用品，珍珠起到了硬通货的作用。

而令后人没有想到的是，因为这里的珠市集中了来自中原地区的大量丝绸、陶瓷等商品，所以又吸引了来自海外的很多商人的目光。大批商人从海上来到合浦，带来海外的奇珍异宝，在合浦的珠市换取中国的丝绸、瓷器等物品，再贩运到海外而获利。

王章妻在合浦靠买卖珍珠致富提升了北海在全国的知名度，这本来是件好事；但南珠知名度高了，上层社会对它的需求量也就大了，这必然会出现供不应求的情况。于是，到了东汉晚期，由于过度采捕，北海的南珠资源严重枯竭，留下了一段“珠还合浦”的历史逸事。

这又是怎么回事呢？

① 《全唐诗》，中华书局标点本，1960年版，第6408页。

二、珠还合浦

北海的南珠出自合浦一带的海域中。这一带的海域有大量的产珠母贝（蚌）（也就是说，不是所有的贝或蚌都能产珍珠），通常来说，一个产珠母贝（蚌）只产一颗珍珠。我们常说“樱桃好吃树难栽”，同样的道理，珍珠珍贵珠难采！唐朝大诗人李白有一首诗这样说：

越客采明珠，提携出南隅。

清辉照海月，美价倾皇都。

——李白《古风》其五十六[①]

越客也就是南越人，当然也包括北海人。靠山吃山，靠海吃海，所以，古代北海专门有一些靠采珠为生的人，被称为珠民。他们从海底采出明珠，卖掉珠子，换取粮食以及一些日常生活用品，以此谋生。这些明珠一旦通过各种渠道售卖到京城，身价自然不菲。

不过，古代珠民采取的是徒手潜水的方式，没有氧气瓶、潜水衣等现代装备，潜到海底，捞取产珠母贝（蚌），往往充满了危险，弄不好就会被鲨鱼吃掉，或因窒息或者海底温度过低而死。所以，采珠人对大海充满了敬畏，每次采珠前都要向海神祈祷。这更增加了珍珠的神秘感，提高了珍珠的身价。

产珠母贝（蚌）有其生存的特定区域，当然也有一定的数量。用现代话来说，属于可再生资源。但任何资源如果无节制地开采、掠夺性地使用，都会出现枯竭，甚至使资源失去可再生的能力。

南珠由于品质高雅、声名远播，所以，四千多年以前，就被作为贡品向朝廷进贡。东汉的时候延续了进贡传统，北海南珠成为汉朝都城洛阳最名贵的奢侈品。

① 《全唐诗》，中华书局标点本，1960年版，第1679页。

东汉晚期的时候，统治合浦的地方官吏为了一己私利，一方面增加向朝廷进贡的南珠数量，讨好朝廷；另一方面，借进贡之名，大肆贪污纳贿，中饱私囊。

为了保证朝廷和官府的供应，合浦的地方官对南珠的生产销售实行垄断经营，并大规模贪私滥采，结果导致珠民冒着生命危险获得的珍珠几乎全部被官府掠夺。同时，由于没有了民间的珍珠来源，繁荣的珍珠贸易市场被迫关闭，外来商贾几乎绝迹，珠民的生活也失去了经济来源。这个时候，奇怪的现象发生了：合浦近海中产珠的母贝在一夜之间神奇地消失不见了，有人说这些母贝不堪忍受贪官污吏的过度采捕不约而同地移向了交阯郡（今越南广治省）的海域。本来“以斗量珠”、生活富足的合浦变得夜海无光，行旅不至，贸易萧条，贫穷珠民饥饿而死的现象频繁发生。

消息传到洛阳，立刻引起了朝廷的震动。在位的顺帝（126 ~ 144 年在位）也认识到了问题的严重性，决定选派一位得力的官吏去扭转合浦的局面。

选来选去，顺帝选中了一位叫孟尝的人去接任合浦郡的太守。

孟尝生长在忠烈世家，为官清廉、作风正派。他不负众望，到任后，首先深入珠民，了解情况。在掌握了之前的弊政和珠民的愿望后，雷厉风行，迅速采取了两项有针对性的措施：第一，减少贡珠数量，减轻珠民的珠课负担；第二，解除珍珠贸易的禁令，鼓励外来商贾到合浦进行珍珠贸易。

这样，孟尝就任合浦郡守不到一年，很快改变了合浦郡的面貌，赢得了合浦广大珠民的心。更为神奇的是，原先跑到交阯郡的珍珠母贝也得到消息，纷纷重新回到合浦海域，“合浦珠还”，夜海重放光芒，恢复了商货流通的繁荣景象。

这就是历史上“珠还合浦”的传说。其实，按照现代观点，合浦海域珍珠母贝的消失是过度采捕造成的资源枯竭现象。孟尝懂得这个道理，在一段时期以内，采取了禁捕措施，休养生息一段时间后，珍珠母贝自然就能恢复生产。所以，“珠还合浦”其实生动体现了“和谐方能至远”的深刻道理。

而作为一个封建官吏，孟尝能认识到这个道理，实在难能可贵！

买椟还珠、王章妻靠珍珠致富以及珠还合浦的传奇故事，不仅使偏处西南边陲的北海出尽了风头，而且有了很高的知名度。

不过，南珠对于北海的价值还远不止这些。20世纪70年代以来，考古学家在北海合浦地区发现了近千座汉墓，其中出土的大量珍贵文物震惊了我国的考古学界。尤其值得关注的是，汉墓中的大量舶来品再一次把南珠与海上丝绸之路的开辟联系在了一起。

小小的南珠，怎么会与海上丝绸之路的开辟这样的历史大事件联系在一起呢？

三、汉代北海的舶来品

20世纪70年代以来，在北海合浦地区，发现了近千座汉墓。其中出土的大量珍贵文物震惊了我国的考古学界。这些汉墓密集地排列在一起，很多汉墓规模很大，并非一般的土著居民死后的葬地。根据已经发掘的资料显示，墓主人的身份往往是太守、县令或者贵族。墓中的陪葬品也不是一般老百姓生前所能拥有的，除了精美的金银器、玉器、陶器、青铜器之外，最令人吃惊的则是墓中大量精美的水晶、琉璃、玛瑙、琥珀等物品，这些奇珍异宝都不是出自中国，不仅岭南没有，中原地区也没有，基本都是海外的舶来品。那么，这些奇珍异宝到底来自哪里呢？

我们通过两件陪葬品来做一下分析。

一件陪葬品是琥珀小狮子。这是在一座汉墓中发现的琥珀动物小串饰中的一件。历经岁月的磨砺，这一饰品依旧精美无比。

先说说琥珀，它是一种含碳氢化合物的有机宝石，由树脂化石而成，很早的时候，人们便把它加工作为首饰来使用。在汉代，合浦及岭南其他地方均没有出土琥珀的记载。琥珀的原产地在欧洲波罗的海沿岸，在那里，很早就把琥珀看作宝石，并在市场上进行交易。再说说狮子，我国境内是不产狮子的。狮子产自印度、阿富汗、非洲以及欧洲东南部，北海地区根本没有狮子。琥珀狮子串饰在合浦汉墓中出土说明了什么？

考古学家推断，琥珀狮子是上层贵族的奢侈消费品，是他们生前财富与权力的象征。这件琥珀狮子应该与海上丝绸之路有关。上层贵族对海外奇珍异宝的需求，刺激了海外舶来品的进口与流通。于是，通过海上丝绸之路，这些舶来品先从欧洲来到了南亚的印度，又从印度交易到了合浦，进入合浦上层贵族的家庭，并作为陪葬品随主人葬入墓中。

中原地区输入狮子的记录，最早是在东汉章帝时期（章和元年，87）。狮子是通过陆上丝绸之路从中亚的阿富汗输入洛阳的，从此以后，中原地区的人才见到了真正的狮子。而在合浦汉墓中发现的琥珀狮子说明，几乎在同一时期，合浦人通过海上丝绸之路也见到了狮子，认识了狮子的模样。合浦与洛阳一南一北，一陆路一海上，同时辉映出丝绸之路的光芒。

另一样是香料。在合浦汉墓中，出土了不少铜制或陶制的香炉。出土时，在这些香炉中发现有少量香料和灰烬，说明当时燃熏香料已经成为社会上层人士奢侈生活的一部分。而合浦及岭南其他地方均不产香料，东南亚的越南、马来西亚、印度尼西亚和印度出产这种香料。这只能说明，在汉代，这些香料已经通过贸易，从海上丝绸之路来到合浦，并成为贵族生活的一种时尚。后来，这些香料又通过南流江进入长江流域和中原地区，成为那里的贵族生活的高档消费品。

在很多人的印象里，一提到海上丝绸之路，通常想到的都是广州、泉州等这些大港口，觉得它们似乎应该是海上丝绸之路的起点。而合浦汉墓的考古大发现给我们提出了一个很现实的问题：在汉代，隶属北海的合浦是不是我国古代海上丝绸之路的始发港口呢？

接下来，一条重要的文献资料，似乎给这个问题提供了线索。

《汉书·地理志》中有这样一段将近三百字的记载：

自日南障塞、徐闻、合浦船行可五月，有都元国。……自夫甘都卢国船行可二月余，有黄支国。……黄支之南，有已程不国。

——《汉书·地理志》①

这是我们今天所能见到的关于中西之间官方海上贸易活动的最早文献。从这段文献记载中可以看出：

第一，汉朝的海上丝绸之路以日南障塞、徐闻、合浦为出发点。日南在今天越南的广治省地区，在汉代，那里归汉朝管辖，汉朝把日南作为国土的最南边境，称为障塞，即边境边防要塞；徐闻位于雷州半岛的南端，扼琼州海峡的咽喉，是今天湛江的一个县；合浦古港在今北海的合浦县。按照这段记载，这三个港口是当时海上丝绸之路的始发港口。

第二，表明了西汉时期海上丝绸之路的基本路线。“都元国”在今印度尼西亚的加里曼丹岛，“夫甘都卢国”在今缅甸的西南海岸，“黄支国”在今印度半岛的东南部海岸，“已程不国”属于今天的斯里兰卡。所以，西汉时期开辟的海上丝绸之路大体经过越南沿岸，穿过马六甲海峡，沿孟加拉湾前行至印度，再从斯里兰卡返回。

第三，这段将近三百字的记载里，还告诉我们：当时西汉已成立了官方的外交船队，归皇帝的近臣黄门管理。每次航行时，有精通海上航线所经国家语言的专门译员，也就是翻译人员随行，也临时招募一些海员参加船队。同时，从我国出发的船队输出的主要是丝绸（杂缯）和黄金等，而输入我国的主要有水晶、玛瑙、玻璃、香料等奇珍异宝。这说明当时的对外贸易已是官方和私商的共同需求。同时，这段记载还告诉我们，船行途中，常有外国商船前来交易。贸易利益虽然十分丰厚，但也很危险，除了不时有海盗前来抢劫以外，遇风浪翻船死人之事也很常见。

① 班固：《汉书》卷二十八，中华书局，1962年版，第1671页。

结合文献与考古资料，我们基本可以做出这样一个判断：

因为北海的合浦盛产南珠，所以，逐渐形成了繁荣的珠市。接着，珠市集中了来自中原地区的大量丝绸、陶瓷等商品，又吸引了来自海外的很多商人的目光。大批商人从海外来到合浦，带来海外的奇珍异宝，在合浦的珠市换取中国的丝绸、瓷器等物品，再贩运到海外而获利。面对由合浦珠市所形成的这种自发贸易活动，汉代政府顺势而为，开辟了早期的海上丝绸之路。随之，来自欧洲、南亚、东南亚的琥珀、狮子、香料等随着海上通道进入合浦。

说到这里，北海这座城市在古代的地位的确使人刮目相看了！

不过，细心的朋友还会发现有一个问题没有给大家交代清楚：北海与东南亚、南亚、欧洲的海上交通固然便利，但北海毕竟偏处我国西南一隅，如果作为汉代海上丝绸之路的始发港，在古代交通条件极其有限的情况下，内地大量的物资如何顺利到达北海呢?

四、北海的马留人

汉武帝时期（元鼎六年，前 111），在广大的南方地区，设立了南海、郁林、苍梧、儋耳、珠崖、交趾、九真、日南、合浦等九郡。合浦郡管辖合浦、徐闻等五县，范围很大，包括了今天的北海、湛江、钦州、玉林的大部分地区。两汉时期，合浦县一直是合浦郡的治所，也是汉代岭南地区政治、经济中心和军事重镇。

合浦古港位于环北部湾沿海中心位置，是中国南部洋流、季风、海上航线都十分理想的地区。它地处亚热带，水适深邃，终年不冻，四季可通航。无论转运货物，还是船舶安全停靠，都十分方便，是当时对外贸易的理想口岸。

但北海的合浦毕竟位置比较偏僻，大批内地的丝绸、陶器等怎么能够顺利抵达北海呢?

这与北海的南流江有关。

南流江是北海最大的河流，在古代的时候水量十分丰沛。从合浦溯江而上，经过秦始皇时期开凿的灵渠，可以进入长江水系，直达中原地区，连接到陆上丝绸之路的起点长安城；向东，可通西江，到达广州地区。海上交通，可以沿着海岸线驶向东南亚、南亚，进而延伸到西亚，与欧洲各国往来。可以进行江海联运，海陆兼备。

所以，在汉代，北海的合浦成为我国通向东南亚、南亚最便捷的海上通道，是海上丝绸之路最理想的港口。结合合浦的江海联运地位，我们讲两个小故事。

一个故事与合浦的南珠有关。到了西晋时期，南流江仍然是中原与合浦联系的主要水上通道。西晋有一位爱讲排场又贪恋女色的风流大臣叫石崇，他曾经被朝廷任命为交趾采访使，出使安南（今越南）的时候，走的就是南流江的路线。在合浦停留时，石崇利用自己的势力，得到了大量南珠。返回中原途中，途经南流江畔的博白县，石崇听说当地双角山下有一位叫绿珠的绝色美女，不仅容貌美丽，而且能作诗。他不惜花了十斛（斛，古代量器。一斛本为十斗，后来改为五斗）南珠，才把绿珠弄到手。至今，在博白县还有一座绿珠庙，就是当年石崇十斛买绿珠的见证。这个故事，一方面说明合浦便利的海陆联运交通条件，另一方面反映了珠乡北海出美女。史书记载，因为合浦的南珠很珍贵，是当地人的衣食来源，所以，古时候形成了一个传统，凡生男孩都叫“珠儿”，女孩都叫“珠娘”。珠有白珠、金珠、黑珠、绿珠，绿珠的名字就是这样来的。这说明当地人对南珠的敬仰之情已经渗透到了他们的民俗中。

另一个故事是马援南征。马援是不次于卫青、霍去病、李广的汉代名将，他最有名的一句话就是“男儿要当死于边野，以马革裹尸还葬耳”，表现出了满腔的豪情壮志。东汉初年的时候，交趾郡（今越南广治省，汉代属于汉政府的一个郡）反叛，汉光武帝派遣马援将军率军南征。历史记载，马援将军南征的时候，就曾经走南流江这条江海衔接的便捷道路。

当时马援率领“大小楼船二千余艘，战士两万多人”从中原地区出发。这支两万多人的军队怎么到达交趾的呢？史书记载，就是沿水路进入长江，然后过灵渠到南流江，最后在合浦港集结。做好战斗准备后，马援率领这两千艘战船，从合浦港出发，沿海岸线南下，最终征服了交趾。这就是说，当时的合浦港通过水路与中原地区紧密地联系在了一起。马援南征胜利会师后，在合浦郡稍作停留，停留期间，还在合浦留下了许多故事。

马援看到合浦当地人只靠捕鱼和采珠为生，不懂得发展农业。于是，班师回朝时，在合浦郡留下了一部分士兵。这样做有两个目的：一是对这里进行有效的行政管理，稳定政府在这里的统治；二则因为这里农业相对落后，留下士兵是为了帮助当地居民发展农业，改善生活。据合浦民间传说，马援与留下来的部属约定，凡是留在当地的将士，只要愿意，都可以沿用马姓，作为马援的后人。马援是东汉的开国功臣，后来被封为伏波将军、新息侯，位极人臣。能够成为马援的后人，当然是一件很荣耀的事。于是，这些留下来的将士就全部改称马姓，成了所谓的“马留人”。今天，居住在北海的合浦、廉州一带的很多居民，仍然自称为“马留人”，他们所说的语言称为“马留话”。这成了北海这座城市的特殊文化现象。

繁荣的南珠贸易，频繁的中外贸易往来，促进了古代北海的经济和社会发展。所以，汉代的北海应该已是一座商贸发达、水陆运输畅达、人烟稠密的江海港口城市，成为我国古代海上丝绸之路最便捷、最重要的始发港口。

今天，古老的合浦港已经被北海新港所代替，成为21世纪海上丝绸之路的现代化贸易港口。而人们也掌握了人工养殖南珠的技术，南珠品牌的知名度也越来越高了，北海也成了名副其实的“珠城”“南珠故乡”。

在北海的合浦港繁荣发展的时候，还有一座重要的港口城市也同样被冠以我国海上丝绸之路始发港的头衔，在中外海上交往中发挥了重要作用。

那么，这是哪一座港口城市呢？

请看下一章：港城春秋话湛江！

【趣味知识自测题】参考答案

1.A　2.B　3.C　4.B　5.C　6.B　7.D　8.D　9.A　10.D

第二章

港城春秋话湛江

趣味知识自测题

1. 1925 年，爱国诗人闻一多创作了组诗《七子之歌》。诗歌里的“七子”指的是当时被西方列强以租借地方式强行占领的我国七大港口城市，其中不包括________。

A. 香港　　B. 澳门　　C. 青岛　　D. 广州湾

2. 1898 年，一个西方国家强迫清政府签订《广州湾租借条约》，强租广州湾，这个国家是________。

A. 英国　　B. 法国　　C. 德国　　D. 葡萄牙

3. 古代卞和与和氏璧的故事发生在________。

A. 秦国　　B. 楚国　　C. 魏国　　D. 晋国

4. 西汉已经开辟了海上丝绸之路。当时，官方确定了三个南方始发港口，其中不包括________。

A. 日南　　B. 徐闻　　C. 儋州　　D. 合浦

5. 20 世纪 70 年代以来，在徐闻的考古挖掘中出土了大量海外舶来品，其中不包括________。

A. 琥珀　　B. 玛瑙　　C. 水晶　　D. 象牙

6. 苏轼被贬经过雷州半岛的时候，和宋代另一位文学家相遇，这位文学家是________。

A. 苏辙　　B. 秦观　　C. 范仲淹　　D. 王安石

7. 世界两大雷区一个位于我国大陆最南端的湛江市的雷州半岛，另一处雷区位于________。

A. 美国的佛罗里达半岛　　B. 日本的九州岛

C. 我国的海南岛　　D. 印度尼西亚的爪哇岛

8. 在古代，湛江一带流传着“欲拔贫，诣徐闻”的说法。这种说法记载于________。

A.《徐闻县志》　　B.《元和郡县志》　　C.《东坡志林》　　D.《容斋随笔》

9. 雷州半岛崇拜的雷祖神陈文玉其实是古代雷州的________。

A. 一位清官　　B. 一位高僧　　C. 一位将军　　D. 一位海神

10. 湛江当地人形象地把一种民间石刻艺术称为“雷州兵马俑”。这种石刻艺术是________。

A. 石鱼　　B. 石狮　　C. 石马　　D 石狗

【评分标准】共 10 题，总分 100 分。每题选择正确得 10 分，选择错误 0 分。

【评估等级】

大牛（对城市很熟悉）：80 ~ 100 分；

及格（对城市基本了解）：50 ~ 70 分；

菜鸟（对城市很陌生）：0 ~ 40 分。

注：参考答案附在本章末。

如果把我国的版图比喻为一只雄鸡，那么，这只雄鸡的一条小肥腿就是我国大陆最南端的雷州半岛，湛江港就位于雷州半岛的东北部。因为海景优美，港在城中，城在港中，海上交通便利，因而，湛江也被称为“港城”。

很多朋友都知道，鸦片战争后，腐败无能的清廷把香港割让给了英国，把澳门割让给了葡萄牙，直到20世纪末期，香港和澳门才重新回到祖国的怀抱。但很多朋友却不清楚，当年湛江也被清廷割让给了一个西方殖民主义国家，抗日战争胜利后，湛江才归还我国。

那么，晚清时期，湛江被清政府割让给了哪个国家?

后来，湛江是如何回归祖国的?

在海上丝绸之路发展的过程中，湛江又曾经发挥了怎样的作用呢?

一、《七子之歌》里的湛江

1999年，澳门在被葡萄牙殖民者占领了400多年以后，回归祖国的怀抱。当时，有一首《七子之歌·澳门》曾经唱响了全国各地：

你可知“妈港”不是我的真名姓?
我离开你的襁褓太久了，母亲!
但是他们掳去的是我的肉体，
你依然保管我内心的灵魂。
那三百年来梦寐不忘的生母啊!
请叫儿的乳名，叫我一声“澳门”!

母亲！我要回来，母亲！

——《七子之歌 · 澳门》[①]

这首歌歌词凄美、哀婉，充满了对祖国母亲的爱恋之情，听起来常常令人潸然泪下。不过，很多朋友认为，《七子之歌》是专门为澳门回归谱写的歌曲。其实，这是一个误解。

原来，《七子之歌》是爱国诗人闻一多在 1925 年创作的一组诗歌。诗歌里的七子，指的是当时被西方列强以租借地方式强行占领的七大港口城市，分别是澳门、香港、台湾、威海卫、广州湾、九龙、旅大（旅顺、大连）。诗人把这七大港口城市比喻为祖国母亲的七个宝贝孩子，所以称“七子”，澳门只是七子之一。澳门回归的时候，人们重拾记忆，把闻一多先生的这首诗谱写成歌曲，唱响中国。

在七子之中，很多人望文生义，把其中的广州湾误认为就是广州附近的海湾，指的是今天的广州市。其实不然！

广州湾不在广州，而是指的湛江。

广州湾位于广东西部，雷州半岛的东北部，也就是今天的湛江。据史书记载，广州湾是自古就有的一个地名，明朝的一本史书（郑若曾《筹海图编》）里，说广州湾属于高州吴川县（今湛江吴川市）管辖。清朝的一本历史地理书籍《读史方舆纪要》曾记载：

（吴川）县南四十里有广州湾，海寇出没处也，向设兵戍守。

——顾祖禹《读史方舆纪要》卷一〇四引《海防考》[②]

史书中明确指出了广州湾的位置，而且说这里是海盗经常出没的地方。

---

① 闻一多，《现代评论》第二卷第 30 期，1925 年 7 月 4 日。

② 顾祖禹撰，贺次君、施和金点校：《读史方舆纪要》，中华书局，2005 年版，第 4744 页。

为了保境安民，政府派兵在这里戍守。

那么，后来广州湾怎么成了七子之一了呢？

由于清朝实行闭关锁国的政策，中外交流的海上通道受到阻隔，这直接导致我国从一个海洋强国沦落为海洋弱国。鸦片战争后，西方列强用坚船利炮打开了中国的大门，掀起了瓜分中国的浪潮。香港、澳门等地成了英国、葡萄牙等西方列强的租借地，实际上等同于殖民地。

看到许多西方大国都轻易从中国获得了巨大利益，法国也不甘落后。为了与英国等西方国家争夺在中国的利益，法国强迫清政府把广州湾及其附近地区作为租借地划给法国。1898 年 11 月，法国以武力相威胁，强迫清政府签订了《广州湾租借条约》，强租广州湾及附近水域，租期 99 年。

法国为什么会看中广州湾呢？

在晚清侵略中国的西方国家中，法国不算先行者。当法国来中国抢占地盘的时候，发现香港、澳门、台湾、威海、旅大等好的港口已经分别被英国、葡萄牙、日本、德国、俄国以租借地的名义霸占去了。法国殖民者当然不甘心！它原先已经把越南作为殖民地了，所以，就打算把与越南临近的我国两广和云南作为它在中国的势力范围。

要想维持在中国的势力范围，必须从海上保持与法国的连通，在中国建立一个法国自己管辖的海港便十分必要。而在法国看来，广州湾附近水域是一个没有开发的天然良港。

一个优良的海港一般要具备多方面的条件，比如，水深能载大船，四季不冻，陆路、海上交通便利等。但还有一个重要条件，能够躲避海上台风，使船舶有一个避风、停泊、装卸货物的良好环境。这就要求，一个优良的海港往往有许多小的岛屿包围着，形成一片深水的海域。而广州湾就是这样。

广州湾水域由麻斜、坡头、特呈岛、南三岛、硇洲岛、东海岛等许多小岛包围着，西部、西北部、东部以陆地作屏障，形成一片固定的水域，完全符合一个良港的各种条件。法国正是看中了广州湾良好的自然条件，才从清廷手里强行租借了广州湾。

后来，闻一多先生在创作《七子之歌》时，当然没有忘记被法国强行割占的广州湾，所以，在湛江至今还有不少人会吟咏这首诗歌：

> 东海和硇州是我的一双管钥，
> 我是神州后门上的一把铁锁。
> 你为什么把我借给一个盗贼？
> 母亲呀，你千万不该抛弃了我！
> 母亲，让我快回到你的膝前来，
> 我要紧紧地拥抱着你的脚踝。
> 母亲！我要回来，母亲！
>
> ——《七子之歌·广州湾》[①]

这首歌同样充满深情，用儿子向母亲表白的方式，希望回归母亲的怀抱，读起来令人唏嘘不已。不过，与《七子之歌·澳门》有所不同，闻一多先生在诗歌中，很形象地把雷州半岛比喻为祖国母亲的一只脚，把广州湾外围的东海和硇洲比喻为广州湾的两把钥匙，把广州湾比喻为中华神州大地后门上的一把铁锁，充分肯定了广州湾在祖国海防上的重要地位。

1943 年，日本赶走法国占领广州湾。仅仅两年后，抗日战争胜利，日本投降，国民政府代表中国收复广州湾。理论上，当时清廷与法国签订了官方条约，湛江的租期是 99 年，和香港、澳门是一样的。按照这个租期，1997 年才应归还。不过，早在"一战"时期，法国就已经口头承诺把湛江归还给中国，但迟迟没有落实。"二战"结束后，法国国内千疮百孔，自顾不暇，法国总统戴高乐履行承诺，于 1946 年正式将广州湾归还中国，湛江才没有走香港和澳门的路子。

① 闻一多，《现代评论》第二卷第 30 期，1925 年 7 月 4 日。

不过，广州湾怎么变成了湛江呢？

因为在历史上，广州湾又被称作湛川（或椹川），川又称江。所以，国民政府收复广州湾后，就正式把这个地区改名为湛江，直到今天。

湛江港的命运经历了这么复杂的历史过程，也难怪很多人会产生误解！

当年的湛江港被法国以租借地的形式进行殖民统治将近半个世纪之久，在此期间，法国以湛江为基地走私鸦片、贩卖军火等，做了不少危害中国人民利益的坏事。但法国也利用湛江港进行贸易活动，把大量中国的丝绸、茶叶、瓷器等从这里运往法国，从某种程度上，这是古代海上丝绸之路的一种延续。不过，由于清廷对湛江港无权管辖，所以，并不能从贸易中收取任何关税。

其实，早在法国发现广州湾的航运价值，建立海港的两千多年前，我们的祖先就发现了湛江所在的雷州半岛独特的区位优势，在雷州半岛的南端建立起了一个重要的海港。

那么，这是一座什么海港呢？它在古代海上丝绸之路上又有什么地位呢？

二、从徐闻出发的船队

湛江所在的雷州半岛东、西、南三面临海，海上交通地位无可替代。我们的祖先也早就看到了这一点，所以，早在两千多年前的汉朝就在最南端的徐闻建立了一个海港。

据班固的《汉书・地理志》记载，西汉的时候已经建立了与东南亚、南亚官方交往的海上丝绸之路。当时，官方确定的始发港口有三个，分别是日南、合浦与徐闻。

日南在今越南的中部（广治省地区），在汉代，那里归汉朝管辖，是汉朝的最南边境；合浦就是广西北海港的前身。徐闻港位于雷州半岛南端的西部，濒临北部湾，是现在湛江的一个县。不过，汉代的徐闻属于合浦郡管辖，甚至一度成为合浦郡的郡治所在地。

这三个港口，都位于南海的北部湾地区，气候温和、四季不冻，不易受到台风的侵袭，所以，风浪较小。从区位上，距离东南亚、南亚地区最近，所以，被汉朝确立为海上丝绸之路的始发港。当时还没有今天的全球观念，那时候能发现北部湾在海上丝绸之路上的价值，说明了我们祖先的聪明和智慧。

由于留下来的史料非常有限，所以，我们很难发现当时海上丝绸之路交往的详细情况。不过，从一些零星的记载中，我们仍能找到一些反映当年来往于海上丝绸之路的商人们经商的情景。

有这样一个故事，东汉和帝在位的时候（88 ~ 105），卞和的后人里有一个叫卞宏的，做起了丝绸贸易。卞和很有名，他的出名是因为一块和氏璧，楚国的卞和（即和氏）发现了一块美玉，但一开始的时候人们没有认识到这块美玉的价值。后来，几经波折，美玉的价值被认可，甚至成了秦汉时期皇帝所用的传国玉玺。从此以后，卞和就成了一个传奇式的人物，妇孺皆知。据说这个卞宏就是卞和的后代。

汉代丝织业发达，山东、中原、关中、成都平原等地都出产名贵的丝绸，数量大、品种繁多，包括锦、绣、素、纱、罗、绮、绢、帛、纨、缟等十多类，每一类又有不同的品种。一开始的时候，卞宏的生意主要在长江流域，他拥有自己的贸易船只，依靠在长江流域销售丝绸，获利巨大。随着海上丝绸之路的开辟，卞宏有了更大的理想，想把丝绸生意做到海外去。

哪里是最理想的出海地点呢？卞宏最终看中了徐闻。

徐闻在西汉已经是海上丝绸之路贸易的始发港。当时，在徐闻生活的是百越人，他们靠在大海里捕鱼和捕捞珍珠为生，善于驾船，也善于制造各种船只。汉朝在这里设立了专门负责海上贸易的官员，负责向来往的商船征收商税。同时，在这里设立了国家仓库，以储备物资，用于海上贸易。

卞宏来到徐闻后，利用手里积累的资金，雇用当地有名的船工，计划打造三条海船。三个月之后，海船打造好了。卞宏选择了一个好日子，三条大船装满了精美的丝绸、瓷器，还有徐闻所产的珍珠等货物，从徐闻扬帆远航。

卞宏此行的目的地是东南亚和南亚。当时，通往东南亚、南亚的海上航线已经开辟一百多年了，是一条比较成熟的航线。但卞宏是第一次行走这条路线。海上航行不同于长江航行，充满了很多的不可知因素。那时候，造船和航海技术比较落后，还不能制造在深海中航行的大船，也没有辨别方向的指南针。所以，海上航行一般靠季风，而且大都沿着海岸线行驶，船员的视线始终不离开大陆。这样的航行就像沿着海岸线接力跑，不断停靠在经行的港口，及时得到食物和淡水的补给。

所以，卞宏航行的路线是徐闻—合浦—日南，这正好是西汉设立在北部湾的三个海上丝绸之路始发港。然后，穿过马六甲海峡，沿孟加拉湾前行至印度，再从斯里兰卡返回。

在航行到印度洋海岸的时候，卞宏的船队遇到了海上台风。风大浪高，商船上下颠簸，船甲板上都是海水。卞宏并没有慌乱，他一方面指挥船工们尽快靠岸，一方面想办法封堵货舱，免得海水进舱，毁坏丝绸。好在卞宏的三条船离海岸都不远，顺利靠了岸，进了最近的一个港，躲过了这次台风。

卞宏船队的初次远航前后花费了一年多的时间，生意做得还算顺利。那时候，国外对中国的丝绸非常向往，但由于交通不便，不容易得到，所以丝绸在国外的价格相对昂贵，由南亚转手到地中海沿岸罗马帝国的丝绸价格往往与黄金等价。所以，卞宏在印度和斯里兰卡很顺利地卖掉了所有的货物，并在那里购买了一些当地所产的奇珍异宝，返回徐闻。

卞宏远航的故事并不见于正史的记载，只是在一篇曹凛先生撰写的汉代船检史话中找到了相关的记载[①]。这篇船检史话里还说，汉代的时候，已经建立了严格的船检制度，舟船出海前要对质量进行严格的检查。比如，船只的

① 曹凛：《船检史话之汉代舟船勘察与海上丝绸之旅》，《中国船检》2008年7期，第88～90页。

平稳性，船帆的灵活性，货舱是否能够密封防潮，以及船尾部的厨房舱是否使用了防火材料等等。

但我相信，卞宏的故事并非空穴来风。一方面，卞宏的祖先本来就是楚国人，春秋战国时期楚国的疆域包括了徐闻，卞氏的后代在徐闻做生意也是顺理成章的。另一方面，徐闻的确是汉代海上丝绸之路的始发港，大量的丝绸从这里装上货船，运往东南亚和南亚。反过来，大量东南亚和南亚的商船也来到徐闻，把西方的奇珍异宝带到中国。20 世纪 70 年代以来，在徐闻的考古发掘中，发现了不少汉代的中小型墓葬。在这些墓葬中出土了大量琥珀、玛瑙、水晶、玻璃等珍贵饰品，这些饰品不产自中国，明显属于海上贸易的舶来品，从侧面说明徐闻在汉代海上贸易的活跃程度。

所以，我们说，虽然汉代留下来的文献资料不多，但卞宏应该是汉代海上丝绸之路商人中的典型代表。当年，有数不清的像卞宏那样的中外商人，也许是李宏、张宏等，他们冒着巨大的风险，把中国丝绸贸易到东南亚和南亚，再由那里的商人贩卖到遥远的欧洲、非洲，用丝绸架起了中外文化交流的桥梁。

如果我们翻检历史，还会发现，徐闻港在历史上的地位不仅仅是汉代海上丝绸之路的始发港。徐闻的对面是我国的第二大岛海南岛（第一是台湾岛），再向南就是我国的领海南海。所以，徐闻港还是保障海南岛和南海安全的重要海港。

大文豪苏轼就曾经在徐闻有一段难忘的经历。

三、坐雷吊琼

湛江所在的雷州半岛南部是琼州海峡，隔着琼州海峡就是我国的第二大岛屿海南岛。雷州半岛是从海南岛出入大陆之咽喉要地，直接关系着海南岛的存亡安危。所以，湛江所在的雷州地区为历代政治家和军事家所看中，往往在这里设置州、县等地方行政机构，成为中原王朝对海南岛进行有效管理的前沿军事重镇。因此，历史上有“坐雷吊琼”之说，也就是说，雷州稳定了，才能稳定海南岛。

到了宋朝，大文豪苏轼曾经来到湛江的雷州。不过，苏轼不是到海南去做地方官，也不是被政府派来保卫海疆安全，而是以被贬官员的身份来到雷州的。

苏轼是四川眉州（今眉县）人，饱读诗书，才华横溢，22 岁就中了进士。但苏轼的仕途却充满了坎坷，曾经三次被贬：第一次是宋神宗的时候（1079），因为与主持变法的王安石有不同的主张，被贬到湖北的黄州（今湖北黄冈）；第二次是宋哲宗的时候（1094），又被贬到广东的惠州；三年之后（1097），苏轼第三次被贬到儋州（今海南儋州）。

按照常理，人的一生遭到一次又一次的打击，应该会心灰意冷，对生活失去信心了。况且苏轼才华横溢，在仕途上却一生都不顺利，数次遭贬，搁谁身上也难免情绪低落，甚至对生活失去信心。但苏轼生性乐观通达，不以物喜，不以己悲，即使频繁遭到被贬的磨难，也没能消磨掉他对生活的执着和信心。

在被贬惠州的时候，苏轼第一次吃到了荔枝。大家知道，荔枝是热带水果，北方不产。苏轼大部分时间在北方做官，所以，被贬到岭南以前，只是听说，从来没有吃过荔枝。不过，荔枝的名气很大，唐朝诗人杜牧曾有一首诗说：

长安回望绣成堆，山顶千门次第开。
一骑红尘妃子笑，无人知是荔枝来。

——杜牧《过华清宫绝句三首》其一[①]

这首诗说的是当年杨贵妃爱吃荔枝，每当岭南（一说四川成都平原）的

① 《全唐诗》，中华书局标点本，1960 年版，第 5954 页。

荔枝成熟的时候，地方官都要派出人员，骑上快马，日夜兼程，送往长安，让杨贵妃品尝到新鲜的荔枝。苏轼是大诗人，当然对唐诗非常熟悉，也知道当年杨贵妃与荔枝的这段故事。不过，到了岭南，苏轼发现，其实，早在杨贵妃年年品尝新鲜荔枝的数百年之前的汉朝，岭南的荔枝就已经作为贡品进贡给朝廷了。所以，杨贵妃并不是享受到新鲜荔枝的第一位来自北方的后妃。到了岭南，就来到了荔枝的故乡，苏轼第一次品尝到了美味的荔枝，心情十分愉快，留下了这样一首诗：

罗浮山下四时春，卢橘杨梅次第新。
日啖荔枝三百颗，不辞长作岭南人。

——苏轼《食荔枝二首》之二①

从中可以看出苏轼愉悦的心情和对广东水果的喜爱。

为什么要把苏轼贬到海南呢？宋朝时期，海南仍然属于荒僻、落后之地，距离中原地区路途遥远。官员做官是要想方设法靠近皇帝、靠近都城的，离皇帝越远，越没有前途。那皇帝不喜欢的人呢，就要把他们发配得远远的，免得碍手碍脚。而在宋朝，北方的黑龙江、西北的新疆都被金、元等游牧民族控制着。所以，在皇帝看来，天涯海角的海南岛就成了最理想的流放之地。在北宋和南宋时期，曾经有数十名高官被流放到这里，其中就包括苏轼。

从惠州被贬儋州，苏轼没有选择走水路，而是走陆路。走陆路就必然经过今湛江所在的雷州半岛，并经徐闻港，渡过琼州海峡，才能到儋州。

苏轼毕竟是一位有着浓厚家国情怀的文人政治家，他也十分明白雷州半岛以及徐闻在海上丝绸之路和南海安全上的地位。在从徐闻弃岸登舟渡过琼州海峡的时候，他发现那里热带景色别致，大海波澜壮阔，港口丝绸贸易仍然十分繁荣，不由得感慨万分。他的情绪从低沉失落变得乐观通达，重新燃

① 王文诰辑注：《苏轼诗集》，中华书局，1982年版。

起了生活的信心。

据史料记载，苏轼先是在雷州和徐闻与自己多年未见的亲弟弟苏辙相遇。苏轼、苏辙和他们的老爹苏洵，合称“三苏”，都是宋朝出了名的文学大家。苏辙与苏轼同年中进士，后来也都做了官。苏轼作为哥哥，仕途不顺利，苏辙也跟着受到牵连。就在苏轼被贬儋州的同时，苏辙因为上书得罪了当朝皇帝，被贬化州（今广东化州市），雷州安置。兄弟两人就这样在雷州相遇了。当时，苏轼 61 岁，苏辙 59 岁，都已到了垂暮之年，以戴罪之身沦落天涯，两人不禁百感交集。在接下来的一段时间里，苏轼和苏辙兄弟俩一同参观了雷州的天宁寺，又一同在雷州的雷湖泛舟畅谈。

天宁寺的方丈久慕苏轼兄弟的大名，知道苏轼是个大书法家，便诚邀苏轼留下墨宝，苏轼也没有推辞，笔走龙蛇，为天宁寺题写了“万山第一”四个大字。方丈如获至宝，把这四个字刻成金字匾额，悬挂在天宁寺的山门。雷州百姓为了纪念苏轼在雷州的这段传奇经历，还把雷湖改名西湖，并在湖心修建了一座苏公亭，这就是雷州西湖的来历。苏轼和苏辙兄弟在雷州盘桓了大约三个月时间。三个月后，苏轼与弟弟依依惜别，在徐闻港码头登舟，过琼州海峡，踏上了去儋州的贬途。

到了海南后，苏轼看到那里经济和文化都远远落后于中原地区，便在那里办学堂，招收当地的学生，把大部分精力用来培养人才。最后，他亲自培养的一个叫姜唐佐的学生终于在乡试中考中了举人。这成为海南历史上“破天荒”的大事，在全国轰动一时。

苏轼在海南过了三年的流放生活，宋徽宗继位（1100）后，朝廷想重新起用苏轼，就下诏把他调回内地，返回大陆。当他再次渡过琼州海峡，由徐闻港返回的时候，心情十分激动，不由得留下了一首诗：

参横斗转欲三更，苦雨终风也解晴。
云散月明谁点缀？天容海色本澄清。

空余鲁叟乘桴意，粗识轩辕奏乐声。

九死南荒吾不恨，兹游奇绝冠平生。

——苏轼《六月二十日夜渡海》[①]

在苏轼看来，被贬到这南方边远的荒岛上虽然是九死一生，但他并不悔恨。因为这次南游见闻奇绝，是平生所不曾有过的。

海上丝绸之路始发港的经历，坐雷吊琼的军事地位，以及被法国强行割占的历史，使湛江这座城市的历史显得既独特又丰厚。

不过，2017 年，当我到湛江参观的时候，我又在那里发现了令我吃惊的一种全国绝无仅有的文化现象，显示出湛江作为海上丝绸之路古城的特别之处。

这是一种什么样的文化现象呢？

四、湛江的石狗崇拜

我有个习惯，每到一座城市进行旅游观光，都先进博物馆看看，到湛江的时候也是这样。湛江市博物馆位于湛江的赤坎区，寸金公园附近，面积不算大，展品也不算很丰富。不过，有一种展品却给我留下了深刻印象，就是博物馆里的石狗雕刻。

这些石刻的狗高的有一米多，矮的只有十多厘米，造型千姿百态，看起来栩栩如生。室内摆不下，在博物馆室外专门辟了一块空地摆放。我粗略数了一下，足有二三百只。

大家知道，北方地区石刻的狮子特别多，它高大、威猛，摆放在宫殿、衙门等建筑物的前面，象征着镇妖祛邪、吉祥如意。相对而言，狗似乎就低

① 王文诰辑注：《苏轼诗集》，中华书局，1982 年版。

了一个档次。然而，湛江人却用石狗来装点自己的家园，这在全国绝无仅有，非常独特。

那么，为什么湛江会形成这样一种传统？石狗雕刻艺术是否跟海上丝绸之路有什么关联呢？

湛江位于我国大陆最南端的雷州半岛，为什么把这里叫雷州半岛？因为这里多雷，一年中闪电打雷的天数平均有200天左右，是世界两大雷区之一（另一处是印度尼西亚的爪哇岛）。

我国传统上是以农业为主的社会，农业生产的丰收要靠老天爷及时降雨，以滋润土地，保证粮食的收成。而打雷被认为是下雨的前兆，所以，我国各地都有供奉、祭祀雷神的传统，形成了雷神崇拜。可在湛江，打雷太频繁，带来大量降水的同时，闪电打雷也往往会伤害人和牲畜，带来自然灾害。所以，在这里，除了雷神崇拜，还有地方所独有的雷神——雷祖神。关于雷祖神的来历，湛江民间流传着这样一个说法。

一千五百多年以前，古雷州有一个姓陈的猎户，没有妻儿，靠打猎为生。他养了一条有九只耳朵的猎犬，这条猎犬的九耳有灵性。陈猎户每次出猎前，都会观察猎犬的耳朵，如果一只耳朵摇动，就预示着只能猎获一个猎物；两只耳朵摇动，预示着能猎获两个猎物。也就是说，陈猎户每次能猎获多少猎物，完全跟九耳犬摇动几只耳朵有关，每次实验都很灵验。有一天，陈猎户又要出门打猎了，他发现，这次他家猎犬的九只耳朵都在不停地摇动。陈猎户看了大喜，就叫上了邻居十几个小伙子，跟他一起出猎。九耳犬跑到附近山上的一大片丛林旁，围绕着丛林一直汪汪叫，但从上午一直到太阳快要落山了，也没见有什么猎物从丛林里出来。陈猎户觉得奇怪，就壮着胆向丛林里走。没走多远，发现丛林里有一只巨大的卵。陈猎户看天色已晚，也没有其他猎物了，就把这只卵带回家，放到他家的桌子上。到了夜里，突然电闪雷鸣，暴雨骤下。紧接着，一道闪电划破天空，“咔嚓”一声就进了陈猎户的家里，那只巨卵忽然被闪电炸裂。陈猎户吃惊之余，赶忙上前查看。他看到了什么？

巨卵裂开后，里边露出来一个小男孩，左手手心里写着一个“雷”字，右手手心里写着一个“州”字。这简直太神奇了！因为事关重大，陈猎户就把这件事报告了官府。地方官听完了汇报，决定收下卵壳，寄存在官库里，男孩交还给陈猎户养育。从此以后，陈猎户就把这个孩子当作了自己的养子，并给他取名陈文玉。从陈文玉破壳而生的那天起，九耳犬就日夜守护着陈文玉，不让生人靠近，保护陈文玉长大成人。

陈文玉非常聪明，喜欢读书，长大后精通经史，德才兼备。到了唐朝贞观年间，陈文玉中了进士，被朝廷委以重任，做了自己家乡雷州的首任刺史。当时，雷州半岛还是相对落后的蛮荒之地，生活着峒、獠、黎等不同的少数民族。陈文玉澄清吏治，发展生产，平等地对待各个少数民族；同时，利用当时的徐闻、雷州等地的港口条件，积极发展对外贸易，雷州人民安居乐业。

陈文玉去世后，雷州百姓念其功德，为他立祠供奉。因为他的神奇来历，就把他称为雷神，把所建的庙宇称为雷祖庙。这座雷祖庙现今就在湛江的雷州城外，香火十分旺盛。这是一个很神奇的传说，记载在清朝人刘世馨所撰的《雷祖志》里。当然，传说毕竟不是历史，鱼龙混杂，需要我们仔细甄别。

无论是鸟卵或者是什么动物卵里，都不可能生出人来。因此，卵生陈文玉只不过是远古时期英雄传说的一种形式罢了。不过，根据文献资料记载，雷州历史上，的确有一位陈文玉，只不过，陈文玉是南朝梁武帝（502 ~ 549 年在位）时期雷州的地方官。后人把它移花接木，变成了唐朝时期的事情。

很多民间传说在流传的过程中往往会被改变，但改变都是有原因的，老百姓都希望有廉洁清正的好官，当官的要为民做主，替百姓谋福利。特别是雷州，地处海上交通要道，靠海上贸易，经济才能发展，如果没有良好的社会环境，商人自然也不会来这里经商。历史上，在陈文玉之后，雷州的确出现了良好的社会局面，海上贸易兴盛。唐代中期的时候，李吉甫的《元和郡县志》中曾经记载了这样一句谚语：

欲拔贫，诣徐闻。

——李吉甫《元和郡县志》[①]

简单地说，这句话的意思是：想摆脱贫困，就到徐闻地区。自汉代以后，徐闻的海上贸易已经相当繁荣，中外商业交流的市场已经形成，这句谚语应当是在这里经商致富的商人首先说出来的。到了唐代，有了像陈文玉那样的官员治理雷州，经商的环境更好了。所以，史学家李吉甫才把这句话写进了史书里，而给地方带来福祉的陈文玉也受到了当地百姓神一样的崇拜。

雷祖的传说在湛江流传很广，影响也很大，而人们对发现和呵护雷祖成长的九耳犬自然崇拜有加。实际上，在雷祖崇拜形成之前的先秦时期，在雷州地区，就已经形成了犬图腾崇拜的传统。犬图腾崇拜与这里偏僻的位置、稀少的人口，以及狗所具有的机灵、忠诚等方面的特性有关。

大家知道，狗，雅称为犬，一向被人们誉为“吉兽”，是人类最早驯化的动物之一。在十二生肖和家养六畜中，都离不开狗。养狗有很多好处，狗很威武，能看家护院；狗很机灵，能帮人打猎；狗很忠诚，是人类的好伙伴。特别是在人烟稀少的少数民族地区，更离不开狗，养狗、爱狗，甚至崇拜狗，成了一种习俗。

雷祖传说里，又巧妙地把九耳犬安排了进去。

由于对雷祖和九耳犬的崇拜，所以，在雷州地区，狗就成了家家敬仰和供奉的对象。久而久之，引发了两种特有的社会现象，一种是形成了家家养狗的传统，另一种就是催生了石狗雕刻艺术的诞生。

我们先说第一种传统。古代湛江养狗的风气到底如何，历史中没有留下详细的记载。但雷州半岛人烟稀少，在乡村，家与家之间往往都隔有一定距离。在这种情况下，养狗看家护院就显得很有必要。到宋朝的时候，湛江所在的

① 李吉甫：《元和郡县志》，中华书局，1983年版，第1087页。

雷州半岛仍然是一个相对荒僻的地方，所以，就成了犯人和被贬官员的流放地。根据史书记载，宋朝有十位高官，曾经被贬雷州或海南岛，在湛江留下了活动的足迹。这些人中就包括寇准、苏轼、苏辙等赫赫有名的人物。巧合的是，在他们的经历中，我们也看到了雷州狗文化的蛛丝马迹。

还说苏轼吧。苏轼一生都喜欢狗，他早年在山东密州任职的时候，就曾写过一首词《江城子·密州出猎》，其中写道：

老夫聊发少年狂，
左牵黄，右擎苍，
锦帽貂裘，千骑卷平冈。

——苏轼《江城子·密州出猎》①

“左牵黄”，说的是苏轼骑在马上，左手牵着一只黄皮毛的猎犬，我们姑且叫它“阿黄”吧。苏轼被贬儋州（今海南儋州），必然经过雷州。雷州人的养狗风气和狗崇拜风气也一定会给苏轼留下深刻印象。而到了海南后，苏轼发现雷州半岛的养狗习俗也影响到了这里，加上自己对狗的喜爱，就领养了一条爱犬，并给它取名“乌嘴”（这条狗的嘴是黑色的），“乌嘴”颇通人性，勇猛而又驯良，成了苏轼在海南流放期间的好伴侣。

苏轼在海南过了三年的流放生活，三年后，朝廷下诏把他调回内地。得到消息，苏轼当然十分高兴。狗通人性啊！他的爱犬“乌嘴”好像能察觉什么似的，异常兴奋，表演各种引人发笑甚至令人惊奇的动作，逗得苏东坡心情舒畅，诗兴大发，戏作了一首咏狗诗：

乌喙本海獒，幸我为之主。
食馀已瓠肥，终不忧鼎俎。

① 唐圭璋等：《唐宋词鉴赏辞典》，上海辞书出版社，1988年版，第688页。

昼驯识宾客，夜悍为门户。

知我当北还，掉尾喜欲舞。

——苏轼《戏咏“乌嘴”》[1]

“乌喙”就是“乌嘴”。这首诗的意思是：“乌嘴”你本是海南的一条大狗，有幸我成了你的主人。你吃饱喝足已经十分肥壮，而且也不必担心被烹煮吃掉。白天里你驯良地迎送相识的宾客，夜晚里勇敢地守卫门户。知道我就要北还故土，你摇动尾巴欢喜得欲翩翩起舞。这首诗活泼欢快，可以说是古代咏犬诗里的佳作，这条与大文豪朝夕相伴的“乌嘴”也因此名留史册。

遗憾的是，苏轼渡过琼州海峡，经过雷州半岛重新回到大陆后不久，就因病去世了。我们不清楚“乌嘴”的下落，但无论如何，懂事而又顽皮的“乌嘴”遇到苏轼这么一位心地善良、喜爱动物的好主人，也算是“三生有幸”了！苏轼与他的爱犬“乌嘴”的故事是湛江狗崇拜文化的一个缩影。

随着犬图腾崇拜、雷祖崇拜等的影响，狗崇拜自然也越来越深入雷州半岛的人心。于是，湛江民间艺术家，把石狗雕刻成各种姿态，摆放在城乡各地的房屋庙宇门前、街头巷口，以及桥梁建筑上，处处都有石狗，寓意镇妖祛邪、吉祥如意。据不完全统计，散布在湛江各地的石狗有两万多只，湛江当地人形象地把这些石狗称为“雷州兵马俑”。

这些石狗有的张牙舞爪，有的憨态可掬，有的刻得像狮子狗，有的石狗甚至还打着领带。联系海上丝绸之路，狮子狗这种品种我国本来没有，是舶来品，这明显受到了海上丝绸之路的影响。那些穿着西服、打着领带的石狗在民间的出现又说明了什么呢？

法国以强租地的形式割占广州湾后，在湛江进行殖民统治将近半个世纪之久。在此期间，法国把西方的服饰、饮食、娱乐等文化输入广州湾，西服、

① 王文诰辑注：《苏轼诗集》，中华书局，1982 年版。

领带、假发、咖啡、交谊舞，甚至西式建筑、天主教堂等就是在此期间进入湛江的。湛江的石雕艺人把这段历史用穿西服、打领带的石狗的方式表现出来，既饱含辛酸，又成了凝固的历史，留下了珍贵的资料。

所以，湛江作为港口的经历承载着丰富的历史内涵，跨越了海上丝绸之路的漫长过程。而今，湛江不仅是 21 世纪海上丝绸之路的重要港口，而且是我国南海舰队的驻泊重地。

下一讲，我们将沿着广东的海岸线继续向东，去品味广东的一座南国商都。

请看下一章：南国商都话广州！

【趣味知识自测题】参考答案

1.C　2.B　3.B　4.C　5.D　6.A　7.D　8.B　9.A　10.D

第三章

南国商都话广州

趣味知识自测题

1. 秦始皇在南方地区设置了三郡，管理今天广州市区的郡为________。

A. 桂林　　B. 象郡　　C. 南海　　D. 九真

2. 被毛泽东主席戏称“南下干部第一人”的南越国王是________。

A. 赵佗　　B. 赵胡　　C. 赵眜　　D. 赵婴齐

3. 广州市区有一块“西来古岸”石碑，为纪念一位印度高僧在此登陆而立。这位高僧是________。

A. 安世高　　B. 昙无谶　　C. 鸠摩罗什　　D. 菩提达摩

4. 南朝时期，有一位笃信佛教的皇帝，曾经多次舍身寺院。这位皇帝是________。

A. 刘宋开国皇帝刘裕　　B. 萧齐开国皇帝萧道成

C. 陈后主陈叔宝　　D. 梁武帝萧衍

5. 唐诗“南朝四百八十寺，多少楼台烟雨中”（《江南春》）的作者是________。

A. 杜甫　　B. 杜牧　　C. 李白　　D. 李商隐

6. 清朝时期，下令只有广州“一口通商”的皇帝是________。

A. 康熙　　B. 雍正　　C. 乾隆　　D. 同治

7. 据统计，“一口通商”之后，广州每年的海关关税收入占清朝全国关税总额的________。

A.30% 左右　　B.40% 左右　　C.50% 左右　　D.60% 左右

8. 清朝广州十三行的大商人伍秉鉴曾经在美国有一项商业活动，它是________。

A. 茶叶贸易　　B. 丝绸贸易　　C. 瓷器贸易　　D. 证券业务

9. 清朝瑞典商船“哥德堡号”专门从事瑞典与广州间贸易。它沉没前航行到广州的次数是________。

A. 一次　　B. 二次　　C. 三次　　D. 四次

10.《南京条约》签订后，我国被迫开放五个口岸与英国通商，这五口不包括________。

A. 广州　　B. 泉州　　C. 厦门　　D. 宁波

【评分标准】共 10 题，总分 100 分。每题选择正确得 10 分，选择错误 0 分。

【评估等级】

大牛（对城市很熟悉）：80 ~ 100 分；

及格（对城市基本了解）：50 ~ 70 分；

菜鸟（对城市很陌生）：0 ~ 40 分。

注：参考答案附在本章末。

开篇的话

1983年初夏的一天，一支工程队在广州市越秀区象岗山进行施工，准备削平这个小山岗，建一座公寓大楼。在挖土机下挖的时候，发现了地下一排排排列规整的硕大石板。透过石板间的缝隙，一个幽深的黑洞露了出来。当时，有经验的施工人员推测，这也许是古代的一座墓葬。因为事关重大，工程队领导赶快把此事报告给了当地的文物主管部门。

得到消息，经验丰富的广州市文物管理委员会副主任、广州市老一代考古学家麦英豪先生带领几个人员，赶到现场察看。麦英豪拿着手电，透过石板间的缝隙，隐约看到了巨大的墓室以及数不清的青铜器、玉器等大量文物。麦英豪难以掩饰心情的激动，凭借丰富的考古经验和对广州历史的了解，他初步推测，这可能是一座规模庞大的汉墓。同时，一个念头闪电般掠过他的脑海：难道神秘的南越王墓现身了吗？

麦英豪先生所说的南越王墓是怎么回事呢？

这跟广州两千多年以前的一段历史有关。

一、南越王墓大发现

广州位于我国的正南方，古时候属于百越之地，因此又被称为南越。秦始皇统一南越后（前214），在那里设置了南海、象郡、桂林三郡。南海郡包括今天广东省的大部分地区，郡治就在番禺，也就是现代广州的越秀区。秦朝末年，农民起义爆发，天下大乱。南海郡的地方长官赵佗（约前240～前137）为了保境安民，便封锁了与中原的交通，割据南海、桂林、象郡，建立了南越国，定都番禺，赵佗成为第一任南越国国王。汉高祖刘邦建立汉朝后，赵佗顺应大局，归服朝廷。汉高祖仍封赵佗为南越王，驻守番禺。

毛泽东主席对南越的这段历史很了解，他曾经对南越国国王赵佗有一个很幽默也很耐人寻味的评价，戏称赵佗是“南下干部第一人”。毛泽东主席为什么给予赵佗这样的评价呢?

原来，赵佗来自中原，是今河北正定县人。他建立南越国后，首先实行了“和辑百越”的政策，促进了汉民族和百越族的融合；其次，把中原地区先进的农耕技术带到了南越之地，改变了南越“刀耕火种”的落后面貌。最重要的是，赵佗在南越推广汉字和汉语，教育越人“习汉字，学礼仪”，大大推动了岭南地区的文化进步。在毛泽东主席眼里，赵佗的所作所为，就像新中国成立后，从内地派出去支援边疆地区的干部一样，带去了先进的技术、先进的理念、先进的文化，在一定程度上改变了边远地区的落后面貌。当然，从时间上来说，赵佗应该属于最早南下支边的内地干部，难怪毛泽东主席对赵佗有那么高的评价!

赵佗开创南越，威震南国，他一直活了一百多岁，一生轰轰烈烈。此外，这个人的去世也颇具传奇色彩。他在位的晚年，一直在秘密安排后事。为防止死后坟墓被盗，他派人在广州城外广阔的山岭中开凿了几十座疑冢。他死后，他的继任者为赵佗举办了盛大国葬。为掩人耳目，四支送葬队伍护送一模一样的灵柩从四座城门同时出发，到达不同的安葬地点。这种方式，果然迷惑了后人。直到今天，赵佗的墓究竟在哪里，仍然是一个千古之谜。这种修疑冢的方法，后来曹操、成吉思汗等都用过，但比起赵佗来，时间都要晚。

象岗山墓葬的发现，似乎为解开赵佗墓的千古谜团带来了一丝希望。但结果却使麦英豪略感失望。在墓中，出土了两枚印章，一枚是“文帝行玺”金印，另一枚是“赵眜”玉印。据此可以认定，此墓的主人叫赵眜（亦名赵胡）。

根据文献记载，南越国共传了五代国君，赵眜是赵佗的孙子，第二代国君。赵佗死后，就是这位赵眜为他秘密安葬的。

不过，尽管不是传说中的赵佗墓，但赵眜墓的发现同样令人振奋。墓葬中发掘出土了数千件金银器、青铜器、玉器、铁器、陶器、漆器，这反映了汉代厚葬的风俗，为南越国时期广州历史的研究提供了珍贵的资料。

接下来，另外两样文物的发现，震惊了在场的所有人。一样是五支大象牙，长度都在120厘米以上，牙体粗壮。根据化学分析和与世界各地象牙比对，考古学家认定它们为非洲大象牙。另一样是一只具有异国风情的精美银盒，银盒并非南越国制造，也不是来自中原。银盒上还刻有波斯王国（今伊朗一带）一位国王，即阿塔薛西斯一世（前464 ~前425年在位）的名字。经过化学分析和考古专家研究，认为银盒来自波斯国。

参与挖掘的很多考古学家一时困惑了：非洲的象牙、波斯的银盒是如何从千里万里之外的异国他乡来到广州的呢?

人们对这个问题众说纷纭。翻检历史文献，很多人还注意到这样一条史料：

> 番禺亦其一都会也，珠玑、犀、瑇瑁、果、布之凑。
>
> ——《史记·货殖列传》[①]

这是汉代史学家司马迁在《史记》里的一段记载。这段话用白话翻译过来就是：番禺也是那里的一大都会，是珠玑、犀、瑇瑁、果、布集中的地方。司马迁生活在汉武帝时期，距今2100多年，正是赵眜在位的时候。在司马迁的记载中，南越国的都城番禺已经是一大都会了。那时能够被称为都会的城市不多，仅有长安、洛阳、临淄、邯郸等为数不多的几座城市才有这种资格。广州能够和这些城市并称为都会，可见城市发展已经相当繁荣了。

我们注意到，司马迁说，当时的广州是一个珍珠、犀、瑇瑁、水果、布等物产富集的地方。大家知道，岭南物产丰富，产珍珠，盛产荔枝、龙眼、香蕉等热带水果，在汉代也发展了桑蚕养殖业。所以，司马迁所说的这些物产里，珍珠、水果、布应该是当地的特产。而犀就是犀牛，或者犀牛角制作

① 司马迁：《史记》，中华书局，1975年版，第3268页。

的工艺品。犀牛是热带动物，我国没有，而璿瑁也不是我国的特产，明显都是海外的舶来品。

结合文献资料和考古发现的证据，麦英豪和部分考古学家得出了这样一个推断：在 2100 多年前的汉朝初期，广州已经形成了港口，南越王赵佗以及他的子孙们已经开展了和海外的直接贸易往来。广州应该与那时的合浦、徐闻港一样重要，同样都是优良的海港，是汉武帝时期海上丝绸之路的始发港。

我本人也同意这种看法。而且我相信，当有一天南越国开国君主赵佗的墓被发现的时候，会有更丰富的证据来验证这个推断。

南越王墓发现的时候，正是我国改革开放初期，而广州是改革开放的前沿。把这两件事放在一起，这使我联想到，“南下干部第一人”赵佗的所作所为，似乎给广州的发展奠定了一个基调：一方面，向内保持与中原地区的密切联系，积极吸纳中原文化的优秀成果；另一方面，向海利用海上丝绸之路交通的优势，积极发展海洋贸易。这种城市发展道路使广州充满了活力，一直保持着南方商业大都会的地位。

大家知道，外商数量的多少往往是衡量现代大都市对外开放程度的标尺。而在一千多年前，广州城内的外商已经达到了惊人的数量。

二、达摩与西来古岸

在今广州下九路珠江古码头附近，竖有一块石碑，上面刻有“西来古岸”四个字，这是为纪念印度高僧达摩在此登陆而立的。

一提到菩提达摩，很多朋友都熟悉。他是印度著名高僧，身份很不一般，他本是南天竺国香至王第三子，在印度的名望很高。但他对荣华富贵的贵族生活没有兴趣，立志到中国弘扬佛法。后来，达摩到嵩山少林寺落脚，并创立了我国很重要的一个佛教流派——禅宗。少林寺成了禅宗的祖庭，达摩也被称为禅宗的始祖。

很多朋友也许以为，达摩是沿着陆上丝绸之路，经西域、长安，来到嵩山少林寺的。因为少林寺位于中原，走陆路对达摩而言更便利。其实不然，达摩偏偏选择了海路。而且一开始，达摩本打算在广州传道修行的。

达摩为什么选择从海路来到广州，后来，又为什么去了少林寺呢？

南朝时期，从南印度到广州已经是一条比较成熟的海上航线。这条航线从汉武帝的时候已经开辟了，到达摩那个时代已经有六百年左右的历史了。根据史书记载，那时有大量的南印度商人因为经商来到广州，并集中居住在一个叫绣衣坊的地方。

绣衣坊位于今天广州市西关下九路西来正街口，紧邻珠江江岸，地势平坦，水深浪静，为当时广州珠江码头区，也是繁荣的商业区。

这里为什么叫绣衣坊呢？顾名思义，绣衣坊就是以绣衣知名的坊，说明加工丝绸、生产传统绣衣是这里的主要商业活动。绣衣坊的坊众以印度、东南亚和粟特商人为主。在绣衣坊，长期居住并经营海上丝绸贸易的外商中有一个印度的竺氏家族。竺氏家族拥有一支庞大的船队，定期往返于广州和南印度之间，从事中国的丝绸、绣衣和印度特产的转手贸易。为了经商的便利，竺氏家族便在广州长期定居下来，逐渐成为绣衣坊赫赫有名的大蕃商。由于财力雄厚，这个家族的竺密多还被绣衣坊的蕃商推举为蕃领，负责协助广州地方官管理绣衣坊日常事务，拥有很高的威信。

广州绣衣坊的大名也传到了远在印度的高僧达摩的耳朵里。大约1400多年以前（527），达摩带着释迦牟尼的衣钵以及一些珍贵的佛经，从南印度出发，乘坐竺密多家族的一艘商船向中国进发。竺密多及其家族成员笃信佛教，所以，一路上对达摩照顾得很周到。达摩乘坐的商船经印度洋，到东南亚，穿过马六甲海峡，进入中国南海，到了广州，进入珠江，在绣衣坊码头弃舟登岸。“西来古岸”石碑就竖立在达摩登岸的地方。然后，达摩就在竺氏家族宅院的东侧结草为庐，禅坐传教。

达摩本打算就在广州弘扬佛法的，一个偶然的因素却打乱了他的计划。

那个时候，广州属于南朝梁管辖，梁武帝萧衍是一位笃信佛教的皇帝。他曾经多次舍身南京（当时叫建康）的同泰寺，告诉大臣们，我不当皇帝了，要当个高僧！把大臣们弄得手足无措。结果呢？每一次大臣们都不得不带着重金把梁武帝从佛寺中请回朝廷。所以，在梁武帝当政的 40 多年中，寺院遍布江南各地，唐朝诗人杜牧有一首诗，说的就是梁武帝时期的事：

千里莺啼绿映红，水村山郭酒旗风。
南朝四百八十寺，多少楼台烟雨中。

——杜牧《江南春绝句》①

这位梁武帝，得到了达摩来到广州的消息，立即给广州刺史萧昂下令，邀请达摩到南京弘法。萧昂不敢怠慢，就说服达摩北上到了南京。

但是，会面之后，达摩与梁武帝的佛教见解并不一致，甚至出入很大。于是，梁武帝就冷淡了达摩。志不同则道不合呀！达摩觉得，南京并非久留之地，梁武帝治下的广州他也不能再回去。于是，他就渡江北上到了北魏。最后，在嵩山少林寺落脚，创立了重要的佛教宗派禅宗，少林寺成了禅宗的祖庭。

达摩在广州的这段经历告诉我们，大约距今 1400 多年以前的南朝时期，广州绣衣坊已经是海外客商云集的地方。据史书记载，在当时的广州还曾经流传这么一种说法：

南土沃实，在任者常致巨富。世云：广州刺史，但经城门一过，便得三千万也。

——《南齐书 · 王琨传》②

这段话出自《南齐书》，南齐也是南朝的一个政权，时间比达摩来到广

① 《全唐诗》，中华书局标点本，1960 年版，第 5964 页。

② 萧子显：《南齐书》卷三十二《王琨传》，中华书局，1971 年版。

州还要略早一些。“南土”指的就是岭南广州一带，“沃实”即沃野千里、百姓殷实。这段话的意思是：岭南广州一带沃野千里，百姓殷实，在那里做官的人常常成为巨富。所以，流行一种说法：广州刺史经城门一过，就能得到三千万的好处费。在古代，城门往往是收取客商商税的地方。广州刺史是地方最高长官，手握税收大权，但凡他经城门一过，肯定有不少客商前来讨好、贿赂，很容易就能得到巨大的好处费。

有些朋友就说了，广州刺史要是一天从城门经过五六趟，不就发大财了吗？

当然，不是所有的广州刺史都是贪官，都会无故收取客商的好处费。所以，这句话的前半句应该是事实，而后半句应该是民间的流言。而且，对于一个贸易港口来说，一个好的营商环境非常重要。无故征收过重的商税，虽然能够使个人获利，但最终破坏的是对外贸易的大环境。

而到了唐朝，对外贸易的环境有了更大改善。唐朝扩大了陆上丝绸之路与海外的交往，海上丝绸之路贸易也相当繁荣。广州作为唐朝对外贸易的主要港口，还见证了一件几乎可以和明朝郑和下西洋相媲美的海上丝绸之路外交大事件。这是怎么回事呢？

三、杨府君“下西洋”

大家知道，“郑和下西洋”是海上丝绸之路上一个具有划时代意义的大事件。这个事件在正史中有记载，民间又流传很广，所以，三宝太监郑和的故事一直被后世传颂。在大家的印象里，郑和似乎成了以太监的身份代表中国率领庞大的外交使团出使外国的第一人。

不过，2015 年，陕西考古部门通过媒体发布了一则消息：早在郑和下西洋之前，唐朝就有一位叫杨良瑶的人，以太监的身份率领一个使团出使大食，完成了一次“下西洋”的历史壮举。而且，从时间上计算，杨良瑶下西洋比郑和下西洋早了六百多年。这一消息一经发布，便迅速成为当时的一大热门话题。

那么，杨良瑶是什么人？大食又是哪个国家？当年郑和下西洋一般都从长江口岸出发，杨良瑶出访大食的出发地又在哪里呢？

正史中并没有关于杨良瑶的记载，陕西考古部门之所以通过媒体发布那则消息，是因为在陕西的泾阳县发现了一通神道碑。这通碑的碑额上刻着“唐故杨府君神道之碑”九个篆书大字。碑的正面有密密麻麻上千文字，就是这些文字留下了这位杨府君下西洋的传奇经历。

从碑文中我们得知，杨府君就是杨良瑶（736 ~ 806），陕西泾阳人。他家世代为官，不过，到了他这一代，家道中落。为了谋生，20 多岁时，杨良瑶进入宫廷，做了太监（宦官）。古代做太监有多种情况，有些是被迫受了宫刑，成为太监；有些人是自宫，自愿做了太监。杨良瑶应该属于后者，而且那时候他已经结了婚，有了两个孩子。由于出身官宦世家，从小受到了良好的家庭教育，杨良瑶有很深的文化修养；又由于曾经成了家，深深懂得生活的艰难，所以，他十分珍惜自己的工作机会。在宫中，他很快就崭露头角，赢得了皇上的信任。他侍奉过肃宗、代宗、德宗三位皇帝。他曾奉命出宫，帮助平定过一起叛乱；曾代表朝廷宣慰岭南，不辱使命；还曾请求回纥出兵，帮助稳定了都城长安的危局。因此，他在宫中的身份和地位不断提升。

唐德宗贞元元年（785），杨良瑶受命出使大食。大食在哪里？唐德宗为什么派杨良瑶出使大食呢？

唐朝称阿拉伯为大食。7 世纪初，也就是唐朝建立的时候，伊斯兰教的创始人穆罕默德统一了阿拉伯半岛后，东灭波斯帝国，西面攻陷开罗，建立了势力达到中亚、南亚和北非的阿拉伯帝国。在当时的世界上，东方的唐朝和西方的大食是两个经济非常繁荣、文化空前发达的国家，彼此之间经济、文化交流很多，外交使节往来不断，备受世界瞩目。穆罕默德建立大食国后，主宰了陆上与海上的丝绸之路贸易。穆罕默德用《古兰经》鼓励他的信徒，说“为了追求知识，虽远在中国，也应该去”，反映了当时阿拉伯人对中华文明的向往。史书记载，从唐高宗时期（永徽二年，651）开始，大食第一次派遣使节和唐朝通好，在此后一个半世纪的时间里，大食总共遣使来唐朝 36 次（亦说 37 次）之多。

中国是礼仪之邦，向来主张礼尚往来，来而不往非礼也！所以，从理论上讲，唐朝也应该多次派出使节访问大食，杨良瑶出使大食应该就是其中的一次回访。碑文上详细记载了杨良瑶那次出访大食的情景：

> 以贞元元年四月，赐绯鱼袋，充聘国使于黑衣大食，备判官、内傔，受国信、诏书。奉命遂行，不畏于远。届乎南海，舍陆登舟。……星霜再周，经过万国，播皇风于异俗，被声教于无垠。往返如期，成命不坠。
>
> ——《唐故杨府君神道之碑》

这段记载说明：第一，杨良瑶出使的时间，是唐德宗贞元元年四月；第二，杨良瑶的身份，“聘国使”，也就是相当于皇帝的特命全权代表，并携带判官和国信、诏书；第三，经过了很长时间，历经多个国家，最后到达黑衣大食（大食国后来分裂为黑衣大食和白衣大食），圆满完成使命，回归祖国。还有重要的一点，杨良瑶的出发地。碑文中有这样一句话：“届乎南海，舍陆登舟。”结合文献资料证明，杨良瑶舍陆登舟的南海当是今天的广州。他出使的路线是：从长安到广州，经南海，穿过马六甲海峡到印度洋，然后进入中亚的两河流域，最后到达黑衣大食的首都巴格达（今伊拉克首都），完成使命后，再沿原路返回。

不过，遗憾的是，杨良瑶率领的船队规模有多大，都带些什么礼品，碑文中并没有记载。更为遗憾的是，这么一次有历史意义的中阿交流重大事件，在唐朝的正史中并没有留下记载，也难怪杨良瑶的这次“下西洋”在长达一千多年的时间里不为人们所知。

郑和在我国航海史上的伟大地位是不容置疑的，即使我们在这里拿出“神道碑”作为证据，也很难让人们接受杨良瑶是比郑和更早下西洋的第一人这样一个历史事实。然而，杨良瑶的经历告诉我们，在郑和下西洋之前，汉唐时期应该就有不少人，包括宫中的太监在内，已经不畏艰险，踏浪远航西洋各国了。

官方的友好往来是民间商贸往来的风向标，唐朝和大食两国官方关系好了，民间往来自然会越来越密切。不过，无论是两国使节，还是两国商人来往，无非有两条路线：陆上丝绸之路和海上丝绸之路。对于唐朝而言，长安是陆上丝绸之路的起点和终点，而广州则是当时海上丝绸之路的起点和终点。杨良瑶把出海和回国地点选择在广州并非偶然。

史书记载，广州是唐朝在南方的最大港口，政府设立市舶司管理对外贸易往来。当时已经开辟了一条长达 1.4 万公里的“广州通海夷道”——从广州直通阿拉伯首都。这条海上通道也许是从杨良瑶出使大食之后形成的，也许早就是一条成熟的海上通道。不管怎样，杨良瑶所走的就是这条海上通道。

那时候，大食和唐朝的商人把唐朝的缯彩、瓷器、茶叶、铁器等从广州出海销售到大食，中国的造纸术和火药技术也随之传到了阿拉伯，再由阿拉伯传到西方国家；而西方的金银、珠宝、琉璃、香料、象牙、犀角等由大食商人运到广州，再销售到中国内地。

在杨良瑶出使大食 12 年以前，还曾经发生过一件跟广州的海外贸易有关的趣事。

《资治通鉴》记载：唐代宗的时候（大历八年，773），驻守广州的岭南大将哥舒晃发生叛乱，朝廷派岭南节度使路嗣恭带领军队平叛。这个路嗣恭是一个很贪婪又颇有心计的人。平定叛乱的过程中，他曾趁机搜查停泊在广州港的大食商船，得到了不少奇珍异宝，据为已有。在这些珍宝中，有两只精美的玻璃盘子，叛乱平定后，他把这两只盘子带回长安，分别送给了皇帝唐代宗和当朝宰相元载。在现代，玻璃制品很常见，稀松平常，根本算不了宝贝。但唐朝可不是这样。唐朝所用的玻璃制品有两种：一种是用自然矿石加工的玻璃杯子、玻璃盘子等，这种玻璃制品色泽鲜艳，质地轻脆，很好看，但不耐热，一遇滚水就会炸裂；另一种则是来自西方的玻璃，经过高温烧造，加入了一些化学成分，虽然色泽微暗，但是，做出的杯子、盘子很耐高温，不容易炸裂。当时，唐朝还没有掌握高温烧造玻璃杯、盘的技术，所以，大食商人就把玻璃作为珍宝带到唐朝销售，以此获利。能作为礼物送给皇上，说明在堆积如山的皇宫宝物中，来自大食的玻璃盘子是十分珍贵的。叛乱被平定了，又得到了一只珍贵的玻璃盘子，唐代宗对路嗣恭的所作所为非常满意。

不过，过了不久，唐代宗发现路嗣恭欺骗了自己，这是怎么回事呢？

在路嗣恭送给唐代宗盘子四年之后（大历十二年，777），宰相元载获罪被杀。抄家时，在元载家里抄出了当年路嗣恭送给元载的玻璃盘。唐代宗见到那只玻璃盘后，大为光火。因为什么？不是因为路嗣恭背着他也给宰相元载送了同样的礼物，而是唐代宗发现，路嗣恭送给元载的玻璃盘子竟然比送给自己的还要大——元载的玻璃盘直径为一尺，而陆嗣恭送给唐代宗的盘子直径为九寸。简直是大不敬，是可忍孰不可忍！

这种情况在现代社会也经常发生。送礼的人抱着“县官不如现管”的心理，送给主管官员的礼物往往比送给大领导的礼物还要贵重。

当然，路嗣恭之所以那样做，一方面说明他的狡诈；另一方面也可以看出宰相元载的权势之大，一手遮天，可以直接决定地方官的升降，比皇上更好使。本来，唐代宗打算重重地惩罚路嗣恭，新任宰相李泌则劝说皇帝：这不是路嗣恭的错，这件事正好说明了元载玩弄权术，大臣们才不把皇帝放在眼里，唐代宗这才放了路嗣恭一马。

杨良瑶从广州出海远航和路嗣恭在广州轻易得到玻璃盘子等大量珍宝，不是偶然的事件。据史料记载，唐朝的时候，每年都有大量的大食商船从阿拉伯来到广州。唐朝诗人刘禹锡有一首诗提到：

汉家旄节付雄才，百越南溟统外台。
身在绛纱传六艺，腰悬青绶亚三台。
连天浪静长鲸息，映日帆多宝舶来。
闻道楚氛犹未灭，终须旌旆扫云雷。

——刘禹锡《南海马大夫远示著述兼酬拙诗辄著微诚再有长句时蔡戎未弭故见于篇末》①

“连天浪静长鲸息，映日帆多宝舶来”这两句诗形容的就是广州港帆樯林立、对外贸易的繁荣情景，非常形象。正是因为广州有良好的营商环境，所以，到了唐朝，广州吸引了大量的阿拉伯商人。据文献记载，唐代中期的时候，居住在广州的阿拉伯商人及其后裔总数达到了两千多人；到了唐朝晚期，甚至达到数万人。今天，常年居住在广州的外商数量大概在万人左右。如果仅仅看外商数量这一个指标，唐朝时期广州的开放程度还要高于今天的广州。

除了外商数量，衡量一座大都市经济发展水平的标尺就是现代社会常用的 GDP，也就是国内生产总值。今天，我们一提到一线大城市就是北、上、广，广州和首都北京、大上海并列前三甲。其实，在清朝的时候，广州对清朝 GDP 的贡献甚至还要超过北京、上海呢。

四、银钱堆满十三行

大家知道，美国《福布斯》杂志每年都会发布全球富豪榜单，中国也有很多富豪进入过这个榜单。但历史上，中国哪位富豪拥有的资产最多呢？既不是曾经以经商起家后来做了秦朝相国的吕不韦，也不是大家熟悉的红顶商

① 《全唐诗》，中华书局标点本，1960 年版，第 4075 页。

人胡雪岩，而是清朝时广州的一位粤商，他的名字叫伍秉鉴。

他拥有财富最多的时候达到 2600 万银圆，这相当于当时清乾隆时期财政年收入的一半，可谓富可敌国。

那么，伍秉鉴到底是如何发家致富的呢？这跟清朝广州“一口通商”政策有密切关系。

中国的海外贸易经过了唐、宋、元以及明初郑和下西洋的繁荣之后，到了明中后期和清朝初期，出现了严重萎缩局面。直到清朝康熙统治的中期，才又重新大规模对外开放，设立粤（广州）、闽（漳州）、浙（宁波）、江南（今江苏连云港）四处海关，开展对外贸易，征收商税。不过，以农立国、重本抑商的传统思想根深蒂固，所以，到了乾隆二十二年（1757），乾隆下诏，除广州外，撤销其他海关，广州成为“一口通商”之地。用现代词汇来说，广州就成了大清朝唯一一个经济特区了。这种局面，一直持续到鸦片战争爆发（1840），长达近百年的时间。

客观地说，“一口通商”大大限制了海上丝绸之路贸易，但却成就了广州城市的繁荣。在这个过程中，广州的十三行扮演了十分重要的角色。

所谓十三行，是指清政府特许经营对外贸易的广州十三家商行，包括伍秉鉴成立的怡和行、潘绍光的同文行、马佐良的顺泰行、卢继光的广利行、谢有仁的东兴行、梁承禧的天宝行、严启昌的兴泰行、潘文涛的中和行、潘文海的仁和行、吴天垣的同顺行、易元昌的孚泰行、罗福泰的东昌行、容有光的安昌行等。后来，或多或少，不限于十三家，但习惯上仍称十三行。

十三行的义务是什么？缴纳数万至数十万两不等的白银作为保证金（入门券），取得朝廷特许经营资格。清廷向十三行颁发执业凭证和账簿，十三行代替清廷征收商税，并定期向朝廷缴纳税课。

它们的权利又是什么？十三行是国内商人和外商的中间商，是清廷批准与外商从事贸易活动的专门商行。一切对外贸易都必须经过十三行的手才能成交，否则就是违法行为。发展到后来，十三家商行直接代替内外商人买卖货物，代替支付和存储款项；再到后来，甚至设立仓库替商人保管货物，几乎垄断了一切海外贸易。所以，十三行并不是唐宋时期的米行、面行、鱼行等经营单一商品的商行，而是具有综合业务，经营多种商品的商行，有点类似现代的商业贸易公司。

为了便利经营，十三家商行都设在了广州城西荔湾区的珠江边上，洋商商船帆樯林立，各国驻华商行建立的商馆也紧靠着十三行而立，被称为十三洋行。一时间，十三行成为广州最繁华、最富庶的地区。

当时，中国外销的大宗商品仍然以茶叶、丝绸（广缎）、瓷器为主，西方国家对这些商品的需求量一直很大；而销往我国内地的商品则以香料、珠宝等奢侈品，以及呢绒、羊毛等工业品为主，需求量有限，所以，清朝的对外贸易长期处于出超的状态，全世界的白银源源不断地流向广州。据统计，从 1700 年到 1830 年的 130 年间，输入广州的白银有 4 亿元之多。广州海关的关税收入占清朝全国关税总额的 30%。清朝诗人屈大均曾经有一首诗提到：

洋船争出是官商，十字门开向二洋。

五丝八丝广缎好，银钱堆满十三行。

——屈大均《广州竹枝词》[①]

这首诗的题目叫《广州竹枝词》，是描绘当年广州城市兴隆景象的著名诗句。诗里提到的“二洋”指中国的对外贸易对象：东洋和西洋，还提到了洋船、官商、丝绸、广缎等词语。尤其是“银钱堆满十三行”一句诗，非常形象地表明了十三行商人的富庶。广州也因此“富甲天下”，被形象地称为“天子南库”，是清朝财政收入的主要来源和国家稳定的强大依靠。

当然，一口通商也造就了一大批赫赫有名的十三行行商，伍秉鉴就是其中的代表性人物。

① 梁二平：《海上丝绸之路 2000 年》，上海交通大学出版社，2016 年版，第 346 页。

伍秉鉴的行商名叫怡和行。关于他和他的怡和行到底是如何发财成为巨富的，在广州流传着很多说法，比如他很精明，为人谦恭有礼，善于同官府和外商打交道；他还粗通英语等多国语言，甚至曾经投资美国的证券市场，等等。

有资料显示，伍秉鉴还具有我国传统商人比如徽商、晋商的经营理念，非常注重产品的质量。比如，茶叶是广州外销的主要产品，为了保证外销茶叶的质量，伍秉鉴在我国著名的产茶地福建的武夷山购买了大面积的茶园，从茶叶种植到加工、销售，形成了一条完整的产业链。所以，有伍家标志的茶叶成了当时茶叶质量和品质的标志，往往能卖上好价钱。好品质才能带来好收益，古今都是这样的道理。

不过，我认为，这些说法还不足以说明他的财富来源，有一个国外沉船的考古案例似乎可以佐证伍秉鉴成为巨富的真正原因。

1984年，瑞典考古队在哥德堡港口发掘了一艘沉睡海底两百多年的商船。据记载，这艘沉船叫“哥德堡号”，是一艘有19张帆的大商船，专门从事瑞典与我国广州间的贸易。

沉没前，哥德堡号从1739年到1745年曾经三次航行到广州。清乾隆十年（1745），哥德堡号第三次来到广州港，满载着大约700吨中国物品，包括300多吨茶叶、100吨瓷器、19箱丝绸，还有大量珍珠、胡椒、藤器等，返回瑞典。这些货物一旦顺利销售到欧洲市场，便可以获得巨额利润。

经过八个多月的艰难航行，歌德堡号终于回到了瑞典的哥德堡海港。大约再航行一千米，数百名船员就可以上岸回家与久别的家人团聚了。然而，就在这个时候，哥德堡号突然触礁。船底严重破损，海水逐渐灌入船舱；大帆船像一个醉汉一样慢慢倾斜，眼看着就要沉入海底了。

岸上欢迎的人群被眼前的这一幕惊呆了。不过，人们很快回过神来，欢迎人群马上变成了救援队、打捞队，乘着小船，一方面救人，另一方面尽可能地抢救货物。幸好，船员们都获救了，同时，还从船上捞起了一部分货物，清点下来，包括80匹丝绸、30吨茶叶，以及大量瓷器。出人意料的是，就是这些不多的东西，后来拿到市场上拍卖，所得的收入不仅支付了哥德堡号广州之行的全部成本，还有10%以上的盈利。

这个事件发生在广州一口通商十多年之前，而且，与英国、荷兰、西班牙等国相比，瑞典并不是中国最主要的贸易对象。由此，我们可以推测，在一口通商之后，手中握有对外贸易垄断权力的伍秉鉴等十三行行商也会接到这样的订单，而且订单会更大、更多，出入广州的洋船会更频繁，数额巨大的贸易往来是伍秉鉴们致富的一个重要原因。

不过，大量的白银流入广州，引起了西方列强的极大不满。所以，英国开始向中国输入鸦片，试图平衡与清朝的贸易逆差。大家知道，鸦片是一种毒品，鸦片的大量输入不仅造成了大量白银外流，损害了清政府的经济；也伤害了中国人的身体，降低了军队的战斗力。1839年，林则徐以钦差大臣的身份奉命前往广州禁烟，强行收缴了十三行外国商馆的全部鸦片，在虎门海滩全部销毁。

虎门销烟，使英国等西方国家遭到了重大损失，后来，英国以此为借口，悍然发动了鸦片战争。伍秉鉴还是具有爱国情怀的一个商人，在鸦片战争期间，他捐出巨额资金帮助广州地方军队修筑炮台、购买枪炮等，表现了一个商人的爱国情怀。但腐败的清廷已无力回天，鸦片战争失败后，清朝被迫与英国签订了《南京条约》，开放广州、厦门、福州、宁波、上海五口为通商口岸，广州一口通商的时代画上了句号。伍秉鉴等十三行行商的生意也逐渐走下坡路，最终退出了历史的舞台。

客观来说，广州一口通商的影响是值得深思的。不可否认，一口通商严重制约了唐宋以来海外贸易繁荣发展的势头。但也应看到，它毕竟是海上丝绸之路的延续，并没有完全关闭对外交流的大门。所以，一口通商也使中国能够及时地了解西方，西方也能够通过这扇窗户认识中国。同时，十三行也培养了一批像伍秉鉴那样懂外语、了解西方文化的民族资本家，这为后来的洋务运动、中国的近代化进程打下了基础。而对于广州这座城市而言，意义更大，一口通商使广州始终处于对外交流的前沿地位，把中国的好产品、好技术输往西方，树立了中国良好的形象；同时，又大胆吸收海外优秀的经济和科技成果，使广州成为那个时代世界知名的国际大都市。

有意思的是，为了纪念两百多年前中瑞之间海上丝绸之路交流的那段历史，哥德堡号大帆船被重新打捞上来后，瑞典花费了相当于3亿多人民币的巨资，仿制复原了这艘大帆船。2006年，瑞典人专门驾驶着这艘大帆船，沿着当年哥德堡号的航线，完全依靠自然风力，从哥德堡直航广州，引起了全世界的轰动，也再次勾起广州人对海上丝绸之路的那段美好回忆。

直至今天，广州港从港口规模、货物吞吐量等方面，仍然位列世界十大港口之列。广州也成为开放、包容、创新城市的代表，成为岭南文化的核心。应该说，这是两千多年来海上丝绸之路赐给广州的厚礼，是广州城市活力的源泉，是广州永远的骄傲！

下一讲，我们将沿着南海岸继续向东，走进福建的一座海上丝绸之路古城。

请看下一章：月港盛衰话漳州！

【趣味知识自测题】参考答案

1.C　2.A　3.D　4.D　5.B　6.C　7.A　8.D　9.C　10.B

第四章

月港盛衰话漳州

趣味知识自测题

1. 福建漳州的市花是________。

A. 荷花　　B. 水仙　　C. 梅花　　D. 郁金香

2. 明朝中期，有一位皇帝决定在漳州月港开放海禁，这位皇帝是________。

A. 嘉靖皇帝　　B. 隆庆皇帝　　C. 万历皇帝　　D. 天启皇帝

3. 首先和中国进行海上丝绸之路贸易的欧洲国家是________。

A. 葡萄牙　　B. 西班牙　　C. 荷兰　　D. 英国

4. 明清时期，畅销欧洲的“克拉克瓷”的主要来源是________。

A. 景德镇瓷　　B. 龙泉瓷　　C. 德化瓷　　D. 漳州漳瓷

5. 明朝中后期，通过海上丝绸之路输入中国的南美洲作物不包括________。

A. 番薯　　B. 玉米　　C. 大豆　　D. 花生

6. 明朝中后期，陈振龙是通过海外________港口把番薯输入中国的。

A. 马尼拉　　B. 吉隆坡　　C. 新加坡　　D. 加尔各答

7. 中国人口达到两亿是在________。

A. 明朝万历时期　　B. 清朝康熙时期　　C. 清朝乾隆时期　　D. 清朝咸丰时期

8. 明朝时期，通过海上丝绸之路在菲律宾经商和定居的中国商人有________。

A. 一万多　　B. 两万多　　C. 三万多　　D. 四万多

9. 明清之际，被台湾人尊称为“开台王”，为开发台湾做出重要贡献的一个历史人物是________。

A. 郑芝龙　　B. 郑成功　　C. 彦思齐　　D. 施琅

10. 据统计，台湾岛有 2300 多万人。其中，祖籍在漳州的达到________。

A.10%　　B.20%　　C.30%　　D.40%

【评分标准】共 10 题，总分 100 分。每题选择正确得 10 分，选择错误 0 分。

【评估等级】

大牛（对城市很熟悉）：80 ~ 100 分；

及格（对城市基本了解）：50 ~ 70 分；

菜鸟（对城市很陌生）：0 ~ 40 分。

注：参考答案附在本章末。

开篇的话

明万历三十一年，即公元1603年，荷兰著名海港阿姆斯特丹举行盛大的国际商品拍卖会。在这个拍卖会上，一批来自中国的“克拉克瓷”引起了人们的广泛关注。这批“卡拉克瓷”有将近10万件，大多是青花瓷，有盘子、壶、瓶、碗等型制，质地纯正，造型优美，纹饰具有西方色彩。当时，欧洲还没有掌握制作瓷器的技术，所以，这批瓷器一经展出，便惊动了荷兰、法国、英国、葡萄牙等国的上流社会。这批“克拉克瓷”成了上至国王，下至富商等欧洲权贵们竞相追逐的对象，近10万件青花瓷在短时间内全部以高价拍卖了出去。

很明显，“克拉克”是一个西方词语，但荷兰的拍卖商又称这批瓷器来自中国。提到这个问题，很多人都会联想到，如果这些所谓的“克拉克瓷”真的来自中国，是不是来自我国江西的景德镇？因为明朝时期江西景德镇的瓷器太有名了。

不过，我告诉大家，这批所谓的“克拉克瓷”不是出自景德镇，而是产自福建一个不起眼的城市——漳州。

那么，产自漳州的瓷器为什么被称作“克拉克瓷”？漳州的瓷器又是如何漂洋过海来到遥远的欧洲的呢？

要解开这个谜团，还得从漳州的月港说起。

一、漳州月港的崛起

漳州是福建省的一座沿海城市，以盛产水仙花而知名。不过，很多朋友也许不会想到，在四百多年前，漳州还是明朝政府确定的、唯一合法的民间对外贸易港口，有点像后来“一口通商”的广州，持续繁荣长达百年的时间。

那么，漳州月港到底是在什么背景下崛起的？为什么它被明朝指定为唯一合法的民间对外贸易港口呢？

我们从明朝嘉靖年间发生在朝廷的一场争论谈起。

明朝嘉靖皇帝（1521 ～ 1566 年在位）晚年，一场关于是否开放海禁的争论在朝野上下展开，很多大臣都参与其中。

大家都熟悉明朝的郑和下西洋，明朝初期，明成祖朱棣派郑和率领庞大的船队七次下西洋，最远到达非洲东海岸，成为世界航海史上的壮举。但到了明代中期，明朝却一改当初对外开放的政策，反而实行了严厉的海禁。官方与国外的交往越来越少，甚至规定沿海地区百姓“片板不许入海”，也就是说，任何人不经朝廷许可都不能随意出海，违者将以国法论处。

那么，从郑和下西洋的大开放，一下子转变为大海禁，这背后到底是什么原因呢？

原来，根本的原因是倭寇。倭是“矮”的意思，这些倭寇来自哪里呢？主要是日本。那时候，日本正处在动荡时期，如同中国的魏晋南北朝，战争不断，大量被打败的武士、浪人为了生存，往往渡海到我国东南沿海，成群结伙进行武装掠夺和骚扰，对明朝的海防安全造成了极大危害。

为了有效遏制倭寇入侵，明朝采取了两种办法。一种是打，明朝不断派出军队对倭寇进行军事打击。但效果不明显，那些倭寇打不赢就跑，你在山东打，他们就跑到江苏、浙江；你在江苏、浙江打，他们就跑到福建，让朝廷伤透了脑筋。所以，明朝又采取了另一种办法，就是实行海禁政策，不允许沿海居民下海，不允许海商出海经营，试图通过这种办法切断倭寇与我国内陆的联系，这种情况一直持续了一百多年。

中国有句俗话“靠山吃山，靠水吃水”，沿海居民是靠下海捕鱼、经商为生的，出海就如同中原地区的人们种地。不让农民种地农民就无法生存，同样，不让渔民下海捕鱼、不让海商出海经商不就等于断了他们的生路吗？不过大家知道，中国的海岸线有一万多公里，政府想限制也很难限制得住。

所以，照样有大量渔民偷偷下海捕鱼，有大量海商偷偷出海经商。这样，逐渐形成了宁波、泉州和漳州三处民间走私贸易港口。

嘉靖皇帝在位的晚年，明朝出动了大批军队，重用戚继光、俞大猷等名将，对东南沿海的倭寇进行了严厉打击，东南沿海一时恢复了往日的和平。正是在这种背景下，朝廷出现了两种意见：

一种意见认为，应该效仿当初明成祖朱棣时期的做法，开放海禁，与国外开展大规模贸易往来。

另一种意见则相反，认为倭寇只是暂时被驱赶走了，难保他们不会卷土重来。还应该坚壁清野，继续实行海禁政策。

两种意见都有道理，这让嘉靖皇帝左右为难，拿不定主意。

嘉靖四十二年（1563），嘉靖皇帝接到了福建巡抚谭纶的一份奏章。谭纶是江西人，也是一位抗倭名将，长期在浙江、福建抗击倭寇，与戚继光齐名，被称为“谭、戚”。他结合福建的情况，向皇帝报告说：

第一，福建人大部分滨海而居，不往来于海上就无以为生。

第二，自从实行海禁以来，福建等滨海渔民的生活越来越贫困，商人没办法出海做生意，严重影响了沿海地区的社会安定。

第三，海禁并没有杜绝海上走私活动，既然这样，不如对海上贸易给予一定程度的认可。只要制定好法规，加强管理与控制就可以了。

谭纶在当时很有地位，也深受嘉靖皇帝的器重，加上这份奏章有理有据，所以，得到了嘉靖皇帝和大部分朝廷官员的认同。国家开放海禁的政策似乎呼之欲出了。

遗憾的是，就在谭纶提出这次建议三年以后，嘉靖皇帝就因病去世了。这是不是意味着开放海禁要被搁浅起来呢？

嘉靖皇帝去世后，继位的是隆庆皇帝（1566 ~ 1572 年在位）。这位皇帝一上台，就任用张居正等一批名臣，对前朝的一些弊政大刀阔斧地进行改革，并主动征求大臣们治国理政的建议，昭告群臣上书言事。这时候，继谭纶之后，新任的福建巡抚涂泽民再次上书，提出废除海禁政策，与海外通商的建议。

前面有谭纶的上书，这时候又有涂泽民的上书，隆庆皇帝觉得可以把开放海禁作为自己登基的一项新政。于是，顺应了大部分朝臣的愿望，决定开放海禁。

接下来的一个问题是：多大程度地开放？选择在哪里开放？

隆庆皇帝虽然同意开放海禁，但并不想一下子废除祖宗之法，恢复明初的全面开放的做法，毕竟，倭寇还没有完全消灭。涂泽民也了解朝廷的这种担忧，所以，提出把自己管辖下的福建漳州月港作为开放海禁的港口。而这一点也恰恰符合隆庆皇帝的想法。那么，漳州月港在哪里？为什么选择月港作为开放海禁的港口城市呢？

月港位于比较偏僻的福建漳州以东 25 公里九龙江入海口的海澄县（今海澄镇），其港道萦绕海澄县城。因为港道的形状似一轮弯月，而得名月港。月港所在的区域，本是九龙江与大海相交的一块滩涂，到唐宋时期才有零星的居民，那个时候，泉州、广州和福州已经是闻名中外的大港口了。但是，聪明的商人们发现，这个地方完全具备成为港口的优越条件。由月港发船，沿着九龙江顺流而下，经过曲曲折折的港道和众多小岛，抵达厦门岛后就进入了大海。

这样的地理条件给月港带来了两个影响：

第一，当明朝推行海禁政策的时候，月港悄然崛起为一个走私港口。由于明朝把海禁的重点放在了诸如广州、泉州、福州、宁波等知名的大港口，所以，月港成了南方众多港口夹缝中被朝廷忽视的一个盲点，悄然崛起为东南地区的走私大港。到了嘉靖时期，走私活动已经是公开的秘密，月港这个名称已经成为明中央政府海洋政策无法回避的港口。看来，走私活动自古就有，虽然是非法的，但我们知道，漳州月港的走私与现代社会一些人为了牟取暴利而违法进行的海上走私是有根本区别的。

第二，明朝选择月港作为对外贸易的港口，有利于有效控制海外贸易活动。

月港知名度不高，远离朝廷的核心政治区域。而且，月港港口与大海有一段距离，港岛曲折，港外与众岛相连，入海口处有厦门等众多岛屿，官府可以在这些小岛上重重设卡，进行稽查盘验。所以，朝廷只要控制住厦门等数处岛屿，就能有效控制住月港的对外贸易。这符合明朝海禁的大方针政策——“明开实禁”“于通之中，行禁之实”。

所以，对于明朝而言，选择漳州月港可谓一箭双雕：一方面满足了朝廷上下开放海禁、开放对外贸易的呼声和社会压力，部分缓解了社会矛盾；另一方面，又可以对月港的对外贸易进行有效控制和监督，符合朝廷“明开实禁”的大政方针。

就这样，漳州月港从全国众多的港口中脱颖而出，成为明朝中后期中国唯一合法的民间对外贸易港口。

月港开放海禁，标志着民间出海贸易活动由偷偷摸摸的走私行为，转变为正大光明的合法贸易活动，从地下走到了地上，不仅改变了商人们的命运，还改变了漳州城市的命运。

为了就近获得商业利益，离月港 25 公里的漳州府城成了四方商人的集聚地，福州、泉州、广州的商人纷纷来到这里。漳州成了全国商品的集散地、加工地，大量绢、绸、缎、瓷器、铁器等手工业品以及柑橘、荔枝等果品集中在漳州，然后从这里出海。据统计，每年从漳州月港出海的商船少则一二十艘，多则七八十艘，海外贸易遍及东亚、南亚、西亚、欧洲等三四十个国家和地区。由于贸易兴盛，当时的漳州成了人人向往的闽南乐土：

> 人烟辐辏，商贾咸聚。
>
> ——（乾隆）《海澄县志》[①]

而月港的所在地海澄县被人们称为“小苏杭”，可见其繁华的程度。

---

① （乾隆）《海澄县志》，见《中国地方志集成》，上海书店出版社，2000 年版，第 670 页。

漳州月港开放的时候，正是所谓的大航海时代，中国发明的指南针技术传到西方，被运用到了航海上；加上造船技术的进步，出现了能够在深海中航行的大帆船。西方的商船能够从欧洲直接航行到中国，中国与西方国家首次开辟了直航的海上航线，中国的“克拉克瓷”在荷兰的阿姆斯特丹港出现就与这条航线有关。

二、陈振龙的家国情怀

明朝的时候，中国是世界上最大的经济体，是西方国家向往的贸易对象。中国销往西方的商品主要是丝绸和瓷器，这两样东西最受西方上层社会的青睐，因此，海上丝绸之路也被称为“瓷器之路”。欧洲先后有三个国家来到中国，争先恐后和中国从事海上贸易。

首先来到中国的是葡萄牙人。在漳州月港开放的14年前，即1553年，葡萄牙人来到中国，以租借的形式强行从明朝获得了澳门的居住和经商权。澳门距离漳州月港不远，所以，月港开放后，葡萄牙商人把大量中国商品经澳门转运到欧洲，获得数十倍的利润。

接着是西班牙人，他们占领了吕宋岛，也就是菲律宾，建立了马尼拉港口，也与漳州月港开展了频繁的贸易活动。继葡萄牙、西班牙之后，荷兰人也把势力范围伸展到了我国东南沿海。

为了争夺海上霸权，明朝万历三十一年（1603），荷兰人与葡萄牙人在澳门附近发生了海上冲突。就是在这次冲突中，一艘葡萄牙商船被荷兰人抢夺走了。

当时，这条商船正从澳门港出发，一路向西，准备驶往葡萄牙。船上是葡萄牙商人刚从漳州月港商人那里订制的10万件青花瓷，以及1200捆中国原丝、锦缎。他们本打算把这批丝绸和瓷器远销欧洲获利，没想到航行到新加坡附近海域时，被荷兰军舰截获，成了荷兰的战利品。荷兰人如获至宝，驾驶着这艘商船一路向西，经过印度洋、大西洋，回到荷兰港口阿姆斯特丹。当时，荷兰人并不知道这批青花瓷的具体来历。他们只知道那艘葡萄牙商船的名字叫“克拉克”（葡语 carrack），所以，干脆把这批从葡萄牙商船那里抢来的瓷器称作“克拉克瓷”。阿姆斯特丹拍卖会上拍卖的正是这批克拉克瓷。从此以后，西方人便把从中国外销到欧洲的这种青花瓷统称为“克拉克瓷”。

那么，这批从漳州月港运出的克拉克瓷到底产自哪里呢?

提到这个问题，很多人都会联想到我国景德镇的青花瓷，因为景德镇的青花瓷太有名了。其实不然。实际上，这批青花瓷产自漳州，被称为“漳瓷”。

月港开放后，海外巨大的商业需求，使得漳州的瓷器生产获得了发展的良机。

漳州九龙江中上游地区属于丘陵地带，有大量生产瓷器所需的高岭土，原料充足。月港开放后，吸引了大批景德镇瓷器烧造工匠来到漳州，把先进的瓷器烧制技术带到了漳州。漳州的平和、漳浦、南靖、华安、云霄、诏安各县形成了大规模的窑址群，大量窑工从事瓷器烧造。因为这种瓷产自漳州，所以被称为“漳州窑”或“漳瓷”。九龙江水上运输便利，烧造出的瓷器最多一天就可以顺流而下到达月港码头。

为了迎合西方人的传统，漳瓷以青花瓷为主，在纹饰、图案、造型等方面往往融合了西方的文化色彩，订制生产，属于典型的外销瓷，用现代话说，是出口产品。这就是被西方人称作“克拉克瓷”的中国青花瓷的来历。

据统计，从阿姆斯特丹那场拍卖会之后的近百年间，经漳州月港外销到欧洲的克拉克瓷达到 1600 万件以上。这说明了当年这种瓷器是很受西方欢迎的外销产品，堪称世界知名品牌。

今天，“克拉克瓷”在澳门、欧洲各国都有大量发现。而在漳州的平和、华安等地，还有多处漳瓷窑址依稀可见当年漳瓷生产的盛况。

瓷器贸易是漳州月港对外贸易活动的一个缩影。不过，贸易是一种双向的交流活动，当中国大量的商品从漳州远销海外的时候，也有大量的海外商品通过漳州进入中国市场。其中，南美洲的几种植物通过漳州月港被引种到我国各地，对中国社会所产生的影响绝不亚于当年“克拉克瓷”在欧洲产生的轰动效应。

那么，从漳州输入中国的是哪些植物？它们对中国人的生活到底产生了怎样的影响呢？

在今天福建的很多地方，流传着这样一个故事。

明朝万历年间（1573 ~ 1619），福建长乐县有一个人叫陈振龙（约1543 ~ 1619），出身于书香门第。他从小刻苦读书，准备通过科举考试进入仕途。不到20岁，陈振龙就中了秀才，但不成想，在随后的乡试中失败。当时，漳州月港已经开放，有不少长乐人都去漳州做生意，家财万贯者比比皆是。陈振龙受到经商风气的影响，决定弃儒经商。当时，漳州月港与菲律宾马尼拉之间的贸易往来很频繁。陈振龙就筹集资金，打造了一艘商船，来往于马尼拉和漳州之间，从事两地转手贸易。

在菲律宾，陈振龙发现了一种中国没有的植物，当地人叫甘薯。甘薯有很长的藤蔓，耐旱易活，产量高。成熟的时候，在地下结成根块，大如拳头，皮色朱红，生熟都可以吃。其实，这就是我们今天熟知的番薯。

番薯又俗称甘薯、红薯、红苕、白薯、地瓜等，原产南美洲。当年发现“新大陆”的哥伦布以及后来西班牙的航海家航行到了南美洲，并把甘薯带回了西班牙。明朝初期的时候，西班牙人用武力侵占了菲律宾（吕宋岛），把这里当作他们的殖民地，又把甘薯引种到了菲律宾，开始在菲律宾大面积种植。这就是陈振龙之所以在菲律宾见到甘薯的大背景。

陈振龙见到甘薯，心里一阵激动。为什么？他想到了自己的家乡福建，那里山多地少，素有“八山一水一分田”之称，粮食不够吃，灾荒年份老百姓往往忍饥挨饿。于是，他打算把甘薯引进到中国。有了这个想法后，他就利用在马尼拉港口停留期间，细心观察，认真学习并熟练掌握了甘薯种植的方法。

不过，西班牙人把甘薯看作奇货和垄断产品，严禁出境，要想把甘薯带出菲律宾并不容易。陈振龙苦思冥想，终于想出了一个妙招。

明万历二十一年（1593），即漳州开港后的第26年的五月，陈振龙指挥着自己的商船满载货物从马尼拉港口出发，准备驶向漳州月港。西班牙人照例对货物进行严格检查，但他们并没有发现异常。陈振龙的商船顺利离开马尼拉，驶向家乡福建。

那么，陈振龙到底把甘薯藏在了哪里而躲过了西班牙人的检查呢？

三、改变中国的番薯

熟悉甘薯栽培技术的朋友们都知道，甘薯有两种常见的种植方式，一种是把它埋在地下，让其发芽，然后用甘薯芽种植甘薯。还有一种方法便是把没有干枯的甘薯藤直接插到土壤里，进行栽培。陈振龙觉得，直接带甘薯目标大，容易被发现。所以，就想到要带甘薯藤。怎么带呢？

陈振龙不愧是个读过书、有知识、有头脑的商人，当时正值马尼拉甘薯成长的季节，他偷偷到地里裁剪了数条新鲜的甘薯藤；然后，把这些甘薯藤和他商船上用来打水的麻绳绞在一起，外面又涂了一层泥，看起来跟原来的麻绳几乎没有什么两样。负责检查的西班牙人怎么也不会想到去检查一根打水绳。就这样，陈振龙顺利地躲过了港口的出境检查。

经过七天七夜的艰苦海上航行，终于回到了漳州月港，陈振龙悬着的一颗心这才算落了地。

很多史料记载，陈振龙是在厦门岛弃舟登岸，回到自己的家乡长乐的。我不这样认为。因为，当时朝廷有规定，漳州月港是唯一开放的民间对外贸易港口，所有船只必须在月港码头进出，接受检查，缴纳商税。这是其一。其二，当时的厦门岛还不是成熟的港口，只是月港的一个外围岛，岛上住有少量士兵，负责对进出漳州月港的商船进行检查。所以，陈振龙应该是在厦门岛接受入港检查后，沿着九龙江进入月港，在月港码头弃舟登岸，急急忙忙回到自己家乡长乐的。

为什么说他急急忙忙呢？陈振龙清楚地知道，甘薯藤离开了水就很容易枯死，在此之前，必须把甘薯藤栽培起来。于是，陈振龙马不停蹄赶回自己的家乡长乐，亲自在自己的住宅附近开垦一块地，把甘薯藤插入土中试种。经过精心的培育，到了秋天，甘薯终于试种成功。消息传出，惊动了整个长乐。因为甘薯来自域外，明朝人称域外人为“番”，所以，陈振龙就把从菲律宾引进的甘薯称为“番薯”。

第二年春天，福建发生大旱，五谷歉收。当时，陈振龙的儿子陈经纶正好在福建巡抚衙门供职，陈振龙就授意他儿子向福建巡抚金学曾上书，建议种植番薯，可以解救福建的灾荒。金学曾正为福建的灾害发愁，听说番薯可以救荒，便马上特辟了一块地，让陈振龙父子试种。当年试种成功，金学曾大喜。后来，金学曾下令在福建各地推广种植，又把福建种植番薯的成功经验上报朝廷，希望能在全国推广。

陈振龙呢？他的后半生就一直致力于番薯的推广，他的儿子、孙子陆续把番薯引种到了浙江、山东、台湾等地。

陈振龙把番薯引入我国，大大改善了我国农作物的结构和百姓的食谱，成为老百姓度荒解饥的重要食物之一。在陈振龙的家乡福建，一直流传着这样一句话：

土藏懵番薯，吃饱不辛苦。

——福建民谚

因为番薯看起来憨厚、个大，所以，福建老一辈人戏称其为懵番薯。据古籍记载，每当荒年时，福建乡民“活于薯者十之七八”，大多数人都是因为番薯才活了下来。福建这句朴实无华的民谚，透露出老百姓对憨态可掬的番薯的深厚感情。为纪念陈振龙引进薯种之功，闽人曾建“先薯祠”“先薯亭”，祭祀陈振龙。而陈振龙也被称为我国的“甘薯之父”，实至名归。

当然，追根溯源，番薯之所以能够进入中国，是漳州月港的开放为其提供了必要的前提。据统计，不仅仅番薯，通过漳州港输入中国的国外商品多达几十种。其中，南美洲的玉米、花生、番茄、烟草等植物也都是通过漳州月港传入我国的。

这就是丝绸之路交往史上一个很有意思的现象。汉唐时期，大量西域物产通过陆上丝绸之路进入中原，中原人往往把这些物产称作“胡 × ×”，比如胡桃、胡萝卜、胡椒等；明朝中后期，大量产自南美洲的物产通过海上丝绸之路进入我国，我们往往把它们称作“番 × ×”，比如番薯、番玉米、番茄等；鸦片战争后，西方大量商品进入我国市场，我们则把那些商品称作“洋 × ×”，比如洋火、洋布、洋油等。

其中，明朝中后期，原产南美洲的番薯、玉米等植物引种到我国后，大大改变了我国的种植物结构，改变了中国人的食物结构。到了清朝时期，番薯、玉米等已被推广种植到全国大部分地区。玉米、红薯和小麦、稻谷一起成为我国的四大粮食作物。从此，中国人的食物结构发生了变化，进而影响到人口结构也发生了变化。明代中后期，中国人口开始稳定在一亿以上；到了清朝乾隆晚期，达到了两亿；清朝末年的时候，超过了四亿。今天，超过十三亿之多。中国这块土地上能够养活越来越多的人口，真的要感谢当年像陈振龙那样冒着危险从海外引进物种的商人。当然，更要感谢漳州这个普通的小城市。

漳州月港是这些植物进入中国的第一站，漳州在那个年代中西物种交流史上的地位是无可替代的。

“克拉克瓷”风靡欧洲，红薯等南美洲植物改变了中国人的饮食传统，这不禁让我们对漳州这座海上丝路古城刮目相看。不过，漳州在海上丝绸之路上留下的荣耀还远不止于此。

大家知道，郑成功很有名，很多朋友都把郑成功看作收复我国宝岛台湾、开发宝岛台湾的民族英雄。其实，真正为郑成功开发台湾打下基础的是从月港走出去的一位漳州生意人。

那么，这个漳州的生意人是谁？他又怎么为郑成功开发台湾奠定了基础呢？

四、漳州与台湾的情缘

20世纪八九十年代，有一首歌唱海峡两岸骨肉亲情的歌曲叫《鼓浪屿之波》，非常流行。其中的几句歌词是这样的：

> 鼓浪屿四周海茫茫，
> 海水鼓起波浪。
> 鼓浪屿遥对着台湾岛，
> 台湾是我家乡。
> ……
>
> ——《鼓浪屿之波》

鼓浪屿是厦门的一座岛屿，今天是一个著名的旅游胜地。站在鼓浪屿的日光岩上，就可以眺望到海峡对岸的宝岛台湾。这首歌曲深情表达了滞留在厦门的台湾人渴望回到家乡、两岸人民渴望早日统一的心愿，打动了无数人的心弦，被广为传唱。我也曾到过鼓浪屿参观，鼓浪屿上到处都飘荡着《鼓浪屿之波》的美妙乐章。不过，了解明清闽南历史的朋友都知道，在这首歌的背后，还有一段漳州与台湾的不解情缘。这是怎么回事呢？

明朝时期漳州月港的开放，为漳州人走向海外寻找财富和自由创造了有利条件。当时有大量漳州商人、普通百姓移民到菲律宾、印度尼西亚、马来西亚、新加坡、越南、泰国等。据统计，在陈振龙所在的菲律宾有三万多中国商人及其后裔，其中绝大部分是漳州人；甚至在遥远的北美洲墨西哥也有一万多中国人，其中绝大部分是从漳州到那里从事丝绸织造的中国人。

在漳州人涌向海外的大潮中，有一个出生在月港所在地海澄的漳州人，则定居到了台湾岛，为宝岛台湾的开发做出了杰出贡献，被台湾人尊称为“开台王”“第一位开拓台湾的先锋”。

此人名叫彦思齐（1589 ~ 1625）。今天，这个名字在大陆默默无闻，但在台湾，几乎无人不知、无人不晓。

那么，彦思齐如何到了台湾？他又在台湾做了什么呢？

彦思齐身材魁梧，精熟武艺，生性豪爽，仗义疏财。他本来在月港码头附近做裁缝，当时从这里输出的丝绸数量很大，所以，日子过得还不错。明万历三十一年（1603），也就是荷兰人在阿姆斯特丹举行克拉克瓷拍卖会的那一年，彦思齐受到当地一个官宦人家的无端欺辱，一怒之下，他打死了那家的一个仆人。杀人要偿命，无奈之下，彦思齐只好外逃。他趁着黑夜，偷偷搭乘一艘商船，逃亡日本。到了日本后，他很快结交了一群在日本从事贸易活动的闽南商人，并与其中的 27 个人结为盟兄弟。由于彦思齐生性豪爽，精通武艺，被推为盟主。后来（明熹宗天启四年，1624），因不满日本封建幕府对中国商人的盘剥，彦思齐与他的盟兄弟们以及其他一些追随者，驾着 13 艘商船离开日本。

彦思齐在漳州有命案，当然不能回到家乡漳州。他们经过商议，选择了与家乡一水之隔的台湾岛落脚。

台湾自古以来就与大陆保持着密切联系，元朝设立澎湖巡检司管辖台湾，正式把台湾纳入我国的领土范围。不过，明朝以前，台湾只有少量的土著人居住，还处于刀耕火种的原始生活状态，并没有得到有效开发。

彦思齐这 13 艘船在今台湾北港（笨港）靠岸，他们见岛上地肥水美，大片土地尚未开发，便决定在这里定居下来。一方面，继续利用 13 艘商船从事海上贸易；另一方面，在台湾北港附近伐木建房，开垦土地，准备在那里干一番事业。因为地广人稀，急需农业劳动力，彦思齐便数次派出船队回到漳州月港，在故乡招募移民，前后有 3000 多名漳州人到了台湾。

福建山多地少，漳州是福建省最大的一块农耕区域，农业经济比较发达。漳州人到了台湾，就把大陆先进的农耕技术和文化带到了台湾，在很短时间内就使台湾变了样，拉近了台湾与大陆经济发展的距离。不幸的是，彦思齐来到台湾的第二年，就身染重病，不幸去世。

彦思齐去世后，接替他成为盟主的是郑芝龙，此人就是赫赫有名的郑成功的父亲。明朝晚期，曾抢劫“克拉克瓷”的荷兰人，趁明朝内乱，一度占领台湾。郑成功用武力收复台湾，接着把彦思齐、郑芝龙开发台湾的事业继续下去。

这就是说，追根溯源，彦思齐是台湾大规模开发的第一人。是他把大陆先进的农耕文明带到了台湾，为台湾的开发做出了巨大贡献。至今，台湾嘉义县的妈祖宫内还有一座“思齐阁”，就是台湾人为纪念彦思齐开台功绩而修建的，常年香火不断。

那么，彦思齐、郑芝龙、郑成功的开台经历与《鼓浪屿之波》这首歌有什么关系呢？

清朝康熙在位时的 1683 年，台湾统一，这个时候，漳州月港的地位逐渐被厦门港所取代。为什么会这样呢？一方面，九龙江从中上游带来大量泥沙，月港逐渐淤塞。另一方面，厦门岛原本就是月港的外围港，它作为大港口的自然条件比月港更优越，比如地理位置、交通的便利程度、停泊大船的条件等。所以，清朝统一台湾后，厦门港便逐渐取代了漳州月港，成为福建的又一大港，也成为与台湾岛海上交流最便利的港口。从这个意义上讲，厦门港是漳州月港生命的延续，是漳州月港的亲姊妹、亲兄弟。

当年，大量漳州人从月港出发，在厦门渡过台湾海峡到台湾定居，这些早期移民代代繁衍下去，逐渐成了台湾人的主体。有一个统计数字，今天，台湾岛有 2300 多万人口，其中，有超过 30% 的台湾人，其祖籍都在漳州。

这就是说，当年有一条水上通道，把漳州、厦门和台湾连在了一起，漳州是大部分台湾人的原乡，厦门岛、鼓浪屿是漳州移民最后离开漳州的地方。漳州、厦门、鼓浪屿与台湾结下了不解的情缘，《鼓浪屿之波》正是基于这样的历史背景创作的。

漳州月港从明朝隆庆元年（1567）开港，到清朝初期被厦门港所取代，持续繁荣了一百多年的时间。而今，漳州月港还留有七处明朝的码头遗址，供后人参观。

一个今天看起来不起眼的东南小城市，在海上丝绸之路交流史上留下了这么多不老的传奇，怎不令人肃然起敬！

下一讲，我们将把目光移向漳州东面不远的一座千年丝路古城。

请关注下一章：刺桐花开话泉州！

【趣味知识自测题】参考答案

1.B　2.B　3.A　4.D　5.C　6.A　7.C　8.C　9.C　10.C

第五章

刺桐花开话泉州

趣味知识自测题

1. 作为丝绸之路上的著名旅行家，马可·波罗曾在中国做官、游历了________。

A.15 年　　B.16 年　　C.17 年　　D.18 年

2. 据马可·波罗回忆，当时福建泉州港（即刺桐港）的货物出口量是埃及亚历山大港的________。

A. 两倍　　B. 五倍　　C. 十倍　　D. 百倍

3. 南宋时期，泉州和广州两港每年的市舶收入往往能占全国商税总收入的________。

A.10%　　B.20%　　C.30%　　D.40%

4. 经常出入泉州的海商们掌握了季风规律。一般来说，他们的商船________。

A. 春月南放，夏日北归　　B. 春月南放，秋日北归

C. 秋月南放，冬日北归　　　　D. 秋月南放，春日北归

5. 龙涎香是香中极品，它其实是一种鲸类肠内的分泌物，这种鲸是________。

A. 座头鲸　　B. 抹香鲸　　C. 蓝鲸　　D. 虎鲸

6. 唐宋时期，主宰海上丝绸之路香料贸易的主要是________。

A. 阿拉伯商人　　B. 波斯商人　　C. 印度商人　　D. 欧洲商人

7. “众里寻他千百度，蓦然回首，那人却在，灯火阑珊处”出自宋代词人辛弃疾的________。

A.《念奴娇》　　B.《青玉案》　　C.《满庭芳》　　D.《鹊桥仙》

8. 根据文献记载，宋元时期泉州大海商蒲寿庚家族控制的海船至少有________。

A. 一二百艘　　B. 二三百艘　　C. 三四百艘　　D. 四五百艘

9. 1492 年，哥伦布带着西班牙王室写的一封信横渡大西洋环球航行。这封信特意写给________。

A. 中国皇帝　　B. 日本天皇　　C. 菲律宾国王　　D. 南美洲酋长

10. 古代，一位驻守泉州的地方官扩建泉州城时，沿着城郭外围和主要街道遍植刺桐树。从此，泉州城又被称为刺桐城。这个时间是在________。

A. 唐朝时期　　B. 五代时期　　C. 宋朝时期　　D. 元朝时期

【评分标准】共 10 题，总分 100 分。每题选择正确得 10 分，选择错误 0 分。

【评估等级】

大牛（对城市很熟悉）：80 ~ 100 分；

及格（对城市基本了解）：50 ~ 70 分；

菜鸟（对城市很陌生）：0 ~ 40 分。

注：参考答案附在本章末。

很多朋友都熟悉《马可·波罗行纪》（又名《马可·波罗游记》《东方闻见录》）这本书，它是意大利著名旅行家马可·波罗在丝绸之路上旅行时的见闻录。在书中，马可·波罗盛赞一个叫“刺桐”的中国港口城市，他写道：

中国沿海有一个港口，船舶往来如织，装载着各种商品，驶往各地出售。运载香料和其他贵重货物的印度、阿拉伯船舶都会到刺桐港来。输入的商货、宝石、珍珠数量之多，简直不可思议。这里胡椒的交易量极大，如果把它和亚历山大（埃及著名港口）供应西方各地的数量加以比较的话，亚历山大的出口量显得微不足道，恐怕还不到刺桐港的百分之一。刺桐是世界最大的良港之一，大批商人云集于此，货物堆积如山，买卖的盛况令人难以想象。

这段描述非常精彩，从中可以看出这个港口规模之大、贸易之繁荣。

马可·波罗在中国游历是在宋末元初，被马可·波罗称作“刺桐港”的就是我国著名的港口——福建的泉州。

那么，马可·波罗为什么把泉州港称作“刺桐”？

泉州又是如何成为比埃及的亚历山大还要繁荣百倍的世界级大港呢？

一、九日山祈风仪式

泉州位于福建的东南部，面朝大海，濒临晋江入海处，物产丰富，港口条件优越。据记载，最迟在魏晋南北朝的时候，泉州就已经在晋江下游开辟了港口，成为我国海上丝绸之路上的一座港城。到了宋元时期，泉州港成为“东方第一大港”，甚至是世界上最大的港口。

不过，泉州港成为“东方第一大港”却经历了一个复杂的过程。

就在马可·波罗来到泉州港 70 多年之前，来到泉州的外商船舶一年才只有可怜的三四艘，对外贸易的规模很有限。那么，70 多年后，泉州是如何做到帆樯林立、外商船舶往来如织的呢？

说到这里，我们不得不提到南宋晚期泉州的一位地方官。

南宋嘉定十年，即 1217 年（距马可·波罗来到泉州 70 多年前）的秋天，刚上任不久的泉州知州真德秀（1178 ～ 1235），率领泉州提举市舶司（管理泉州海外贸易和税收的官员）赵崇度等泉州全体僚属，以及数百位中外海商代表，在距泉州西北 7 公里的九日山昭惠庙，举行一个庄严隆重的仪式。

仪式开始，真德秀首先带领众人，大礼拜祭昭惠庙里供奉的风神、海神。然后，真德秀大声宣读自己亲自撰写的《祝文》：

> 惟泉为州，所恃以足公私之用者，蕃舶也。舶之至时与不时者，风也。而能使风之从律而不衍者，神也。[1]

这是《祝文》的前几句话，意思是说，泉州的公私用度全依赖蕃舶。蕃在古代指异域人，所以，蕃舶也就是外来海商的商船。但蕃舶能不能按时出入泉州靠什么？全靠风。而风能不能按时刮起，得听风神、海神的。所以，才要祈求风神、海神及时行风，保佑蕃舶顺利出入，带给泉州幸福吉祥。

这个仪式宋代叫“祈风仪式”，典礼整个过程显得庄严、肃穆、隆重。今天，九日山上还有十多块祈风刻石，记录了两宋时期祈风仪式的情景。

那么，作为一个地方官，真德秀为什么不去抓吏治、抓农桑，偏偏弄出这么大的动静到这里拜什么风神、海神呢？

这里边是有深层次原因的。

泉州是一个非常依赖海外贸易的外向型经济城市。进入宋代，国土面积

---

① 真德秀：《西山文集·祈风祝文》卷五十四，台湾，商务印书馆，影印《文渊阁四库全书》，1986 年。

缩小，国家财政收入减少，更加倚重海上贸易的商税收入，宋朝在泉州设置市舶司，专门管理海外贸易和税收业务，泉州港迎来发展良机。泉州和另一个港口城市广州每年的市舶收入往往能占全国商税总收入的20%。

但是，到了南宋中期，由于朝局动荡，泉州地方官不得其人，致使泉州的海外贸易遭到了打击，出入泉州港的商船越来越少，来到泉州的外商也急剧下降。史书记载，每年来到泉州的蕃舶（也就是外商船只）只有可怜的三四艘，不要说支撑政府财税，甚至连泉州老百姓的生活都受到了影响，引起了朝廷的极大不安。

就在这个时候，真德秀被任命为泉州知州，可以说是临危受命。

真德秀是福建浦城人。这个人在宋朝的地位很高，是继朱熹之后的正宗理学代表人物，南宋大儒。他的姓也很独特，其实，他原来姓“慎”（慎重的慎），这个姓早在三千多年前就有了。但真德秀出生时候，在位的皇帝是宋孝宗。孝宗名叫赵昚，“慎”“昚”同音，按照封建时代的规定，皇帝的名字以及与皇帝名字同音的字都是要避讳的。所以，“慎”这个姓只好去掉“心”旁，改为“真”，慎德秀就成了真德秀了。今天的百家姓里还有“真”这个姓。

不知道是不是巧合，这个姓一改，还真改出了一个道德高尚、为官优秀的真德秀。

真德秀四岁开始读书，过目成诵；22岁进士及第后步入仕途，历任户部尚书、吏部贡举、参知政事。这个人为官刚直不阿、体察民情，立朝不满十年，奏疏达到数十万言，大多能切中时弊，得到朝野的一致赞誉。宋宁宗嘉定十年（1217），不惑之年的真德秀被任命为泉州知州。

真德秀一到泉州，就深入民间进行调查。不久就发现，蕃舶之所以来得少，有三个根本原因：

一是“畏苛征”。就是商税太重，政府本来规定了十分之一的商税，但地方官层层加码，往往大大超出这个限制。

二是“苦和买”，和买就是市舶司代表朝廷购买外商货物。市舶司是官方，和买的价格一定不会太高，海商的利润无疑会大大减少，他们当然不高兴。

三是“惧海盗”。自古就有海盗，海上贸易繁荣了，海盗也更多了。特别是到了南宋中期，朝廷内忧外患，海盗就更猖獗。泉州港外也经常有海盗出没，抢劫进出港口的商船。真德秀到任前，海盗势力甚至强大到组织武装，到泉州登陆劫掠财物、杀人放火的地步，成了泉州的大患。

找到了问题的根源，真德秀雷厉风行，马上做出规定：免除苛征的商税，严格按照十分抽一的规定征收商税。同时，上书朝廷，减少官方和买，给予海商更多的商品自由买卖权，吸引外商来泉州做买卖，迅速解决了前两个问题。

对于猖獗的海盗，真德秀在当地驻军的配合下，发动地方群众和商船，组成一支强大的混合部队，寻找机会给予海盗沉重打击，一举消灭了泉州港外围盘踞的海盗团伙，并俘虏处决了几个主要的海盗头目。其中，有一个被俘的海盗头目十分嚣张，说真德秀杀不得他。真德秀问为什么，这个海盗头目说他姓赵（赵希郤），是朝廷赵氏宗室。真德秀说，既然做了海盗头目，危害百姓，就不配做宗室，下令立即杖杀，由此威震海疆。

免除苛政、减少和买、打击海盗可以说是真德秀来到泉州烧起的三把火，这前三把火烧得很旺，很及时。不过，真德秀明白，他的这三把火只能说使曾经恶化的营商环境有了大大的改观，要想吸引国外的海商，还需要做有针对性的对外宣传，就好比今天的广告一样。

商业经营需要好广告，古今都如此，酒香还要勤吆喝嘛。而真德秀想到的最好广告就是泉州九日山的祈风仪式。

古代科学技术不够发达，远洋航船没有机器动力，都要受制于季风。对于泉州而言，一般春夏季节盛行西南季风，秋冬季节盛行东北季风。经常出入于泉州的海商们熟悉并掌握了季风规律，一般“秋月南放，春日北归”，即利用春夏西南季风刮起的时候，来到泉州；而利用秋冬东北季风到来的时候，离开泉州。顺风行船，一帆风顺。

所以，季风对于海商来讲，就是财富之风、命运之风，甚至是生命之风。其重要性是毋庸置疑的。但季风也有违背自然规律，不按季节到来，不守信用的时候。《三国演义》里赤壁大战的时候，曹操不就吃亏在风上吗？秋冬天，长江盛行东北风，所以，他不怕周瑜用火攻。因为周瑜的吴军在江南，曹军在江北，用火攻的话烧的是周瑜的吴军。结果怎样？赤壁大战爆发的时候，偏偏刮了三天的东南风。周瑜借助东南风，火烧了曹军的战船，以少胜多，大败曹军，创造了历史上一个战争奇迹。

泉州的季风规律其实和我国大陆的季风规律是一致的，既然长江流域的季风有时候会不守时，泉州的季风也就有不守时的时候。所以，海商们希望季风守时、守信，能让他们顺利出海和返航，这成了他们最大的心愿。当然，按时到来的风对官府、对老百姓也同样重要，只有货畅其流了，市场才能繁荣，政府才有税收，百姓才有生活的来源。所以，希望季风守时、守信，能让海商顺利出海和返航，就成了所有人最大的心愿。于是，从北宋开始，泉州地方官的一个重要活动，就是每年的春秋季节都要在九日山举行隆重的祈风仪式，并以法令形式确定下来。

然而，在真德秀到泉州任职前，随着泉州海外贸易的萎缩，出入的船只大大减少，祈风仪式已经好久都没有举行过了。真德秀心里明白，祈风虽然只是一种形式，但在众多海商及其他老百姓的心目中是十分神圣的。它表明了地方官的一种姿态、一种政策导向，是扩大对外宣传，把失去的海商们的心再凝聚起来的一种最佳方式。

于是，才有了我们前面看到的九日山祈风仪式。九日山脚下就是晋江，下游不远处就是泉州港口所在地。江面上早已停满了真德秀事先动员起来的大量船只，仪式结束后，在鞭炮齐鸣声中，海船顺流而下，利用东北季风扬帆出海了。

我们常说：为官一任，造福一方！真德秀就是这样的一个人。

史书记载，真德秀两次任泉州知州，前后加起来大约五年的时间。在他到任的第一年，泉州港每年的蕃舶只有三四艘，而当他离任的时候，每年的蕃舶已经达到三十六艘，增加了十倍左右。当然，这还不算从泉州出海经商的大量本地商船。

说到这里，朋友们也许会有这样的疑问：真德秀为什么那么期待蕃舶的到来？蕃舶来到泉州到底都带来了什么货物？这些货物对于一个港口的繁荣到底会有多大的作用呢？

20 世纪 70 年代发现于泉州湾的一艘南宋沉船似乎为我们解开了这个谜团。

二、宝马雕车香满路

1974 年，泉州湾出土了一艘宋代的沉船。以往发现的很多沉船，往往会有大量的瓷器、铜钱等文物出土。但在清理泉州沉船遗物时，考古学家们却发现了大量的香料，包括沉香、檀香、龙涎香、乳香、降真香和胡椒等。未经脱水时称一称，这些香料的总重量达到了 4700 多斤。

以厦门大学的庄景辉、庄为玑为首的专门从事海上丝绸之路研究的一批学者根据沉船的位置、方向、遗物等做出了大胆的推测：此船应该是一艘南宋末年从南洋回航的“香料船”，在即将到达泉州港时，触礁或遇风浪沉没了。

那么，泉州湾这艘香料沉船的背后又隐藏着当时怎样的商业秘密呢？

我们先从宋代一则史料[①]来认识一下香料的价值。

宋徽宗的时候，一个海商在都城开封贩卖龙涎香。民间传说，龙卧在水中，口吐涎沫，变成了特殊的香。所以，叫龙涎香。其实，世界上并没有龙这种动物，龙涎香是海中抹香鲸肠内的一种分泌物，是香中极品，非常珍贵。

这位海商说手里有二钱的龙涎香出售，公开售价是三十万缗。

① 张知甫：《张氏可书》，守山阁丛书本，中华书局，2002 年版，第 2 页。

缗也就是贯，在宋代，一千文钱就是一缗（或一贯）。那么，三十万缗相当于多少钱呢？就拿宋代的物价来说，北宋末期，一万贯钱可以在北宋的都城东京买一处面积巨大的豪宅；在泉州，就可以打造（或购买）一艘用于航海的大船。这就意味着，三十万贯可以在东京买30处豪宅，或者在泉州打造30艘大海船。简直是天价啊！

再贵的东西，也有人要。

宋徽宗有一个贵妃刘淑妃（也称刘安妃，死后谥明节皇后）得知了这一消息，派手下人见到了这位海商，说愿意出价二十万缗，问他卖不卖。海商还是个倔脾气，竟然坚持三十万的价格，不降价。刘淑妃一听生了气，下令开封府去查验真假。

开封府官员得到皇妃的指令不敢怠慢，以查验龙涎香真假为名，把那位海商带到了衙门。问他为什么售价那么高，怎么证明出售的货是真是假？

那位海商说，有两种方法可以试验真假：当它浮在水面上的时候，往往能引起鱼群聚集；用它来薰衣服，香气经久不散。除了这位海商说的，宋人（赵汝适《诸蕃志》）还发明了一种辨别真假龙涎香的方法。他们发现，真的龙涎香点燃的时候，它的香烟会浮在空中，结而不散，甚至可以用一把剪刀把飘浮在空中的烟缕从中剪断。多么神奇！

后来，明节皇后（即刘淑妃）是否买了那位海商的龙涎香，文献中没有记载。但从中可以看出这种香非同一般的价值和社会影响力，二钱龙涎香竟然惊动了皇后，惊动了开封府，在浩如烟海的历史上留下了这段记载。

当然，价格堪比黄金的龙涎香一般人是用不起的。不过，古代天然香料的种类很多，达到一百多种，价格也不一。在封建社会，没有现代的化学香水，所以，香料成了上流社会的奢侈品，香水、香球、香衣、香厕等都要用香。

不过，我国并不是香料的主要产地，只有海南、云南等地有少量生产，而世界上绝大部分香料都产自东南亚、南亚、阿拉伯半岛和东非。所以，我国需要的香料主要依赖进口。唐宋时期，阿拉伯商人贩运的香料成了海上丝绸之路上的主要商品。所以，也有学者将海上丝绸之路称为“香料之路”。香料的广泛使用对我国文化也产生了深刻影响，大家都很熟悉这样一首宋词：

东风夜放花千树。更吹落、星如雨。宝马雕车香满路。凤箫声动，玉壶光转，一夜鱼龙舞。

蛾儿雪柳黄金缕，笑语盈盈暗香去。众里寻他千百度。蓦然回首，那人却在，灯火阑珊处。

——辛弃疾《青玉案·元夕》①

这是宋代著名词人辛弃疾的《青玉案·元夕》，为我们再现了宋代城市上元灯会时节的美妙意境，“众里寻他千百度。蓦然回首，那人却在，灯火阑珊处”还成了千古传诵的名句。不过，很多人忽视了词中香与香料在宋代女性社会中的作用。

宋人常常将香料加工后制成各种装饰品。有钱人家的妇女常缝制一些布袋，装上香料，外面绣上花草等图案，大的称为香球，小的称为香囊。有钱人家的女性出门的时候，乘坐宝马雕车，两只袖管里要放置两个小香球；小姐的身旁往往还有一个丫鬟陪着，手里拿着一个大香球。这样，宝马雕车驶过街道，身后往往会留下屡屡香味，经久不散，甚至连街上被马蹄荡起的微尘里都带着香味。

可以设想，正是因为宋代女性的爱香、用香习惯，才让大词人辛弃疾写出了“宝马雕车香满路”“笑语盈盈暗香去”这样飘荡着香味的词句。

直到今天，每当我吟诵这首词时，仿佛仍然能闻到美妙意境中那漂浮了上千年的浓浓香味。

遗憾的是，来到现代社会，城市的大街上汽车从身边经过，留下的往往是阵阵难闻的尾气，让人不禁掩鼻，再也没有辛弃疾描述的那种美妙意境了。

① 唐圭璋等：《唐宋词鉴赏辞典》，上海辞书出版社，1988年版，第1512页。

不过，辛弃疾《青玉案·元夕》所描述的只是宋朝香料文化影响城市上层社会生活的一个缩影。

据记载，宋徽宗有一个习惯，每天夜里，在宫中点燃香烛数百支。但徽宗是带有艺术家气质的皇帝，所以，他所用的蜡烛和一般老百姓的可不一样。他让宫中制作蜡烛的人把龙涎香、沉香、龙脑香等名贵香料碾成细碎的粉末，然后把这些香料的粉末混合加入巨型的蜡烛中，制造成普天下都没见过的香烛。可以想象，这样光焰明亮的香烛香飘宫中时是怎样的情景。

上有所好，下必甚焉！许多文人士大夫也爱香成癖。北宋有一位大臣叫梅询，他有个习惯，每天早晨起床后、早朝前，一定要焚两炉香，香炉上面放置一个大竹笼，把上朝时要穿的公服罩在竹笼上面。然后，这位梅大人便去洗漱、用早餐。而这个时候，香炉里的香气慢慢向上飘散，逐渐充满了梅询的官服。等到香烟从官服的两只袖筒里冒出来的时候，就证明官服被熏好了。而这个时候，这位梅大人也洗漱、用餐完毕，穿上官服，准备上朝。一开始的时候，朝臣们都奇怪为什么这位梅大人上朝时往往体香扑鼻。等时间久了，人们才知道梅询有这样一个习惯。所以，朝臣们干脆给这位梅大人起了一个很形象的绰号，就叫“梅香”。

同时，唐宋时期，人们开始把香料用于宗教祭祀活动。张择端的《清明上河图》中就有向老百姓售卖香料的沉香店铺。至于宗教场所用香的原因，一是因为香料有自然的芳香，是清雅高洁的东西；二是因为香烟缥缈，上升于天，充满了神秘气氛，甚至迷信的人还能从缥缈的香烟中窥见神灵。

由于宫中祭奠、点蜡、用餐、薰炉、薰衣等都需要用香料，京城就存储了大量香料。宋太宗大中祥符八年（1015），荣王宫发生大火，连续烧了一天两夜。焚毁房屋两千间，其中就包括香药库，“香闻数十里”，可见香料之多。北宋末的靖康元年（1126），金兵攻破汴京城，从皇宫中掠走了大批奇珍异宝，其中有很多都是海外舶来品，包括象牙1460座、珊瑚600斤、玛瑙1200斤、水晶15000斤，还有龙脑120斤等。

现代社会，大多香料都是化学制品；而在古代科技不够发达的情况下，只能使用天然香料。这种香料，我国海南、云南等地有少量生产，而且品质和质量都有限。所以，宋代大部分香料都是依赖进口。所以，香料成为宋代从海外输入的数量最大、品种最多、使用最广，也是影响最为深远的一种舶来品。

对于国家来讲，巨大的香料消费需求，意味着巨大的商税收入。史书记载，宋代香料需求量巨大，成了各个港口主要的进口商品。仅香料税收一项，最高时竟占到整个宋朝财政收入的10%。而对于商人来讲，买卖香料就会获得巨额的商业利益。

所以，可以想象，整个宋朝三百多年的时间里，会有多少海商冒着生命危险，战胜波涛风浪，来往于海外与泉州之间，从事香料贸易。而以香料为代表的海外贸易的繁华，则极大地促进了泉州港口贸易的发展，使泉州港口崛起成为东方海上贸易的特大港口，促进了泉州城市的发展。宋朝人吴澄曾评价说：

> 泉，七闽之都会也。番货远物、异宝奇玩之所渊薮，殊方别域、富商巨贾之所窟宅，号为天下最。[①]

在吴澄看来，泉州已经成为整个福建最繁华的城市，世界贸易的集散地，富商大贾的乐园。

当然，海上航行的风险也是极大的。泉州发现的那条沉船，应该就是众多香料船中不幸的一艘，九日山的海神并没有保佑它平安抵达梦中的泉州。但有幸的是，正是这条沉船给我们部分还原了当年泉州港香料贸易的繁荣情景，看到这艘在泉州港湾沉睡700多年的古船，仿佛进行了一场时光穿越。

① 吴澄：《吴文正集》卷二十八，台湾，商务印书馆，影印《文渊阁四库全书》，1986年，第1229册，第299页。

更有意义的是，随着对泉州湾香料沉船文物与文献的比对，沉船的主人逐渐浮出水面。于是，一个曾经在泉州港叱咤风云的大海商逐渐走进了人们的视野。

三、泉州巨商蒲寿庚

这个人就是宋元时期泉州的大海商蒲寿庚。

在泉州民间，流传着很多关于蒲寿庚的传说，说他拥有庞大的商船队伍，家资巨大，富可敌国。在泉州，蒲寿庚修建了大片豪宅，还修建了一处巨大的娱乐场所——棋盘园。闲暇时间，蒲寿庚特别喜欢下中国象棋。不过，蒲寿庚为了炫富，象棋的下法别出心裁。一般老百姓下棋用棋子，而他把象棋盘刻在大理石铺成的地面上，把众多美女当作棋子，给美女们挂上牌号，这位叫“马”，那位是“炮”，另一位是“卒”，等等，极尽奢华。

那么，这位蒲寿庚凭什么积累起来如此巨大的财富呢？

根据文献记载，蒲氏家族本是阿拉伯人，专门经营阿拉伯与中国之间的海上贸易。为了经商的便利，蒲寿庚的祖上先是侨居到了占城（今越南）；南宋的时候，迁居到我国的广州；到蒲寿庚的父亲蒲开宗（亦说蒲仕宾）的时候，蒲氏家族举家迁往泉州（1230年前后），而这一迁，彻底改变了蒲氏家族的命运。在蒲寿庚的手里，蒲家的事业达到了顶峰，蒲寿庚成了泉州的巨富。

整个宋朝三百多年的时间里，泉州港的地位是逐步提升的，北宋的时候，泉州已经和广州并驾齐驱了。到了南宋，泉州比广州更靠近都城杭州，往来交通更便利，所以，泉州的地位逐渐超过了广州。到了南宋中期，经过真德秀等地方官的治理，泉州的营商环境越来越好，成为全国第一大港。也正是在这种背景下，蒲氏家族迁到了泉州。好的营商环境为他们积累更多财富奠定了基础。

当然，要想成为富商光靠好环境还不行，还得选准经营产品和项目。蒲氏家族看得就很准，他们一直从事的就是丝绸和香料贸易，从中国运输丝绸为主的商品到阿拉伯，然后，从阿拉伯运输以香料为主的产品到中国。那艘泉州湾的香料沉船就有可能属于蒲氏家族。有什么凭据呢？

南宋末年（1274），海寇进犯泉州港。蒲寿庚组织家族武装奋力抵抗，击退海寇进犯。一个海商怎么能有私人武装呢？因为这个时候的蒲寿庚已经今非昔比。这次海寇进犯泉州事件发生在1274年，距离蒲氏家族迁到泉州已经过去了40多年，依靠香料贸易，蒲氏家族已经成了泉州海商第一大家族。根据文献记载，蒲寿庚控制的海船至少有四五百艘。他有一个女婿叫佛莲，也拥有大海船80艘，这是真德秀在任知州的时候无法想象的。这时候，元朝的军队已经开始向南宋进攻，南宋无力顾及泉州港的安全。为了保护自己的财产安全，蒲寿庚不得不组织起武装力量进行自卫。南宋朝廷得到蒲寿庚击退海寇的奏报，做出了一个特殊任命：任命蒲寿庚为福建广东招抚使、提举泉州市舶司（泉州市舶司于1275年被政府撤销，蒲寿庚转为总海舶）。蒲寿庚成为南宋的封疆大吏，亦商亦官，创造了外商在中国为官的纪录，为他获得滚滚财源提供了绝好的条件。

我们再联想到泉州湾的那艘沉船。据庄景辉、庄为玑等考古专家从沉船上发现的木牌、木签等证据推测，此船大约沉没于1277年前后。而这个时候，正是蒲寿庚任职福建广东招抚使、总海舶的时候。以蒲寿庚为中心，加上他的女婿佛莲以及其他来自阿拉伯的蕃商等，已经形成了一个巨大的蕃商集团，泉州港口香料等全部海外贸易已经被蒲氏家族所垄断。那么，那艘沉船也无疑应该属于蒲氏家族所有。

泉州湾香料沉船的发现表明，宋元之间的战争虽然仍在进行，泉州的海上贸易并没有受到太大影响，蒲氏的家资还在呈几何级地不断积累。

不过，我们知道，蒙古铁骑正在逼近泉州。那么，这又会给蒲氏家族的命运带来怎样的影响呢？

商人的精明往往在于对形势的正确判断，盈利往往是他们不变的追求。

事实证明，面对宋末危局，蒲寿庚做出了作为一个商人最精明的应对。景炎元年（1276），也就是蒲寿庚被南宋朝廷任命为提举泉州市舶司的第三年年底，元军进攻到泉州，蒲寿庚倒戈易帜，主动归附了元朝。

为什么说这是蒲寿庚精明的举动呢？蒲寿庚根据当时的形势判断，南宋的灭亡是不可避免的。如果他还站在南宋一边负隅顽抗，结果很可能是家财散尽，甚至城破家亡，这是他最不愿意看到的结局。元世祖忽必烈得到蒲寿庚投诚的消息，也异常高兴。就在蒲寿庚降元后的第二年，恢复了泉州市舶司的建制。蒲寿庚被先后授予福建行省中书左丞、平章事等要职，官至从一品，仍然控制泉州海外贸易事务。

就这样，在宋元之际风云变幻的政治、军事舞台上，蒲寿庚家族实现了华丽的大转身。

蒲寿庚这样做，对于泉州和蒲氏家族而言都意义重大。在蒲寿庚降元的第二年，元朝就在泉州设置了市舶司，继续从事海外贸易，使泉州免遭战争的蹂躏。而对于蒲寿庚和他的后代子孙而言，可以继续控制泉州海外贸易，维持家族事业的兴旺。所以，终元一朝，在将近一百年的时间里，蒲寿庚家族一直都是泉州权倾一时、炙手可热的第一家族。

在海上丝绸之路交往历史上，一个家族与一个港口的兴盛有这么密切的关系，绝无仅有。

据统计，宋元时期，生活在泉州的蕃商及其后裔很多，甚至难以准确统计其数量，而蒲氏家族则是蕃商的代表。他们为泉州城市和港口贸易的繁荣做出了巨大贡献。

由于蒲寿庚家族的特殊运作，进入元朝以后，泉州逐渐成为东南巨镇、富商大贾的乐园，也是梯航万国的世界级大港口。

而就在蒲寿庚去世前后，马可·波罗接受元世祖忽必烈的派遣，护送元朝公主阔阔真到波斯和亲，来到了泉州。

四、刺桐花开香世界

作为丝绸之路上著名的旅行家，马可·波罗曾在中国做官、游历了 17 年，其间，他曾经多次来到泉州，最后一次是在元世祖忽必烈在位的第 29 年（1292）。他此行的任务是作为元世祖的特使，护送一位蒙古公主（阔阔真）到波斯国成婚。这时候，蒲寿庚可能已经去世，两位与海上丝绸之路有密切关联的伟大人物无缘见面。但马可·波罗应该见过泉州蒲氏家族的其他成员，马可·波罗远赴波斯乘坐的海船也有可能出自蒲氏家族。

泉州是马可·波罗在中国游历 17 年后离开中国的最后一站。所以，给他留下的印象很深。在《马可·波罗行纪》中，马可·波罗把泉州称作刺桐，把泉州港称作刺桐港。其实，这并不是马可·波罗本人发明的新称谓。

泉州自古以来就是我国海上丝绸之路上的一座大港。早在魏晋南北朝时期就已开展了频繁的海外贸易活动。就在那个时候，原产于印度和马来西亚的刺桐树，漂洋过海被引种到泉州，扎根在这片土地上。刺桐树木高大，一年四季花繁叶茂，花红似火，吉祥喜庆，寓意着幸福与美好。五代时期，驻守泉州的节度使留从效扩建城郭时，沿着城郭外围和主要街道遍植此树。从此之后，刺桐成了泉州的市树，刺桐花成了泉州的市花。外来商旅来到泉州，往往会对满城的刺桐树、鲜艳的刺桐花留下深刻印象。时间久了，也许城市的具体名字忘了，但对刺桐的印象始终保留着。所以，外来的海商们干脆把这座城市称作“刺桐城”，把泉州港口称作“刺桐港”。泉州当地人也以刺桐为骄傲，愿意接受这两个名称。今天，刺桐花还是泉州的市花。

真德秀主政泉州、蒲氏家族在泉州的全盛时期都与刺桐树相伴，年年欣赏着刺桐花花开花落。

其实，早在马可·波罗把刺桐港这个名字介绍给西方人以前，蒲氏家族就把刺桐这个名称以另外一种方式介绍给了西方。

英语中，有一个词语叫 Satin，意思是“缎子”，或者“缎子做的”“像缎子一样光滑的”。缎子是我国丝织物的一种，十分光滑、鲜亮，裁剪成衣服或当作装饰品都非常漂亮。很多朋友也许不会想到，这个词语就是刺桐这个词的转音。刺桐和缎子似乎风马牛不相及，怎么会有同样的意思呢?

中国学者张星烺和日本学者桑原骘藏等的研究表明，Satin 这个词源自 Zaitun。而 Zaitun 则是刺桐的意思，刺桐指的则是泉州。

当年，蒲氏家族的数百艘商船往返于泉州和阿拉伯之间的时候，从阿拉伯输入中国的是大量以香料为主的舶来品。而从泉州出海的时候，大量输往阿拉伯的则是中国的丝绸、瓷器和其他手工艺品。

晋江是流经泉州的大江大河，泉州港就位于晋江的出海口附近。在晋江的哺育下，泉州成为福建主要的农业区之一，土壤肥沃，非常适宜植桑养蚕，所以，唐宋时期丝织业已经很发达。泉州成为世界级大港口以后，有大量的丝绸织品销往海外，这也刺激了当地丝织业的发展。泉州生产的丝织品“缎子”很有特色，甚至可以和南宋都城临安附近所产的丝绸相媲美，具有很高的知名度，在海外很畅销。史书记载，至元六年（1340），元朝派遣使节从泉州出使印度，赠送给印度国王锦缎五百匹，其中，有一百匹就是来自泉州的“缎子”。

出于成本和质量等多方面的考虑，蒲氏家族外销的中国丝绸也以泉州的“缎子”为主。因为“缎子”是泉州特有的丝织品，其他语言没有表达的词汇，蒲氏家族的商人们就以其产地或者运输缎子的港口来命名。泉州既是缎子的产地，又是港口，外国人习惯把泉州称作刺桐，所以，相应地，也就把缎子称作刺桐。

就这样，蒲氏家族及众多国外海商作为中介，把这个概念带到了西方的西班牙、法国、英国等地，后来就演变成了英语中 Satin 这个词，它的意思就是“缎子”。而追根溯源，这个词又源自泉州。所以 Satin 和缎子、泉州、刺桐之间是可以画等号的。

更加令人吃惊的是，蒲氏家族和马可·波罗带给西方的“刺桐”这个词语的冲击力远远大于我们的想象。

当《马可·波罗行纪》出版两百多年以后，意大利著名的航海家哥伦布读到了这本书。他被书中对东方中国的描述深深吸引住了，读到精彩的地方，还时不时拿起笔来做批注。哥伦布发现，《马可·波罗行纪》描述的这个东方国家物质丰富、城市繁华、百姓幸福，尤其还有一个世界级的大港“刺桐”，这激起了哥伦布对这个东方国家的无限向往，产生了远航东方的大胆设想。

那个时候，人们的地理知识还很有限，但哥伦布已经接受了地圆说。他相信地球是圆形的，从欧洲向西航行，照样可以到达东方。于是，接下来，哥伦布便在欧洲各国到处游说，希望能够得到赞助，完成自己的航海梦想。当然，条件是帮助赞助国获得财富、建立外交关系等。最后，他得到了西班牙王室的赞助。于是，1492 年，哥伦布带着西班牙王室写给中国皇帝的信，指挥着三艘大帆船，从西班牙横渡大西洋，向着梦想中的东方中国和刺桐港出发了。不过，正如很多朋友都知道的，哥伦布并没有到达他梦中的东方中国，也没有到达梦中的刺桐港，而是到了美洲。所以，美洲新大陆是哥伦布此次航海最大的发现。这大大拓展了人类认识的视野，把欧洲、非洲、亚洲和美洲联系在一起，开启了环球航行的新时代。

一座刺桐城，代表了那个时代中国富庶、开放、繁荣的形象，成为中国走向世界的文化符号；一座刺桐港成了那个时代世界海商、航海家梦寐以求的地方，开启了世界大航海的新时代，谱写了海上丝绸之路历史上一段光辉的篇章。

到了明清时期，泉州港的地位有所下降，但与海外的经济、文化交流并没有停止。20 世纪晚期，联合国教科文组织曾经多次组织专家来泉州考察九日山祈风刻石、泉州港古码头等遗址，充分肯定了泉州在古代海上丝绸之路上的重要地位。而今天，泉州依然是“21 世纪海上丝绸之路”上的重要港口，正在走向新时代刺桐港的复兴之路。

下一讲，我们将继续走进福建的另一座海上丝绸之路古城。

请看下一章：东方福船话福州！

【趣味知识自测题】参考答案

1.C　2.D　3.B　4.D　5.B　6.A　7.B　8.D　9.A　10.B

第六章

东方福船话福州

趣味知识自测题

1. 福州位于我国的东南沿海，山多地少，号称________。

A. 五山四水一分田　　B. 六山二水二分田

C. 七山二水一分田　　D. 八山一水一分田

2. 福建省最大的河流是________。

A. 晋江　　B. 闽江　　C. 九龙江　　D. 鳌江

3. 考古证实，在广东阳江南海海域发现的“南海一号”沉船，是一艘________。

A. 运销丝绸的船　　B. 运销瓷器的船　　C. 运销茶叶的船　　D. 运销香料的船

4. 以下关于宋代福船的描述不正确的是________。

A. 平底　　B. 面阔

C. 采用了水密隔舱结构　　D. 运用了指南针技术

5. 在宋代，我国最好的海船出自________。

A. 南京和扬州　　B. 温州和明州　　C. 广州和厦门　　D. 泉州和福州

6. 郑和下西洋，最远到达________。

A. 马六甲海峡　　B. 斯里兰卡　　C. 非洲东海岸　　D. 埃及亚历山大港

7. 郑和每次下西洋，都在福州长乐的太平港驻泊，其中原因不包括________。

A. 朝廷命令　　B. 补充船只　　C. 补充船员　　D. 等待季风

8. 留下“封侯非我意，但愿海波平”豪言壮语的古代人物是________。

A. 郑和　　B. 郑成功　　C. 戚继光　　D. 俞大猷

9. 民族英雄邓世昌指挥的船只是________。

A. 镇远舰　　B. 定远舰　　C. 致远舰　　D. 靖远舰

10. 清朝末年，福州船政局的创办者是________。

A. 李鸿章　　B. 曾国藩　　C. 左宗棠　　D. 沈葆桢

【评分标准】共 10 题，总分 100 分。每题选择正确得 10 分，选择错误 0 分。

【评估等级】

大牛（对城市很熟悉）：80 ~ 100 分；

及格（对城市基本了解）：50 ~ 70 分；

菜鸟（对城市很陌生）：0 ~ 40 分。

注：参考答案附在本章末。

开篇的话

北宋末年（1127），金兵攻破都城开封，北宋灭亡。宋高宗赵构仓促之间在商丘继皇帝位，续上了宋朝的香火，历史上称为南宋。但刚刚建立的南宋政权就面临着强大的金兵威胁，所以，在金骑兵的打击下，宋高宗君臣不得不沿着大运河向南方败退，金兵在后边穷追不舍。高宗君臣一路南逃到了浙江的温州，金兵还在追，高宗君臣已经无路可逃了。情急之下，高宗君臣乘上几条海船，逃到了大海上。金兵又下海追了三百里，眼看要活捉宋高宗了，不料，海上突然起了台风，接着下起了暴雨，高宗的船只消失在茫茫的大海上。追击的金兵以为，台风和暴雨定会把高宗君臣那几条船吞噬在波浪滔天的大海中。所以，他们不再追击，撤退到岸上，返回中原。那么，高宗的命运如何呢？

多亏了他乘坐的那条船！尽管风暴掀起了巨浪，船只在巨浪中左右摇摆、上下颠簸，但并没有导致倾覆。等到风浪平息，得知金人已撤并北返后，高宗君臣才从温州上岸，侥幸活命。大难不死，必有后福，后来，高宗定都杭州，南宋又延续了近一个半世纪的时间。

不过，高宗每次回想起温州海上的那次狼狈逃亡，都心惊肉跳。他心里清楚，除了感谢海神保佑，在紧急关头来了台风暴雨外，他最应该感激的是他乘坐的那条海船。如果没有那条坚实的海船，高宗也许早就葬身大海，大宋王朝也就不再延续了。

那么，危及关头挽救高宗性命的是一条什么样的船呢？

它就是古代海上丝绸之路历史上十分有名的福船。

什么是“福船”？它有什么特殊之处？真的如它的名字那样，福船是给人们带来福祉的海船吗？

一、宋元时期的福船

顾名思义，福船是指古代出自福建、采用福建的造船技术建造的一种海船。

陆地行走靠车马，大海航行要靠船。古代闽越人以习水善舟闻名于世，史书记载：

> 水行而山处，以船为车，以楫为马。
>
> ——《越绝书·纪地传》①

闽越人水行山处，也就是行在水上创业，住在山里生活。船就好比北方人的车，楫（船桨）就好比北方人出门骑的马。车马有好坏，吕布、关羽乘坐的赤兔马日行千里，战无不胜；海船自然也有优劣，而在海上丝绸之路历史上，福船也曾经如赤兔马一样风光无限。

不过，说到福船的诞生，还要从福建的省会福州说起。

福州位于我国的东南沿海，号称“八山一水一分田”，发展农业的条件不太优越。相反，古代的福州人山处而水行，以海为生，以船为车，以楫为马。舟船之利，是福州特有的传统。同时，福建省最大的河流闽江由北而南流经福州，进入大海。闽江上游、中游的大山中，山高林密，盛产樟木、杉木、松木等优质木材，为福建造船业的发展提供了保障。

史书记载，三国时期（269），福州就是吴国重要的造船基地，吴国唯一专司造船业务的典船都尉就常驻福州，掌管督造海船。这是迄今发现的关于福州造船业的最早记载。

但三国时期所造的船只是否就是福船，宋高宗当年乘坐的福船到底是什么样子？文献中并没有确切记载。不过，20世纪晚期，一系列水下考古发现逐渐揭开了福船的神秘面纱。

① 袁康：《越绝书》（《野史精品》第一辑），岳麓书社，1996年版，第123页。

1987 年，中国广州的一支海上救捞队与英国的一个救捞公司联合在我国广东阳江市南海海域作业，试图寻找英国东印度公司的一艘沉船（莱茵堡号）。然而，虽然经过艰苦的找寻，他们并没有在海底发现那艘沉船。就在失望之余，中国的救捞队却意外地发现了深埋在海面以下 23 米的一艘古沉船。被发现的时候，船身上覆盖着近 2 米的淤泥。由于这艘古船位于传统海上丝绸之路航线上，专家们认为这艘沉船的背后可能隐藏着不为人知的秘密。

这个消息一传出，就惊动了整个考古学界。接着，中国国家博物馆的考古学家与日本考古研究所组成联合考古队，对这艘古船进行了联合考古调查。随着调查的进展，这艘古船的秘密逐渐被揭示出来：原来，这是一艘宋代的木质海船，从船头的方向判断，这艘沉船可能从福建的某座港口出发，前往东南沿海销售瓷器，却失事在广东阳江的南海海域，考古学家俞伟超先生把它命名为“南海一号”。

20 年之后的 2007 年，南海一号被整体打捞了上来，并被陈列在广东阳江的海上丝绸之路博物馆。目前，已经清理出近万件文物，大部分为瓷器，多数为国家一级、二级文物，整条船瓷器的总量大约有 6 万到 8 万件。在国际市场上，与船上瓷器年代、工艺水平相当的一个瓷碗，此前在美国卖出了数十万美元的价钱。“南海一号”及其货物，估价超过一千亿美元，可以说是价值连城。

除了其巨大的经济价值，随着对船体的逐步清理和对沉船形制的全面分析，俞伟超等考古学家还做出了一个推断：“南海一号”就是我国造船史上非常出名的一种船型——福船。

无独有偶，就在南海一号被发现的前后，在福建泉州湾也发现了一艘宋代沉船；紧接着，在福州、温州、宁波、烟台等海域，甚至韩国海域也相继发现了宋元时期的古船。经过对沉船的木质、船上文物以及造船技术和工艺的鉴定，发现其中绝大部分属于福船。为什么认定这些船为福船呢？因为这些船有以下几个共同的特点：

一是底尖，善于在深海中航行。

二是面阔，也就是有宽阔的甲板，便于居住和载货。

最重要的是第三点，普遍采用了水密隔舱的结构。把船舱分成互不透水的舱室，通常是 8 ~ 13 个。这样做有两个好处，一是便于分类存放货物，不同货物放置在不同的隔舱中；二是提高安全性。在航行过程中，即使一两个隔舱破损，船只也能照常航行，使海船不易沉溺，极大提高了远航的安全性，适宜于远洋航行。而根据文献记载，水密隔舱技术在东晋的时候已经出现在东南沿海的海船制造中。结合文献记载和考古证据，专家们最终认定这些沉船就是有名的福船。

宋高宗时期，一位熟悉海船的行政官员吕颐浩曾评价说：

> 南方木性与水相宜，故海舟以福建船为上；广东、西船次之，温、明州船又次之。
>
> ——吕颐浩《论舟楫之利》[①]

吕颐浩曾经做过南宋的地方大员，对海船很熟悉。他这段话的意思是说，南方所产的木材与水性相宜。反过来，北方所产的木材与水不相宜，海水苦咸，能害木性，故北方船入海不能耐久，不能御风浪，容易沉没。而在吕颐浩看来，南方所有的海船以福建船（宋代福建船主要产自两个港口：泉州和福州）为上等，广东、广西船次之，温州、明州（宁波）海船又次一等，给予福建船很高的评价。

所以，按照吕颐浩的说法，早期的福船是指古代出自福建、采用福建的造船技术建造的一种海船。宋高宗当年乘坐的就是一艘带有水密隔舱技术的福船，它挽救了高宗的性命，同时，也延续了一个朝代的命运。

---

① 吕颐浩：《忠穆集》卷二《论舟楫之利》，台湾，商务印书馆，影印《文渊阁四库全书》，1986 年。

至于说宋高宗乘坐的福船以及已经发现的南海一号、泉州沉船和其他各地宋代福船的产地，有两种可能：一种可能是直接产自福建的福州、泉州，另一种可能是采用福船造船技术而在异地打造的福船。

福船优越的性能，加上指南针和船帆技术的成熟，使它被广泛运用到远洋航海中，大大拓展了宋朝时期航海的范围，使宋元时期的远洋航行大多选择福船。当年马可·波罗从泉州起航回归家乡意大利的船只和我国著名旅行家汪大渊远行非洲的船只等都应该是福船。

我们常说“常在河边走，哪有不湿鞋的”，同样的道理，“常在海里航行的船只，哪有从来不沉没的”。宋元时期是我国海外贸易繁荣发达的一个时期，大量福船被官方和民间运用到远洋航海中，福船不幸沉没的概率就比其他船型要高。所以，今天，水下考古发现福船的概率就同样提高了。

而南海一号沉船很可能是从泉州港出发，经南海航线前往印度洋或更远的地区，可惜的是，该船航行至广东阳江附近南海海域时，可能因为超载，或者遇到风浪，或者触礁而不幸沉没。至于船上为什么会发现大量的瓷器，一条史料记载给我们做了注解：

> 舶船深阔各数十丈，商人分占贮货，人得数尺许，下以贮物，夜卧其上。货多陶器，大小相套，无少隙地。
>
> ……
>
> 舟师识地理，夜则观星，昼则观日，阴晦观指南针。
>
> ——朱彧《萍洲可谈》①

这段话是北宋徽宗宣和年间（1119 ~ 1125）地理学家朱彧所撰写的《萍洲可谈》中记载的。它说明，在宋朝时期，支撑海上丝绸之路的主要大宗商品由原来的丝绸为主变为瓷器为主。所以，海上船舶进行海外贸易主要外销

① 朱彧：《萍洲可谈》卷二，中华书局，2007年版。

的是瓷器。瓷器多得堆满船舱的几乎所有空间，商人们晚上睡觉只能挤在货物上。经验丰富的舟师通晓海上地理知识，晚上航行靠观测星星判断方向，白天则观测太阳判断方向。没有太阳和月亮的阴晦天气，则使用指南针指引航向。看起来，那时候，我国的大海船上已经普及了指南针技术。

因为瓷器比丝绸要重得多，为了保障货物和人身的安全，商人们对船舶的质量要求特别高，而性能良好的福船往往成为海商们的首选。

所以，大量宋元沉没福船的出水不仅不是福船的负面消息，反而揭开了福州和福船在海上丝绸之路上的光彩篇章。不过，“南海一号”的出水，只是福船光彩篇章的序幕，实际上，福州和福船大放异彩却是在明朝初期郑和下西洋的时期。

二、郑和船队的驻泊地

相信很多朋友都熟悉郑和下西洋的历史。作为一个深受皇帝（明成祖朱棣）器重的宦官，明朝初年，郑和率领庞大的船队，在29年的时间里（1405 ~ 1433），先后七下西洋，行程十万余里，对东南亚、印度洋以及非洲三十多个国家和地区进行了友好访问，最远到达非洲东海岸。其历时之长、航程之远、规模之大、影响之深，都可以说是世界航海史上的壮举，被载入了史册。

但很多朋友也许不知道，郑和下西洋还跟福船和福州有密切的关联。

史书记载，郑和曾经七次下西洋，每次都照例在福州长乐的太平港驻泊，短则停留两三个月，长则十来个月。

为什么要在福州停留？

从地图上看，福州正好位于我国东部沿海的中间部位。从福州向上，联系温州、宁波、长江流域；向下，联系泉州、广州，南海各地。所以，福州在我国沿海交通上处于承上启下的优越区位。同时，福州具有悠久的海上交通传统和造船历史，宋元时期福船一直都是我国远洋航行船只的首选船型。

那么，郑和在福州停留要做哪些事情呢？

第一，补充船只。郑和下西洋的船队规模非常庞大。史书记载，第一次下西洋有 62 艘船只，有指挥船、马船、粮船、战船、坐船等，是一支综合性的大船队，全部船队包括水手、船师、卫兵、工匠、医生、翻译等共计 27800 多人。而且，整个船队完全是按照海上军事组织进行编队的。

从今人复原的郑和船队行进图上，我们可以发现，整个船队按燕（或鱼）形进行编队，前后与左右外围是马船与战船，负责整个船队的航行安全。粮船、坐船和郑和的指挥船居于中部，俨然构成一座海上堡垒。船上配备有世界上最先进的导航图、罗盘针和用于指挥船队行进的旗帜、锣鼓等。在当时的世界上，这完全可以说是一支世界一流的海上机动作战船队，被很多外国学者称为最早的特混舰队。

据记载，郑和乘坐的指挥船长 44 丈（折合现今长度约 150 米）、宽 18 丈（折合现今长度约 60 米），9 桅 12 帆，可以容纳 1000 多人，是当时航行在海上的巨无霸。由于郑和的船队满载着瓷器、茶叶、铁器、农具、丝绸、金银等国内产品，因此，郑和船队的船只被称为宝船。

这么庞大的船队，船只都来自哪里呢？

主要有两个地方，一个是南京的造船场，这是明朝官方专门为郑和下西洋建立的造船场。另一个地方就是设在福州的官办造船场。由于福州有性能优越的福船造船史，所以，福州受朝廷指派，成为为下西洋而打造船只的专设基地，郑和船队的大部分船只都是在这里打造的，其形制就是宋元时期流行的福船。闽江上、中游山地大量优质的木材砍伐后，顺闽江而下，为宝船的打造提供了资源保障。

第二，补充船员和物资。山处水行的习性使福州人天生就与大海有缘，他们熟悉大海、熟悉海船，所以，郑和船队中大量的水手都来自于福州。而且，福州地处闽江形成的冲积平原地带，是福建经济最发达的地区，从元代以后就是福建省的政治、经济和文化中心。在那里，丝织业和瓷器业也很发达，所以，郑和船队所载部分瓷器、丝绸、铁器等物资就近在福州置办。

第三，等待季风。明朝的时候，还没有机械动力，海船仍然靠自然风力和人力航行。所以，郑和的船队在福州停留的一个重要原因就是等待季风的到来。

明朝时期所谓的东西洋一般是以南海为界，南海以东的日本、朝鲜、菲律宾等地为东洋，南海以西的马来西亚、印度尼西亚、新加坡、印度、阿拉伯、非洲东海岸等地区就是西洋。而郑和主要出使的地区在南海以西，所以叫下西洋。下西洋要向西南行使，主要依靠东北季风。所以，郑和的船队每次都是在年初或年中到福州，在这里检修船只、补给物资，比如淡水、食品等，等待秋冬东北季风刮起的时候扬帆远航。回来的时候则相反，往往是趁春夏季节西南季风刮起的时候返回福州，稍作停留后，回到北方。

但大家知道，木帆船时代的远洋航行，是在艰难困苦条件下进行的，随时随地面临着生死考验，郑和的船队也同样如此。所以，每次从福州出海前，郑和都会率领主要官员到长乐南山的天妃庙（也就是大家熟悉的妈祖庙）进行祭祀，祈求天妃保佑船队一路平安。至今，福州长乐南山还有一座天妃庙，庙里有一通碑，是当年郑和第七次下西洋（1431）前夕，感念天妃保佑，重修南山的天妃行宫留下的刻石。在碑文中，郑和说了这样一段话：

> 观夫海洋，洪涛接天，巨浪如山；视诸夷域，迥隔于烟霞缥缈之间。而我之云帆高张，昼夜星驰，涉彼狂澜，若履通衢者，诚荷朝廷威福之致，尤赖天妃之神护佑之德也。
>
> ——郑和《长乐南山寺天妃之神灵应记》[①]

在郑和眼里，大海洪涛接天，巨浪如山，是充满了危险的神秘区域，那

① 巩珍：《西洋番国志》，向达校注本所附《长乐南山寺天妃之神灵应记》碑文，中华书局，1961年版附录。

些他即将出使的异域他国，仿佛在烟雾缥缈之间。但他每次都能云帆高张，远涉波涛、如履平地，是怎么做到的？一方面仰仗朝廷威福，但尤其有赖天妃的保佑。

从这段话里，我们既可以读出郑和对大海和海神的敬畏；同时，又明显可以读出郑和对自己国家强大国力、强大船队的自豪感。

郑和下西洋，是我国海上丝绸之路鼎盛时期的标志性事件，开启了世界大航海时代，具有重大的历史意义。同时，郑和每到一个国家或地区，都是怀着和平友好的姿态，用瓷器、丝绸、茶叶、铁器、金银等我国特产，换取象牙、香料、宝石等珍宝，既弘扬了国威，又撒播了友谊的种子。

而在这个过程中，福州长乐的太平港作为郑和下西洋的实际出发地、重要航海基地，使那时的福州成为中国联系世界的桥梁，成为拉开大航海序幕的重要支点。后来，郑和船队到达过的很多地方，又成了华人到海外经商、居住、立足的地区。福建的福州、泉州、漳州等地区成为我国著名的侨乡，与郑和下西洋也是不无关联的。

宋元时期的福船主要是远洋的商船，郑和船队里的宝船主要是出使的官船。而到了明代中后期，福船又成了战无不胜的战船，曾经帮助民族英雄戚继光成功地抗击了倭寇。

那么，福船又是如何被成功改造成战船的呢？

三、福州的抗倭战船

明代中期，我国沿海地区倭寇猖獗。这些倭寇来自哪里呢？主要是日本。那时候，日本正处在动荡时期，如同中国的魏晋南北朝，战争不断，大量被打败的武士、浪人为了生存，往往渡海到我国东南沿海，成群结伙进行武装掠夺和骚扰，对明朝的海防安全和沿海地区老百姓的生活造成了极大威胁。

明朝嘉靖三十七年（1558），海盗势力甚至猖獗到攻打福州。当时，数千名倭寇乘坐上百艘海盗船进入长乐港，用火炮攻击长乐城墙，使城墙崩塌二十余丈。紧接着，倭寇强行登岸，围攻长乐县城。当时，城内守军有限，幸亏当地居民踊跃参战，少壮守城，老幼妇女搬运砖石、武器，才打败了倭寇的进攻。倭寇眼看福州的援军将到，不得不败退到海上。

这次事件，使整个福州城震动。为什么？福州是福建省的省城，长乐就在省城附近，倭寇竟然明目张胆地进攻长乐，可见倭寇气焰之嚣张。当然，这次事件也震动了明朝廷，决心彻底根除沿海的倭患。

于是，朝廷任命戚继光、俞大猷为大将，率领明军英勇抗击倭寇。民族英雄戚继光曾用“封侯非我意，但愿海波平”的豪言壮语来表达他消灭倭寇的决心和壮志。为此，他还招募了一批沿海地区剽悍英勇的矿工、船工组成数千人的“戚家军”，成为抗倭的主力。但倭寇很狡猾，你在福建打他们，他们就跑到江苏、浙江；你在江苏、浙江打，他们就跑到山东，总在大海上游走，让戚继光很伤脑筋。

那么，如何才能彻底清除海上的倭患呢？戚继光想到了一件事。

郑和下西洋时期，并不是一帆风顺的，郑和的船队除了应对海上的波涛、风浪和暗礁外，还要时刻提防海盗的威胁。

就在郑和第一次下西洋（1405）返航，途径三佛齐（今印度尼西亚的巨港）的时候，就遇到了一个长期活跃在这个海域的大海盗陈祖义。陈祖义本是广东人，洪武年间，盘踞马六甲海峡附近成为海盗，集团成员超过万人，战船百艘，雄霸于南海、台湾、印度洋等地，大肆劫掠来往船只，甚至攻陷50多座沿海城镇，令明朝廷和其他往来于南洋的商船谈陈色变。

当郑和的船队经过陈祖义的老巢三佛齐的时候，陈祖义以投诚为名，实则准备抢劫郑和宝船的宝物，被郑和识破，双方在海上展开激战。不可一世的陈祖义彻底失算了。因为他根本不了解郑和船队的战斗力。

郑和下西洋的船队完全是按照海上航行和军事组织进行编队的。在两万多人的船员中，有五千多人都是训练有素的明朝将士。在当时的世界上，完全可以说是一支世界一流的海上机动船队。很多外国学者称郑和的船队为特混舰队，郑和就是这支特混舰队的统帅。郑和乘坐的宝船，就可以容纳千余人。船有四层，装备有当时最先进的火炮，攻击和防卫能力都是世界一流的。陈祖义的海盗武装的船只都是小型海盗船，根本不堪一击。所以，陈祖义被郑和的船队打得大败，当场杀死海盗五千多人，陈祖义被生擒活拿，囚于船中，押解回朝廷，斩首示众。

大家知道，郑和船队的大多数船型就是福船。所以，郑和剿灭大海盗陈祖义这件事说明，福船是可以用来改造为战船的。

这就给了戚继光一个启发，是不是可以把福船改造为战船呢？于是，戚继光联合俞大猷等其他将帅向朝廷提出了把福船改造成适合海上作战的战船的建议。朝廷接受建议，决定在福州城西门外二十里闽江边上的洪塘设立造船场建造福船。

就这样，大批军用福船从福州出海，装备戚继光、俞大猷的军队。后来，在扫荡倭寇的历次海战中，福船显示了其强大的威力。东南沿海的倭寇被荡平后，戚继光在总结胜利的原因时，不无兴奋地写了这样一段话：

> 夫福船高大如城，非人力可驱，全仗风势。倭舟自来矮小，如我之小苍船。故福船乘风下压，如车碾螳螂，斗船力而不斗人力，是以每每取胜。
>
> ——戚继光《纪效新书》[1]

高大的福船就像海中的一座城池。而倭寇的船小，就像我国沿海地区的小苍船。每次作战，福船乘风破浪冲着倭寇的船只进攻的时候，就好比车碾螳螂。螳臂当车，不自量力嘛！所以，海上作战用福船就是在海上斗船力而不斗人力，这才是每次取胜的根本原因。

① 戚继光：《纪效新书》卷18《治水兵篇·福船说》，中华书局，2017年版。

据记载，福船改造的大战船长一百多米，宽数十米，一艘船就可以容纳数百名士兵。船有三到四层，装备有当时最先进的火炮，攻击和防卫能力都是世界一流的。而倭寇的船只大都是小型船，根本不堪一击。

所以，在戚继光看来，在消灭倭寇的过程中，固然有勇猛顽强的“戚家军”，更要感谢战无不胜的福船。

东南沿海的倭患被彻底清除后，明朝又重新开放海禁，这才有了漳州月港的繁华。福船再一次显示了其强大的威力，保障了海上丝绸之路的畅通和延续。

正是因为抗倭名将戚继光、俞大猷驾驶着福船，狠狠打击了猖獗一时的倭寇，为老百姓的安定、幸福生活提供了保障，从此以后，明朝、清朝的史书中才频繁地把这种船称为“福船”。

不过，我觉得，福船应该两种含义兼得：一方面指建造于福建（主要是福州与泉州）、带有水密隔舱技术的特殊船型；同时，也是指给人们带来福祉的船。至今，在福州民间，人们还把福州打造的船称作福船，寓意着平安、幸运，吉祥如意，十分符合中国文化的传统。

不过，福船在发展的历史长河中，也曾经带给中国人深刻的教训，甚至至今还影响着国人的国防观念。

四、福船带来的启示

很多朋友都看过电影《甲午风云》，它是根据 1894 年中日甲午海战改编的一部电影。电影中，最感人的一幕发生在“致远”舰管带（船长）邓世昌（1849 ~ 1894）壮烈殉国的时候。当时，“致远”舰多处中弹，受到了重创。管带邓世昌眼看“致远”舰不保，对全体官兵进行动员，决定冲撞敌舰，和敌舰同归于尽。于是，下令开足马力，奋勇向前，向日舰“吉野”号冲去。吉野号见到“致远”舰要拼命，如惊弓之鸟，仓皇逃窜。逃跑之时，“吉野”

号向“致远”舰发射了数枚鱼雷。不幸的是，有一枚鱼雷击中了“致远”舰，“致远”舰随即沉没。

邓世昌及全船官兵本来就是抱着必死的决心冲击敌舰的，所以，没有做任何救生准备。“致远”舰沉没的过程中，邓世昌和部分官兵漂浮到了海面上，这时候，邓世昌的仆人给邓世昌推过来一副救生圈，邓世昌拒绝了。接着，邓世昌的爱犬游了过来，用嘴叼着邓世昌的衣袖，不让他下沉，邓世昌推开了爱犬；爱犬又来衔他的发髻，邓世昌抱着爱犬一起沉入了海底。民族英雄邓世昌杀身报国的情怀感染了一代又一代中国人。

我为什么要说到民族英雄邓世昌呢？因为邓世昌是清朝末年福州船政学堂培养出来的我国近代第一代海军军官，而福州船政学堂又与福船有关。

那么，福州船政学堂又是怎么回事呢？

鸦片战争以前，由于相对封闭的海洋政策，我国逐渐丧失了海洋强国的地位。鸦片战争打响后，西方的坚船利炮打败了仍以郑和、戚继光时期的木质福船改造的战船，中国陷入半封建半殖民地社会的深渊。

这是一个很值得思考的问题。

海船是海上丝绸之路的工具，世界海船发展的历史其实也是海上丝绸之路发展的历史。宋元时期中国海上贸易的繁荣、郑和下西洋的辉煌是由福船带来的，而鸦片战争中，中国的福船不再是西方铁甲船的对手，中国失去了海洋强国的地位。中国的荣耀来自强大的福船，而中国的威胁又来自西方的铁甲船。

所以，很多有识之士认识到，中国要想改变被动挨打的局面，就要学习西方先进的造船技术，放弃木质福船，打造西方铁甲船。以其人之道，还治其人之身。

为此，清同治五年（1866）六月，时任闽浙总督、坐镇福州的洋务派领袖左宗棠在福州马尾率先设立船政局。船政局由三部分组成，即船厂、铁厂和船政学堂。在马尾设立造船厂的原因很简单，福州自古以来就是福船的建造中心，具有悠久的造船历史、丰富的造船经验和大批优秀的船业人才。在福州马尾建立造船厂，就是为了打造中国自己的军舰。不过，船政局设立不久，左宗棠被调往西北任职（后任陕甘总督）。临走前，他强力推荐沈葆桢接管福州船政局。

被左宗棠看中的沈葆桢又是什么人呢？

沈葆桢（1820 ~ 1879）是清朝晚期的政治家、军事家，历任清朝的封疆大吏。他从小在福州长大，还是爱国英雄林则徐的女婿。他深通福船的辉煌历史，也深知船政局对于海防的重要性。他以福州船政大臣身份主政马尾船政局后，把全部心血都花费在了船政局事业上，先后造出了数十艘战船，全部装备清朝的海军。除了打造铁甲战船，他还特别重视福州船政学堂的建设，决心培养中国自己的海军人才，邓世昌就是福州船政学堂招收的学生。

邓世昌的老家在广州，他的父亲（邓焕庄）是个茶叶商，家境本来是比较富裕的。邓世昌从小就有比较开放的意识，当他得知福州船政学堂招生的消息时，便积极报考，以优异的成绩考入驾驶专业。由于他刻苦攻读，善于钻研，很快就崭露头角。毕业后，被调往北洋海军，甲午战争前成为“致远舰”的管带。

据记载，福州船政学堂先后培养了一千多名毕业生，绝大多数像邓世昌那样，成为我国近代第一批优秀的海军人才，清朝北洋海军中绝大多数中高级将领都是福州船政学堂的毕业生。比如，参加中日甲午海战的北洋舰队共有十二艘主要战舰，除了“致远”管带是邓世昌外，其他十一艘主力舰的管带分别是“镇远”管带林泰曾、“定远”管带刘步蟾、“经远”管带林永升、“来远”管带邱宝仁、“靖远”管带叶祖珪、“平远”管带李和、“济远”管带方伯谦、“扬威”管带林履中、“超勇”管带黄建勋、“广甲”管带吴敬荣、“广丙”管带程璧光，只有“广甲”管带吴敬荣是留美学生，其他十名管带全部和邓世昌一样是福州船政学堂的毕业生。辛亥革命后，船政学堂毕业生黄钟瑛、刘冠雄、萨镇冰、程璧光、李鼎新等还曾先后任海军总长，萨镇冰还曾代理国务总理三个月。

福州船政学堂的荣耀还不止于此，除了邓世昌、萨镇冰等赫赫有名的人物外，福州船政学堂还出了一位福州本地的杰出人物——严复。

严复是我国近代一位杰出的思想家、翻译家。他和林则徐不同，从小家境贫寒，考入福州船政学堂后，学习驾驶和英文。当时，福州船政学堂的办学理念很先进，先后派出大量优秀的学员赴欧洲学习先进的造船、驾驶技术，严复就是其中的一位。他在船政学堂学习五年后，由于成绩优异，被选派到英国皇家海军学院深造。和其他学员不同的是，除了学习军事技术外，严复还十分注意观察、思考英国的政治和社会制度。他曾经到英国的国会和法院旁听，访问英国工厂、商店和学校，研读各种西方名著。1897 年回国后，他被李鸿章委任为天津北洋水师学堂总教习（相当于教务长），后升任总办（相当于校长），为培养海军人才做出了杰出贡献。但严复对于中国近代文化最大的贡献还在于他翻译了十多部西方名著，特别是英国赫胥黎的《天演论》，宣传进化论等启蒙思想，为维新变法提供了思想武器，成为开眼看世界的先驱。

福州船政局集造船、教育为一体，是中国近代海军学校的开山鼻祖，为近代海军、近代造船事业以及海军教育事业培养了大批人才，为中国的近代化进程开辟了道路。从某种意义上讲，福州船政局是福船历史的延续，也是福州在我国海上丝绸之路历史上值得铭记的一页。

不过，福船发展的历史给我们带来无限荣耀的同时，也给我们留下了不少深刻的教训。福船发展的历史时刻提醒国人：先进的造船技术是海洋强国的根基，只有掌握了制海权，建立强大的海防，才能保障国家和民族的和平建设与发展。古代如此，现代依然如此。

下一讲，我们将北上进入浙江，去品味浙江的一座海上丝路古城。

请关注下一章：四海为家话温州！

【趣味知识自测题】参考答案

1.D　2.B　3.B　4.A　5.D　6.C　7.A　8.C　9.C　10.C

第七章

四海为家话温州

趣味知识自测题

1. 被誉为“东方四大奇迹”的亚洲四大遗迹不包括________。

   A. 中国万里长城　　B. 印度泰姬陵

   C. 菲律宾巴洛克教堂　　D. 柬埔寨吴哥窟

2. 明朝以前，我国的古籍把柬埔寨称作________。

   A. 真腊　　B. 暹罗　　C. 锡兰　　D. 三佛齐

3. 据周达观记载，在柬埔寨的市场上可以见到来自温州的________。

   A. 漆器　　B. 丝绸　　C. 银器　　D. 茶叶

4. 在柬埔寨吴哥王宫对面的广场两边，有十二座石质小佛塔，佛塔用途是________。

   A. 埋葬僧人　　B. 供奉佛像　　C. 诉讼审理　　D. 装饰作用

5. 温州龙泉窑达到极盛时期是在________。

A. 北宋　　B. 南宋　　C. 元朝　　D. 明朝

6. 宣和年间，中国曾派出一个庞大的使团访问高丽。宣和是________的年号。

A. 宋太祖　　B. 宋太宗　　C. 宋神宗　　D. 宋徽宗

7. 古代的所谓“四民”不包括________。

A. 农　　B. 兵　　C. 商　　D. 士

8. 朱元璋曾经把刘伯温比作自己的________。

A. 萧何　　B. 陈平　　C. 诸葛亮　　D. 房玄龄

9. 刘伯温留下了一部重要的著作，阐发了自己的治国安民主张。这部著作是________。

A.《夜航船》　　B.《郁离子》　　C.《古今谭概》　　D.《剪灯新话》

10. 今天，有大量温州人生活在海外 100 多个国家和地区。这些温州人总量________。

A. 近五十万　　B. 近百万　　C. 近两百万　　D. 近三百万

【评分标准】共 10 题，总分 100 分。每题选择正确得 10 分，选择错误 0 分。

【评估等级】

大牛（对城市很熟悉）：80 ~ 100 分；

及格（对城市基本了解）：50 ~ 70 分；

菜鸟（对城市很陌生）：0 ~ 40 分。

注：参考答案附在本章末。

开篇的话

1861年，法国博物学家亨利·穆奥从欧洲来到柬埔寨旅行，他此行的主要目的是寻找新的动物标本。在进入柬埔寨热带丛林的时候，他并没有发现要寻找的新动物标本，却无意中发现了一处规模庞大的古庙和佛窟遗址。庙宇之雄伟，甚至超过了他原先见过的古希腊、古罗马遗址。他按捺住激动的心情，一方面把他的发现记录在日记里；另一方面，打开素描本子，把他看到的古建筑、佛像和古遗址一一描绘下来。带着发现的惊喜，亨利·穆奥中断了对动物标本的搜寻，回到法国，把他在柬埔寨发现大规模古庙和佛窟遗址的消息在欧洲做了广泛宣传。

遗憾的是，由于历史文献资料缺乏，加上对柬埔寨古代文明的认识十分有限，亨利·穆奥并没有说清楚那些古庙和佛窟修建的具体年代和它们的历史内涵。所以，一开始的时候，很多法国人对亨利·穆奥的所谓“发现”将信将疑，甚至有人认为亨利·穆奥是在哗众取宠。

亨利·穆奥在柬埔寨的热带丛林中发现的古庙和佛窟遗址到底是什么？它们就是闻名世界的吴哥窟古遗址。今天，它和中国的万里长城、印度的泰姬陵，以及印度尼西亚的婆罗浮屠并称为“东方四大奇迹”。

令人吃惊的是，就在法国人对亨利·穆奥的发现莫衷一是的时候，由一位元朝时期的中国人撰写的一本书——《真腊风土记》（柬埔寨古称真腊）却详细记载了当年柬埔寨吴哥窟的繁华，为亨利·穆奥的发现找到了历史依据，终于使真相大白。

那么，《真腊风土记》是一本什么样的书？它出自哪一位中国人之手？这位中国人曾经亲自到过柬埔寨、亲眼见到过当年的吴哥窟吗？

一、元朝使团的译员

《真腊风土记》的作者叫周达观（约 1266 ~ 1346），是 700 多年前（元朝初期）的一位永嘉人，也就是今天的温州人。

那么,周达观是个什么人？他又是在什么背景下撰写了《真腊风土记》呢？

这还要从海上丝绸之路古城温州说起。

温州的得名是在唐朝高宗(649 ~ 683 年在位)时期。《浙江通志》(引《图经》）记载说，温州位于浙江省东南部瓯江下游南岸，北、西、南三面环山，东面对着大海，冬无严寒，夏无酷暑，气候温润，所以称为温州。

不过,温州这个地名并没有给这块土地上生活的人们带来真正的“温柔”。因为这里山地多，平原少；人口多，资源少，自古就有“地无三尺土”的说法，发展农业的条件特别差。拿现代话来说，古代的温州资源短缺，人地关系比较紧张。在这种条件下，温州人怎么生活下去呢？主要有两条路：

一条是经商。农业不行，就从事商业。《宋书 · 地理志》提到温州时，这样记载：

> 善进取，急图利，而奇技之巧出焉。
>
> ——《宋书 · 地理志》[①]

温州人善于进取，急于图利，很多奇巧的手工艺产品都出自那里。所以，温州人自古就心灵手巧，善于在全国各地经商，甚至远赴海外，闯荡世界各地。

另一条是入仕。唐宋以后温州科举入仕的风气很浓厚，参加科举考试的热情很高。据《浙江通志》统计，南宋 150 年左右的时间里，温州籍进士的数量达到 1000 多人（1069 人），超过了杭州、宁波、绍兴、湖州等传统文化发达地区，在浙江高居榜首。在全国各大城市中，也仅仅次于福州，位居第二。

① 〔元〕脱脱等撰：《宋史》，中华书局，1985 年版，第 2177 页。

科举的兴盛，使温州形成了浓厚的文化氛围，县学、乡学、书院和私塾比较普及，很多经商之家也往往投入大量财力培养孩子从小读书，希望他们长大之后科举入仕，光耀门庭。

周达观就生活在这样一个自然和社会文化环境中。

不过，史书中对他的记载笔墨太少，我们只能尽力复原他的生活轨迹。他生活在宋末元初的温州，如果他不参加科举入仕，就要从事商业做生意。然而，我们今天看他的《真腊风土记》意识到，他走的完全是另一条人生之路，而改变他人生轨迹的是温州港口对外贸易的开放。

自古以来，温州就是一个优良的海港。到了南宋，国土面积缩小，越来越重视海外贸易对国家财政的贡献。于是，南宋高宗绍兴三年（1132），温州被宋政府开辟为对外贸易的港口，并且在温州设立了市舶务，类似近代的海关，专门管理对外贸易。商船出海，必须向它申请，具保，办理手续，才能启航；外国商船到达我国港口时，必须向市舶机构报告，由它派人检查商船是否有违禁货物。温州还建有专门的外商招待所，叫待贤驿和来远驿。外国大海商来到温州时，准许他们坐轿或乘马，由当地长官接见。中外商船出海时，市舶机构照例支应酒食，或设宴饯行，大小商人和船上人员均可参加。到了元朝，全国设立了七处市舶司，温州也是其中之一。这就是说，宋到元代长达一二百年的时间里，温州都是全国对外贸易的主要港口。

港口开放期间，温州与亚洲、非洲等很多海外国家都有频繁的贸易往来。周达观天生就是一个喜欢求新求奇的人，他喜欢读一些记载海外见闻的书，平时一有机会就喜欢接触海外客商，从他们那里了解海外的见闻、风俗。甚至还主动跟海商交流，学习和掌握一些外国语言。就这样，周达观成了温州名气很大的外国通。这种求新求奇的爱好，好比双刃剑，一方面开阔了周达观的视野，使他拥有了特殊的才能；另一方面，也影响了他苦读儒家经典，走“学而优则仕”的路子，丧失了科举入仕的机会。不过，一个偶然的机遇突然降临，彻底改变了周达观的人生轨迹。

什么机遇呢？元朝要组建出使真腊的使团。

真腊在哪里呢？就是今天的柬埔寨。柬埔寨是东南亚的一个古国，古称真腊，明朝始称柬埔寨。从汉朝开始柬埔寨就与中国保持着友好往来，两国经常互派使节，民间的商贸往来不断，是世代与中国友好的一个文明古国。元朝建立以后，继续实行对外开放的政策，海上丝绸之路进入了繁荣期。柬埔寨正好位于海上丝绸之路要道上，所以，元朝当然想恢复与这个友好国家之间的关系，就打算组成一个使团，出使柬埔寨。

出使就意味着要准确无误地宣扬国家的对外政策和意愿，对翻译的要求很高。译员不仅自身要有足够高的文化修养，还要对出使国的语言、风俗有相当了解，只有这样才能胜任这个工作。周达观正符合这个要求，所以成为这个使团中的一名译员。

这次机会使他不仅成就了历史，历史也成就了他，为我们留下了鲜活的柬埔寨风土人情记录，使后人感受到了海上丝路的无限魅力。

二、周达观的真腊见闻

史书记载，元朝出使真腊的使团是在 1296 年从元朝的大都（也就是今天的北京）出发的；然后，沿京杭大运河一路南下，到了浙江的宁波港；再从宁波港南下温州，稍作停留，等到东北季风刮起的时候，从温州正式出使真腊国。途经占城（今越南）的时候，还遇到了海上大风浪，不得不在那里避风；然后，才又重新起航。到达真腊国后，周达观和使团其他成员在那里停留了将近一年的时间。然后，使团返程回国，在浙江的宁波登陆，周达观回到了温州老家。

这次出使的经历，给周达观留下了深刻印象，大海上的惊险、真腊国的奇景和奇闻仿佛过电影一样萦绕在他的脑海里。出于求新求奇的习惯，他已经在途中写了一些日记，把路上的经历和见闻简略地记录了下来。为了把这段不平凡的经历全面复原，周达观花了大量时间，把在真腊国的所见所闻加以整理，写成了一本书，并刻印出版，这就是《真腊风土记》①。

那么，《真腊风土记》到底记载了些什么内容？这些内容能够作为吴哥窟的佐证吗？

其实，《真腊风土记》全书只有 8500 字，正是这不足万字的材料，为我们还原了一个时代的珍贵记忆。

当周达观和使团成员弃舟登岸后，展现在他们眼前的真腊国正处在繁荣的“吴哥时代”。都城吴哥宏伟、壮阔，是真腊国的政治、经济和文化中心，仅仅建设吴哥城所花费的时间就前后历经 40 年左右。所以，周达观对吴哥城的描述最详细。据周达观记载，吴哥城周长大约有二十里，有五座城门；中心的皇城周长五六里，建筑精美，金碧辉煌，是帝王居住的地方。整个都城人口众多，商业繁荣，和谐安详。当帝王从皇宫出巡的时候，乘坐在装饰华美的大象上，百官簇拥，卫兵保护。老百姓都要跪拜在路两边，不能仰视，场面十分壮观。当时真腊国信奉佛教，所以，吴哥城中有许多规模宏大的佛教寺院与雕刻，是著名的佛教中心之一。除此之外，书中还详细记录了宫室、奴婢、文字、语言、时序、耕种、山川、出产等，生活中的方方面面都有记述，有些地方还为现代人解开了谜团。

曾经有一段时间，很多游客在参观吴哥窟时，在吴哥古皇宫前会发现有十二座生肖塔。很多游客以为这是装饰或者作为纪年用的，当地人也说不清楚其确切的作用。直到《真腊风土记》被翻译到柬埔寨，当地人才恍然大悟——原来它们还有特别的用途。

周达观在书中记载，在吴哥，发生了大的诉讼案件，要由国王或者司法部门在法庭进行审理。但如果是日常生活中的小争端，怎么处理呢？

在吴哥王宫对面的广场两边，有十二座石质小佛塔。如果吴哥百姓发生

① 周达观原著，夏鼐校注：《真腊风土记校注》，中华书局，2000 年版。

了日常生活中的小争端，官员处理的办法很绝：不问曲直，让原告和被告（诉讼双方）各自坐进其中的一座小塔中（十二座塔可以同时审问六宗案件），原告和被告的家人各派人守住塔门，互相提防——也就是原告家派人守住被告坐的塔，被告家派人守住原告坐的塔。

坐在塔里的人不吃不喝，就在塔里干耗着。等过了一两天，或三四天后，坐在塔里的原告或者被告中有一人可能就受不了，自动出来了。为什么？不吃不喝，加上塔里蚊叮虫咬，臭气熏人，谁能受得了啊！要么口渴难耐，要么身上生了疮，要么发烧咳嗽，还是保命要紧，于是，只好出来。

这时候，官员的判决结果也就出来了：原告或被告谁先从塔里出来，谁就输了官司。而且，还给这种审判取了一个十分有想象力的名称——天狱。美其名曰，让上天来判别善恶。

拿现代司法观念，我们很难理解“天狱”这种做法，甚至觉得有点荒唐。不过，这种做法除了说明当时真腊国的司法制度还不完善，笃信佛教的真腊人也许真的相信这是上天、佛祖的一种公平审判。

15 世纪中期以后，吴哥城遭到了战争的破坏，真腊王朝被迫把国都迁到金边，曾经辉煌的吴哥城也被遗弃，逐渐淹没在丛林莽野之中。由于柬埔寨历史文献并没有留下吴哥城的相关记载，所以，后来，人们甚至都不相信曾经存在过一个繁华的吴哥城，但一位温州人却曾经走进并记录了它，使它从历史的迷雾中清晰并鲜活地展现在我们眼前。

今天，我们一提起柬埔寨，都会说它是中国历史上的传统友好国家。这句话可不是随便说出来的。周达观出使真腊以及他的《真腊风土记》，就充分说明了数百年前，我国与这个国家通过海上丝绸之路进行了频繁的政治、经济和文化交流。而在这个过程中，温州港就发挥了重要的桥梁和纽带作用。

三、温州商人的梦想

不过，周达观《真腊风土记》的巨大价值还远不止于此。我们注意到，周达观还在书中谈到，有不少中国的商人沿着海上丝绸之路到真腊做生意，在吴哥城内的商贸市场上，发现了大量从我国销售到真腊的丝绸、缣帛、金银器、铁器，甚至还见到了来自温州的漆器、铁器和瓷器。

而更令周达观兴奋的是，他在吴哥城竟然见到了一位来自温州的同乡。

事情是这样的。有一次，周达观在吴哥城闲逛，在城东门内，巧遇了一位中国人，攀谈起来，竟然是温州同乡。

那个人姓薛，因为经商来到了吴哥，已经在那里生活了35年，变成了地地道道的柬埔寨人，繁衍成了一个大家族。但薛姓商人做什么生意，为什么来到柬埔寨，周达观并没有在书中做详细记载。

元朝时期，中国销售往海外的商品仍以丝绸、瓷器以及铁器、漆器等手工业品为主。而温州当地的特产有两种特别出名，甚至畅销海外。

一种商品是漆器。史书记载，在北宋时，都城开封就设有温州漆器杂物铺；南宋都城临安，有多处专门贩卖温州漆器的铺子。而周达观记载，在吴哥的商品市场上，也亲眼见到了来自温州的漆器。

另一种商品是瓷器。龙泉地处温州西部山区，蕴藏着丰富的窑土矿和富饶的森林资源。所以，古代温州制瓷业很发达。到了南宋，瓯江上游的龙泉窑成为全国最大窑场。龙泉窑青瓷“胎薄如纸，光润如玉”，在国内，成为朝廷贡品；在国外，来自中国的龙泉青瓷是非常高档而又珍贵的商品，除了作为饮食器皿，还用于宫殿、寺庙、贵族官邸室内陈设和建筑表面装饰，受到上流社会的追捧。繁荣的海外贸易、巨大的海外市场需求，刺激了温州当地龙泉窑瓷器的生产，使龙泉窑的生产规模迅速扩大，盛况空前。从南宋到元朝，温州窑址数量由数十处增加到三百多处。瓯江两岸的龙泉、云和、遂昌、丽水、青田、永嘉、文成、泰顺等地到处布满了龙泉窑址。这样的分布，使成品瓷器沿瓯江顺流而下，很容易运抵温州港口，为产品的运输与销售提供了极大便利。今天，在温州的市区、龙泉以及永嘉、瑞安等地，考古工作者还发现了多处龙泉窑古窑址。21世纪初期，考古学家在亚洲的日本、朝鲜，非洲的肯尼亚、埃及等地都发现了大量的龙泉窑瓷器，足迹遍布亚、非、欧等50多个国家和地区，说明当时温州与这些国家都有大量的龙泉窑瓷器贸易。所以，周达观见到的温州薛姓商人可能是从事龙泉窑瓷器或漆器生意的。毕竟，作为商人经营自己熟悉并且有稳定货源的商品才是王道，才能使他久居柬埔寨成为坐商。

从薛姓商人的经历我们可以看到，迫于生存的需要和开放的商业意识，温州商人已经摒弃了传统的“安土重迁”观念，开始走向海外进行谋生。

而翻检史书，早于薛姓商人定居柬埔寨三百年以前，已经有一位温州商人定居海外，并开创了另一番轰轰烈烈的事业，实现了别样的人生价值。

那么，这是哪一位商人呢？

根据现有的史料记载，历史上第一个到海外定居的温州人叫周伫。

周伫（？～1024），北宋温州（永嘉）人。宋真宗咸平元年（998），周伫放洋北上，赴高丽（今朝鲜半岛）经商。不过，他后来放弃经商，成了朝鲜历史上的一位政治家。这是怎么回事呢？

那个时候，朝鲜半岛被高丽王朝统治着，高丽国王是穆宗（王诵，997～1009年在位）。穆宗的日子并不好过，可以说是内忧外患。外部，契丹族建立的辽十分强大，经常威胁和进攻高丽；内部，母后专权，皇权旁落，人才匮乏。这一切都让穆宗很头痛。

周伫就是在穆宗继位的第二年来到高丽的。史书记载，周伫到了高丽后，并没有在那里经商，而是结识了高丽的一位大学士蔡忠顺。蔡忠顺在穆宗身边任职，而穆宗正在延揽人才，蔡忠顺便把周伫推荐给了穆宗。穆宗见周伫仪表堂堂、谈吐不凡，便对他很是赏识。鉴于周伫的海外移民身份，穆宗便让他暂时在礼宾省任注薄，相当于外交部的一个副部长，负责高丽的外交事务和往来宾客的接待。一个异国他乡的海商，就这么一下子成了高丽国的外交官员。

也许有朋友认为，周伫这个转变是不是有些“陡”啊？其实，仔细分析起来，我觉得并不“陡”。本来，在丝绸之路发展的历史上，都是商人充当先锋，而后才有国与国之间的正式外交，而最初的商人往往也部分充当了外交使者的角色。马可·波罗不就是充当了这种角色吗？所以，在商人和使者之间，本来并没有鸿沟。而对于生长在北宋时期温州的周伫而言，当时的科举入仕氛围已经很浓厚了，他曾经为此奋斗过，也把“修身、齐家、治国、平天下”作为自己的人生理想和追求。但入仕之路并不平坦，不得已，他才选择了经商这条路。没想到，他乡遇知己，蔡学士觉得周伫的政治才能远胜过经商的本领。所以，这才向皇帝推荐了他。在国内没有实现的政治理想眼看要在异国他乡实现了，周伫有些兴奋，但他知道，自己的前程也充满了未知。

那么，接下来，周伫在异国他乡的仕途上又会如何发展呢？

周伫小心翼翼地伺候着穆宗，认真谨慎地处理着礼宾省的事物，逐渐熟悉了高丽的国情。然而，不久，穆宗就在一次政变中被推翻，新皇帝显宗（王询，1009 ~ 1031 年在位）继位。周伫继续在礼宾省任职，开始适应新皇帝。

显宗继位后，辽国势力逐渐强大起来，派铁骑进攻高丽，并且攻打到了高丽的都城开城（今朝鲜开城）。高丽军队无力抵抗，显宗仓皇南逃。逃跑过程中，文武百官中有很多都远离显宗各自逃命去了，而蔡忠顺和周伫等数人却忠心耿耿，一直跟在显宗身边，保护着显宗南下。

辽军撤退后，显宗对周伫这位前朝老臣格外另眼相待，论功行赏，提拔周伫为礼部侍郎，后官至礼部尚书。

其实，周伫也没有辜负穆宗、显宗皇帝对他的信任，他帮助皇帝整顿吏治，拨乱反正；帮助高丽国恢复和发展科举制度，亲自担任科举主考官，帮助高丽选拔人才。同时，作为一个温州人，他一直对祖国怀有深厚的感情。所以，他任职期间，劝说高丽国保持了与宋朝的密切往来，两国之间使节、商贸往来不断。

而由于周伫的特殊身份和出众文采，高丽与宋朝之间朝廷往来的官方文书多出自周伫之手。文书撰写是一个十分敏感的工作，既要以大局为重，协调好两国之间的友好关系，又要摆正自己的立场。考虑到自己特殊的身份，周伫凭借其谨慎而礼貌的措辞和优美的文采，很好地处理了这个问题。

当然，周伫在高丽政治舞台上取得的成功，也并非纯粹出于偶然。联系当时宋朝和高丽王朝两国的国情，当时，北方的辽国十分强大，对宋朝和高丽都构成了威胁。宋朝和高丽双方都有搞好关系的愿望，试图从两面形成对辽国的夹击和包围之势。在这种背景下，周伫充当了两国使者和桥梁的作用。

史书记载，当周伫在高丽任职前后，两宋时期与高丽之间的使节往来不断。宋徽宗宣和年间（1123），还派出一个庞大的使团从温州北边的宁波港出发，访问高丽都城开城。使团中有一位负责保管礼品的官员叫徐兢，回国后，把这次访问的经历写成了一本书叫《宣和奉使高丽图经》。这本书告诉我们，访问团规模庞大，有包括“神舟”在内的大小船只十艘，海船上配备了指南针。使团受到了高丽国人的热情接待，加深了两国之间的友谊。这件事虽然发生于周伫在高丽创业之后，但也可以看作周伫在事业上取得成功的一个关键政治环境因素。

作为一个温州商人，周伫远赴高丽，在异国他乡走出了精彩的人生之路，并为中朝文化交流做出了卓越贡献，他的经历被朝鲜人写进了他们的历史文献里，在中朝友好交往史上留下了一段佳话。

而与此同时，周伫的家乡温州也因为繁荣的海外贸易而逐渐发展起来。大文豪苏东坡的亲密诗友杨蟠曾任温州知州(1095)，在任两年期间，劝课农桑，划分州城永嘉街巷为三十六坊，轻车简从，察访民情，扩大海外贸易，促进了温州的对外往来。他对这座山水城市非常有感情，每逢晴好天气，总要出游访贫问苦。他晚年曾说：“为官十一政，宦游五十秋。生平忆何处？最忆是温州。”他因调任离开温州的时候，老百姓甚至拉着他的车子，横卧在路上，几乎使他不得出境。他也对温州怀有深厚感情，曾作诗：

一片繁华海上头，从来唤作小杭州。

水如棋局分街陌，山似屏帷绕画楼。

——杨蟠《永嘉》①

诗中生动描述了当时温州海上贸易发达和温州作为江南水城的优美风光。

四、四海为家温州人

另据史书记载，南宋理宗年间（1224 ~ 1264），温州又有王德用、王德明兄弟，变卖田庐南下交趾（今越南）经商，并曾经在那里干出了一番事业。周伫、王德用、王德明、周达观等都成为温州人开放灵活、勇于闯荡的先驱，成了温州人的骄傲。

匮乏的资源环境，频繁的对外交流，发达的文化教育制度，培养了温州人大胆开放、善于经商、勇于开拓的精神，使他们摒弃了“重本抑末”“安土重迁”的传统观念，恋乡不守土，冒险意识强，漂洋过海，四海为家，把温州人经商和创业的足迹留在了东亚、东南亚，甚至遥远的非洲。“平安二字值千金，冒险半生为万贯”，成了大多温州人的价值观。

到了改革开放初期，一提到温州，很多朋友就会联想到“温州模式”“温州精神”等词汇。在人们的印象中，温州人善于经商、勇于开拓、敢于冒险、机敏灵活，浑身都是商业细胞。

那么，为什么温州人会形成这种特殊的个性呢？

这首先得感谢历史上温州的一位大学问家叶适。

大家知道，我国是个传统农业大国，农业一直是封建国家的立国之本。

① 光绪《永嘉县志》，卷三三《艺文·诗外篇》。

所以，长期以来，重本抑末一直是封建统治者遵循的治国之道，是一种传统的经济观。本是指农业，末是指商业。这种理念也一直被文人士大夫所认同，从来没有遇到过挑战。而第一个站出来明确反对这种理念，或者说向这种理念提出挑战的就是温州人叶适。

叶适（1150 ~ 1223），温州永嘉（今浙江温州）人，进士出身，曾历任南宋时期的兵部侍郎、吏部侍郎等。他学问做得很好，尤其喜欢研究古代的经济之学，非常务实，强调经世致用。叶适认为：

> 夫四民交致其用而后治化兴，抑末厚本，非正论也。
>
> ——叶适《习学记言序目》[①]

四民，指古代的士、农、工、商四种群体。叶适认为，作为统治者，应该协调发展士、农、工、商，综合发挥他们的作用，这样，国家才能治理得好。而抑制工商业，只是强调农业，不是正确的理论。

历史上，提倡重视商业作用的不乏其人。比如，史学家司马迁就提出“天下熙熙，皆为利来；天下攘攘，皆为利往”，指出追求利益是人的本能，而商业则是获利的主要渠道，并在《史记》中首创“货殖列传”。但对重本抑末这一传统教条本身进行批判、否定，从学理上指出“重本抑末”为“非正论”的，则是叶适。这在儒家独尊，而且程朱理学影响越来越大的背景下，无异于振聋发聩，影响很大。

叶适生活的年代，温州作为南宋的市舶务已经开辟了几十年了，港口繁华的商业贸易，也更加坚定了叶适对“本末”关系的思考，并使他更加重视商业贸易对国家和民生的重要作用。所以，叶适一反“重本抑末”的传统，明确提出“四业皆本”的主张，认为士、农、工、商这四类群体所从事的事业都可视为本业；强调许民求富、保民之富、藏富于民，让富人代天子养民；

① 叶适：《习学记言序目》卷 19，中华书局，1977 年版。

甚至主张工商可以入仕，通过科举考试进入仕途（而唐代规定工商业者及其后代不得参与科举考试）。

当然，叶适之所以提出这些不同凡响的主张，除了他的超前意识和反叛精神，最主要的还是与他的家乡温州偏居东南一隅，人多地少，人地关系矛盾特别突出，生态环境也受到了破坏有关。所以，叶氏甚至提出了“去狭就广”的主张，让温州人走出去，到地广人稀的地方去寻找生存发展的空间。这对传统的安土重迁观念也是一种挑战。但对于减轻地区生态压力，缓解人地矛盾，释放劳动能力，都是具有积极意义和长远眼光的。

叶适的这些观念和主张今天看起来都不是什么警世之言，而在近千年前的宋代却是振聋发聩的。他的主张务实而不务虚，真正从国家利益和百姓需求出发，具有非常强的实用性。所以，在当时被称为“事功之学”“实学”。又因为叶适是浙东永嘉人，所以，人们把叶适及其弟子还有和他观点相似的部分浙东学者统称为“永嘉学派”“浙东学派”，而叶适则是这一学派的集大成者和代表人物。

如果说，叶适的事功主张对于温州商品和温州人走向海外起了重要的推动作用的话，另一个温州文化名人则对温州商人的诚信经营起到了重要的约束作用。

这个人就是刘基（1311 ~ 1375）。

刘基，字伯温。刘伯温可是个了不起的人物，他饱读诗书、满腹经纶，中过进士，曾作为重要谋臣帮助明太祖朱元璋打天下、坐天下。刘伯温神机妙算、运筹帷幄，朱元璋把他看作自己的诸葛亮、张良。但很少有朋友知道，刘伯温的老家在温州。他祖籍处州青田县（今温州文成县），故称刘青田。他早年在家乡温州读书，晚年又曾隐居家乡，在家乡去世。

刘伯温虽然大半生都在为明朝的建立和巩固服务，是国家的栋梁之材，但他作为一个温州文化名人，其思想和言论也对温州人的价值观产生了重要影响。尤其是他在一本著作中的思想，对温州人的经商行为起到了重要的约束作用。

这本书的名字叫《郁离子》。这本书成书于他追随朱元璋之前隐居在青田老家时期，借用《庄子》的写作方法，用大量的寓言故事阐发自己的治国安民思想和主张。其中，有不少内容还反映了刘伯温的经济主张。

归纳起来，《郁离子》中所反映的经济主张主要包括以下几个方面。

第一，以人为本的人才管理思想。在《郁离子》中，刘伯温讲到一个故事，说有一栋很高大的房屋，房梁被虫蛀了，需要更换新的房梁。于是房主人就把当地一个很有名的工匠匠尔找来，让他看看咋办。匠尔看后说，房梁的确该换了，但首先得找到合适的栋梁之材，否则不能轻易撤换。房主人觉得匠尔有点危言耸听了，于是又找了一个一般的匠人来看。那个匠人看了后说，换上一般的房梁就行了。于是，房主人听信了他的话，找了一般的木料，钉在一起撤换了原来的房梁。到了这年冬天，天下大雪，房屋承受不了大雪的压力，不幸倒塌了。这个故事说明什么？刘伯温总结说：房梁被虫蛀了，确实该换，但必须等找到合适的房梁才能替换。否则，就会造成大厦倾覆，用人才也是这样一个道理。

第二，创业不易，守成更难。所以，从事经营，既要注重创业，更要谨慎守成。

第三，经营过程中，以义为上，义利共生。讲求信义，不坑蒙拐骗，只有这样，才能有持久的利益。另外，刘伯温还强调，经商还要有制度的约束，等等。这些主张和道理即使今天看来，也是十分耐人寻味的。

2012 年，我受国务院外事侨务办的委派，到欧洲的比利时、葡萄牙和西班牙为华人华侨宣讲中国文化。我惊奇地发现，有大量的温州人生活在那里。在比利时首都布鲁塞尔停留时，我们用餐的中餐馆就是温州青田人开设的。欧盟总部就设在比利时的布鲁塞尔，餐馆离欧盟总部不远，餐馆的老板讲，中午的时候，很多欧盟总部的官员也喜欢到那里，品尝传统的中国菜。这样的餐馆遍布欧洲各国，而大多是温州人开设的。据不完全统计，今天，在海外生活的温州人达到近百万，生活在一百多个国家和地区。其中，仅在欧洲的法国、意大利、比利时、西班牙等从事各种商业活动的温州人就有五十多万，成为一种独特的文化现象。温州人的这种四海为家的行为，与历史上的犹太人很相似，所以，被形象地称为“东方犹太人”。

其实，温州人的这种闯荡天下、四海为家的行为，充分说明海上丝绸之路不仅是经贸之路、政治交往之路、文化交流之路，也是一条人员流动之路、移民之路。通过人的移动，海上丝绸之路把不同洲际、不同国家、不同民族的文化紧密联系在一起，真正成了人类命运的共同体。

下一讲，我们将继续沿海北上，走进浙江的另一座海上丝绸之路古城。

请关注下一章：明州望月话宁波！

【趣味知识自测题】参考答案

1.C　2.A　3.A　4.C　5.B　6.D　7.B　8.C　9.B　10.B

第八章

明州望月话宁波

趣味知识自测题

1. 大诗人李白曾作过一首诗《哭晁卿衡》，诗中的晁衡是指________。

A. 阿倍仲麻吕　B. 吉备真备　C. 最澄　D. 空海

2. 历史上，日本先后派出________次遣唐使团来中国学习。

A.17　B.18　C.19　D.20

3. “留学生”这个词的产生与________（事件）有关。

A. 高丽“遣隋使”　B. 高丽“遣唐使”　C. 日本“遣隋使”　D. 日本“遣唐使”

4. 以下关于晁衡的表述，不正确的是________。

A. 在国子监学习　B. 进士及第　C. 担任秘书监　D. 最终回到了日本

5. 日本的文字是借鉴了中国的________（书体）创造的。

A. 篆书和隶书　B. 隶书和楷书　C. 楷书和草书　D. 楷书和行书

6. “明州牒”是宁波官府发给日本遣唐使的通行证，是海上丝绸之路的见证，它保留在日本的________。

A. 奈良　　B. 京都　　C. 名古屋　　D. 横滨

7. 最早向日本引种中国茶和传播中国茶道的日本人是________。

A. 阿倍仲麻吕　　B. 吉备真备　　C. 最澄　　D. 空海

8. 据记载，中国围棋传入日本的时间是________。

A. 春秋战国　　B. 魏晋南北朝　　C. 隋朝　　D. 唐朝

9.《杜阳杂编》里，记载了一个唐朝围棋高手与日本王子对弈的故事。这位围棋高手是________。

A. 过百龄　　B. 王积薪　　C. 顾师言　　D. 刘仲甫

10. 唐朝晚期，有一位日本王子访问了唐朝的都城长安，这位王子是________。

A. 真如亲王　　B. 高岳亲王　　C. 巨势亲王　　D. 阿保亲王

【评分标准】共 10 题，总分 100 分。每题选择正确得 10 分，选择错误 0 分。

【评估等级】

大牛（对城市很熟悉）：80 ～ 100 分；

及格（对城市基本了解）：50 ～ 70 分；

菜鸟（对城市很陌生）：0 ～ 40 分。

注：参考答案附在本章末。

开篇的话

李白（701 ~ 762）是唐朝的伟大诗人，被誉为“诗仙”。他一生创作了大量诗歌，仅保留到现在的就有1000多首。在这些诗歌里，有一首诗很特别，是悼念一位外国友人的：

日本晁卿辞帝都，征帆一片绕蓬壶。

明月不归沉碧海，白云愁色满苍梧。

——李白《哭晁卿衡》[①]

这首诗的名字叫《哭晁卿衡》，诗中的晁卿即晁衡，是一位日本朋友。诗的大意是说，日本的晁衡辞别帝都长安，乘船回归自己的国家；但在归国途中，晁衡所乘船只不幸被风浪打翻，晁衡葬身大海。李白和晁衡是多年要好的朋友，得到这个消息后，李白心情异常沉重，于是作了这首诗。把晁衡比作沉入大海的明月，对他的死表达了深深的遗憾。

大家知道，李白一生恃才傲物，非常自负，有时候连皇帝都看不在眼里。

那么，这位来自日本的晁衡到底是什么人，竟然值得诗仙李白为他的生死如此牵挂？

那时候的日本与中国到底有怎样的关系，在李白和晁衡异国友情的背后难道还曾发生过不同寻常的丝路往事吗？

这一切，都要从海上丝绸之路古城——宁波说起。

① 《全唐诗》，中华书局标点本，1960年版，第1886页。

一、留学长安的晁衡

宁波地处浙江东南沿海，甬江下游，所以，简称“甬”。宁波的东面朝向大海，自古以来就是海上丝绸之路的主要港口；又因境内有四明山，所以，唐朝中期的时候（738），这里叫作明州。明朝建立后，要避讳“明”这个字，皇帝朱元璋取“海定则波宁”之义，改明州为宁波，一直沿用到今天。

宁波隔着东海与日本相望，所以，历史上与日本的交往非常密切，日本的“遣唐使”就曾经把宁波作为到达或者离开中国的重要港口。

什么是“遣唐使”呢？

我国唐朝时候，日本正处在奴隶制瓦解、封建制刚刚确立的时候，对唐朝文化极为仰慕。那时候，唐朝是世界上最先进的国家，物质和精神文明在全世界遥遥领先。日本政府为了吸收中国的先进文明，多次派遣庞大的使团到中国，这就是历史上的“遣唐使”。从唐太宗到唐宣宗统治时期的200多年时间里（631 ~ 838），日本先后派出19次遣唐使团来中国，使团规模从100多人到500多人不等。

不过，遣唐使是外交使团，在中国停留的时间不能过长，因而难以更好地吸取中国的先进文化。怎么办呢？日本政府从第二次派遣唐使起，就在使团中增加了“留学生”和“还学生”。所谓“留学生”，就是当遣唐使团回国后仍然留在中国学习的学生；所谓“还学生”，则是在遣唐使回国时一起回国的学生。

所以，“留学生”这个词是“遣唐使”留下来的文化遗产，后来被中国人所保留与接受，今天已经成了使用频率相当高的词语。不管是外国人到中国留学，还是中国人到外国留学，统统称作留学生。

现代中国，经济发展、社会开放，大量家庭把孩子送往国外留学。教育部数据显示，从1978年改革开放到2017年这40年间，走出国门的留学生累计达到500多万，80%左右的人都选择了回国发展。

在当年那些随着遣唐使来到中国的日本留学生中，学习时间最长，名气最大的一个留学生叫阿倍仲麻吕（698 ~ 770）。

阿倍仲麻吕出生在日本一个很有地位的贵族家庭，他的父亲是朝中大臣，从小受到良好教育，仰慕中国文化。开元四年（716），日本派遣第八次遣唐使，准备出使唐朝。按照传统，使团中要拣选一些有一定文化基础的留学生，不到20岁的阿倍仲麻吕有幸被选中。这在当时，是一种莫大的荣誉。一切准备就绪后，开元五年（717），多达500多人的庞大遣唐使团分乘四条海船，从日本出发，驶向中国。

当时，日本与中国之间的海上主要航线有两条：一条是北线。从日本出发，先到达朝鲜半岛，然后，沿渤海湾，到达我国山东半岛的登州（今山东烟台）附近，弃舟登岸，沿陆路到达唐都长安。另一条是南线。从日本出发，向西横渡东海，到达明州（也就是宁波）或扬州。然后，弃舟登岸，沿大运河到达长安。遣唐使返回日本的时候，也基本选择这两条路线。唐朝前期，走北线的多一些；唐朝后期，由于日本与朝鲜关系紧张，走南线的多一些。根据史料记载，阿倍仲麻吕所在的第八次遣唐使团走的是南线，到达中国的港口可能是明州或者扬州，然后，才北上去的长安。

阿倍仲麻吕在中国的留学经历非常不平凡，可以说是一个传奇。这个人聪明善学、风流倜傥、博学多才，又酷爱诗书。他留学长安的时候，正是大唐盛世，唐玄宗曾经接见过他，对他的才学很欣赏，还赏赐他一个中国名字——晁衡（或朝衡）。也有一种说法，这个中文名是他本人取的。从此以后，中国人一般都叫他晁衡了。

之后，晁衡和其他日本留学生被安排在唐朝的最高学府国子监，学习国子学、太学、四门学、律学、书学和算学（古代所谓“六学”）。唐朝派最有学问的助教、博士来教授这些留学生们的功课。进入国子监学习以后，晁衡的学识增长很快，并被获准参加科举考试，金榜题名，进士及第，成为唯一一位进士及第的日本留学生。进士及第后，晁衡被安排到皇家（国家）图书馆进行校书，这使他有幸接触到更多的中国典籍，大大开阔了他的眼界。之后，他从一个小小的校书郎，一直做到秘书省的最高长官秘书监——相当于国家图书馆的馆长（从三品的高官），一时成了长安的名人。

晁衡在长安留学、做官的时候，和长安的文士广泛交往。诗人李白正好也在朝廷供职，在唐玄宗身边任翰林待诏。晁衡对李白的诗才早已钦佩不已，与李白相识后，曾经送给李白一件日本裘；李白对晁衡的勇气和才华也十分赞赏，两人之间有过亲密接触，互相唱和，诗酒对答，结下了深厚情谊。

晁衡在唐朝留学、做官 36 年后（唐玄宗天宝十三载，753），日本又派遣唐使访问长安。晁衡代表唐朝政府负责接待，其间，产生了回国的念头，得到了唐玄宗的同意。

不幸的是，当晁衡出海回国的时候，遇到了海上风暴。人们误传晁衡乘坐的船只在海上翻船遇难。李白得到这个消息后，想起和晁衡的感情，异常悲痛，才写下了《哭晁卿衡》这样一首诗。实际上，晁衡翻船遇难的消息属于误传。晁衡所乘坐的船只在海上遇到强风后，漂泊到了越南。后来，晁衡登岸后辗转回到长安，继续在唐朝任职，直至 73 岁高龄（770）在长安去世。前后加起来，他在中国留学、工作长达 54 年之久，李白与晁衡之间的友谊成为盛唐文坛的佳话。

但事情到这里并没有结束。

据日本史料记载，当年阿倍仲麻吕归国的时候，是从宁波港出海的，他还曾经在宁波港停留，写下了一首诗：

远天翘首望，春日故乡情。

三笠山头月，今宵海外明。

——晁衡《明州望月》[1]

诗下面还有一小段注释说：阿倍仲麻吕留学唐朝，长久未归。多年后，日本又派遣唐使，阿倍仲麻吕便随船在明州出海回国，唐朝友人在明州海边为他饯行。夜幕降临，明月当空，仲麻吕望月抒怀，写下了这首诗。

不过，后来，有很多中国学者（宁波大学的李广志先生等）认为，当年晁衡离开中国的地方应该是苏州东部沿海，也是在那里留下望月诗的。

那么，为什么日本学者要把晁衡离开中国和望月的地点定在明州而不是苏州呢？难道在日本人心目中，明州的地位比被誉为人间天堂的苏州还要高吗？

要想说清楚这个问题，还要从唐朝时期宁波港在中日交往中的重要地位谈起。

二、传入日本的茶道

一般来说，海上丝绸之路是贸易往来之路，贸易是以盈利为目的的，中国的丝绸、瓷器出口到阿拉伯、欧洲，获得了大量的税收。但我觉得，唐朝与日本在海上丝绸之路上的交往却是个例外。那时候的日本弱小、落后，唐朝却富庶、强大。日本把唐朝看作模仿的样板，全面学习唐朝的文化；唐朝把日本看作一个亲密无间的兄弟，无私、慷慨地帮助日本发展。有一个数据表明，在晁衡就任唐朝皇家图书馆的最高长官前后，仅仅赏赐给日本的各种书籍就占了唐朝皇家图书馆藏书量的一半左右。所以，今天，很多古籍在中

① 李广志：《阿倍仲麻吕〈明州望月〉诗考》，《宁波大学学报》（人文科学版），2015年第2期，第60页。

国散佚了，却可以在日本找到。日本的文字也是遣唐使中的留学生借鉴了中国的楷书和行书而创造的，所以，有很多中国游客到日本旅游，即使不懂日语，却能大概懂得日文是什么意思。

而在日本向唐朝学习和借鉴的过程中，明州港始终都是一个重要的基点。今天风行日本的茶道也是通过明州传到日本的，这跟一个叫最澄（767 ~ 822）的日本留学僧有关。

唐德宗贞元年间（785 ~ 805），日本派出第十八次遣唐使。使团中，除了大量留学生，还有不少留学僧，也就是留学的僧人。因为古代日本与佛教的发源地印度之间海上来往不便，日本的佛教是从中国传入的，所以，遣唐使团中就特意挑选了一些学问僧，专门到中国研习佛教。唐德宗时期的这次遣唐使团中就有一位僧人叫最澄。

据考证，这个人是从中国迁到日本的华人后裔（有学者推论他可能是汉献帝的子孙）。所以，他的家族与中国有深厚渊源。十四岁的时候，最澄就出家当了和尚，精研佛学，游学于日本各大寺院，尤其对天台宗情有独钟。天台宗起源于我国浙江的天台山，在宁波的西南部，那里被看作天台宗的圣地。所以，最澄很想亲自拜谒天台山，获得天台宗的真谛。正好日本再次派出遣唐使，他就以留学僧的身份被选中了。

史书记载，日本派出这次遣唐使的时间是 804 年。这次航行很不顺利，在海上遇到了风浪，走走停停，从日本南部港口出发到达明州，用了 20 多天的时间，但总算平安到达目的地了。

当时的明州是唐朝最大的对外贸易港口，对外交流频繁。遣唐使团向明州地方官员——明州刺史，递交了入关申请。明州刺史（孙阶）派遣官员上船清点船上物品，验证人员身份。一切符合规定后，使团被允许进入明州。

最澄的目标很明确，就是拜谒天台山，再加上来到明州后因海上漂泊生了病，所以，并没有随使团北上长安。由于他是和尚身份，按照当时政府的规定，必须从政府那里获得度牒，就像现在的护照或身份证，只不过度牒是证明和尚身份的。所以，最澄在明州开元寺稍作停留后，向明州政府申请度牒。不久，明州刺史亲自签发的度牒发下来了。至今，当年明州刺史颁发给最澄的度牒，也就是“明州牒”，还保留在日本的京都延历寺，被尊为日本的国宝。

最澄拿着度牒，进入浙江台州龙兴寺，拜见天台宗的宗师道邃法师，道邃亲自为最澄受戒。然后，最澄又登上了梦寐以求的天台山，跟随天台山禅林寺的修然法师学习佛法。一年之后（805），最澄学成归国，从明州港回国。回国时，他带走大量佛教典籍，创建了日本天台宗，被称为日本天台宗的祖师。

不过，我们今天之所以说到最澄这个人物，并不仅仅因为他是日本天台宗师，还因为他向日本引种了中国茶和传播了中国茶道。

茶起源于中国，中国人也是世界上最早把茶叶作为饮品的国家。在唐朝的时候，中国人饮茶已经成为风尚。这种风尚也影响到了寺院，所以，很多高僧都喜欢品茶，茶和茶道成为高僧日常修习佛法的一部分。最澄来到明州和天台山的时候，这里的饮茶风尚正浓，入乡随俗，最澄也学会了饮茶、品茶，掌握了中国人的茶道。

回国的时候，最澄把天台山、四明山的茶种带回日本，在日本的京都等多地试种，并获得了成功。从此以后，中国茶传到了日本，中国茶道也由最澄传播到了日本。

最澄从明州带走的茶种成为中国茶通过海上丝绸之路输入海外的最早记载。今天，茶和茶道已经成为日本人民生活中不可或缺的一部分，而追根溯源，这还是明州带给日本的文化成果。

日本文字的发明、佛教的传播、茶种和茶道从中国的引入无不与明州有关，这些事件都一次次强化了明州在日本人心目中的地位。

另外，围棋是中国的国棋，相传尧舜时期就发明了围棋，在唐代，围棋更是帝王、贵族以及文人士子必备的一种技能。魏晋南北朝时期，围棋传入了日本，为日本上流社会所追捧，留下了不少中日之间围棋交流的佳话。其中，最流行的一段佳话也与明州有关。

三、中日高手的对弈

唐人（苏鹗）编写的笔记小说《杜阳杂编》中曾经记载这样一个故事。

唐宣宗大中年间（846 ~ 859），有一位日本王子渡海来到中国。这位王子善于下中国围棋，还随身带了棋盘，是玉石制作的，非常精美。

到了唐朝都城长安，王子拜见了宣宗皇帝后，请求皇帝派一围棋国手与其对弈。唐宣宗就派出了宫中御用国手顾师言与日本王子对决。二人对局棋逢对手，难分高下。顾师言是翰林院棋待诏，是晚唐一流高手，从来没有真正遇到过对手。而眼前的日本王子却让他觉得不好对付，双方下了三十多招，还难分胜负。顾师言害怕有负圣命，拿着棋子的手心里都出了汗。他苦思冥想，要想取胜，需要使出奇招。于是，下到第三十三手，顾师言落下一子，谓之“镇神头”，日本王子顿时瞠目缩臂，不知如何应对，投子认输。

回到住处，王子问接待他的官员：“顾先生是贵国第几高手？”当时，顾师言号称国内第一高手。但这位接待的官员很机智，他回答说：“第三。”王子心有不甘，想会一会第一高手。这位官员机智地说：“战胜了第三高手，才能见第二；战胜了第二，才能见第一。刚才你败给了第三，怎么能见第一呢？”王子听了叹息一声，道：“看来小国的第一还是胜不过大国的第三啊！”

这段故事在中日围棋史上很有名，不仅因为故事情节扣人心弦，而且还留下了“镇神头”的迷局（到底什么是“镇神头”，至今还没有定论）。而且，《旧唐书》《册府元龟》中也记载了类似的事情。

不过，这位日本王子叫什么名字？如何来到中国的？在哪里登的岸？这些问题都无从知晓。但是，据日本史料（《头陀亲王入唐略记》）记载，唐朝时期，的确有一位日本王子曾经来过中国，而且是从明州登岸的。那么，这位日本王子是谁？他是否就是传说中和中国高手对弈的那位日本王子呢？

这位日本王子叫真如亲王，原名高丘，原本是日本（嵯峨）天皇的皇太子。后来，在一场宫廷政变中被废除太子位。从此以后，这位亲王看破了红尘，削发为僧，皈依佛门，潜心研究（密宗）佛法，法号真如，人们称他为真如亲王（或头陀亲王）。由于日本佛教是从中国传入的，真如亲王就想亲自来到中国，一方面拜见中国皇帝，互通两国友好；另一方面，到中国学习佛教，寻求佛法真谛，得到了日本天皇的允准。862 年，他正式踏上了到中国求法的征程。

史书记载，真如亲王来到中国得到了一位宁波商人的帮助。

这位宁波商人叫张友信（亦说张支信）。张友信的祖辈世代在海上经商，积累了一定的财富。而张友信也敢闯敢干，决心把祖辈留下来的事业做大。当时，中日之间贸易往来很频繁，但以往，宁波到日本往往选择北上经渤海、朝鲜半岛的海上路线，距离远，花费时间长（15 ~ 20 天），这无疑增加了经商的成本。张友信多少次站在大海边，向东遥望日本岛，他想，怎么就不能一路向东，直接到达日本呢？

大家知道，唐朝的时候，指南针还没有运用到大海航行中，造船技术也有一定的局限。所以，这才是人们选择尽量沿着海岸线航行的根本原因。但多年在海上摸爬滚打，张友信已经熟悉了大海的脾性，掌握了季风的规律。所以，他想突破、想大胆尝试，开辟一条从宁波直航日本岛的便捷航线。

于是，847 年，张友信指挥一条商船从宁波港（望海镇，今宁波镇海）起航，向东横渡大海。结果，仅用了三天时间就到达了日本南部岛屿（值嘉岛那留浦），创造了中日间最快的航海记录。在之后的十七年间，张友信载着中国的丝绸、瓷器、漆器、铁器等和日本的手工艺品多次往返于中日两国，活跃在中日交往的舞台上。

当日本真如亲王决定访问中国的时候，张友信已经在日本名声显赫了。他有两个身份：一个是大海商，另一个则是日本大宰府的通事，负责日本与唐朝的外交事务，亦商亦官，很是风光。考虑到张友信丰富的航海经验和特殊的身份，真如亲王特邀张友信为他此次中国之行的首席舵师（相当于船长）。

一切准备就绪后，862 年九月，借东北季风，张友信指挥着船只，载着真如亲王一行 100 多人，从日本出发，向西驶向宁波。仅用了四天三夜便到达明州港，随即落帆停船，进入明州城内。

张友信多次往返于明州与日本之间，当然懂得外交规矩，向明州地方政府递交了入关申请。明州地方官员派人上船清点船上物品，验证人员身份。考虑到真如亲王的特殊身份，明州刺史给真如和张友信一行人安顿了住处，并招待他们吃饭；然后，将其入境及进京意愿写成奏折，上报朝廷。三个月之后，十二月份，接到了皇帝的旨意，允准真如亲王进京朝见。

从九月到十二月，真如亲王一行在明州停留了三个月时间。期间，他带领弟子们参观了明州城，城市的繁华和贸易的兴盛给他留下了深刻印象。此外，真如亲王还巡礼了明州的开元寺。后来，随行的一位弟子（贤真）回国之后，还特为开元寺铸造了一口铜钟，从日本运到明州。遗憾的是，而今，这口钟不在了，而钟上的铭文留了下来：

小僧，昔有誓愿于彼寺；彼寺，今有因缘于小僧。

说明确有其事。

离开明州后，经杭州，沿大运河到了洛阳。864 年（咸通五年）五月，真如亲王到达长安，唐朝的皇帝唐懿宗（李漼，859 ~ 873 年在位）热情接见了真如亲王一行。真如亲王递上国书，说明来意。为研修佛教教义，真如一行在长安停留了七个多月。他拜谒了大雁塔、小雁塔，唐朝的皇帝唐懿宗还让青龙寺高僧（法全）负责解答真如亲王提出的佛教疑难问题。第二年，真如取道广州，前往印度继续求法。但船行到新加坡，因病客死于海船上。

可见，在中日交往的历史上，的确有一位日本王子来到中国，而且是从明州弃舟登岸来到中国的；而从当时日本围棋在上流社会流行的状况来讲，这位真如亲王应该是深通围棋之道的，顾师言也实有其人，号称晚唐第一国手。所以，虽然从史料记载来看，这两个人生活的年代不同，不可能对弈，但回望唐朝中日交往两百多年的历史，有大量的中日对弈场景，甚至我们不排除晁衡也曾经与诗仙李白有过诗酒唱和之后的多次对弈。所以，日本王子与顾师言对弈的场面是否发生过，实际上已经并不重要了。重要的是，这个对弈的故事说明了当时中日交流的密切程度。另外，日本的文字也是学习中国文字的结果。

四、《明州望月》的真相

日本文字是由中国汉字和“假名”两套符号组成，混合使用的。“假名”有两种字体，一种是“片假名”，另一种是“平假名”。“片假名”借助汉字楷书的偏旁造成，用来标记外来词、象声词以及特殊的词语；“平假名”假借汉字的草书造成，用于日常书写和印刷。所以，很多中国人到日本旅行，虽然听不懂日语，但能基本懂得日本文字的含义，其原因正在于日文的这种构词原则。

那么，日本文字是什么时候形成的呢?

唐朝以前，日本还没有自己的文字。但随着中日交往的频繁，汉字已经传到了日本，并被广泛使用。但日本没有自己的文字的问题始终没有解决。后来，有两位留学中国的日本人首先解决了这个问题。

一个人叫吉备真备，他的经历很富有传奇色彩。开元四年（716），日本派遣第八次遣唐使出使唐朝，吉备真备和阿倍仲麻吕同时被选中，来到中国。吉备真备在长安学习近 19 年的时间，研究唐朝的天文、历法、音乐、建筑等，有很高的汉文化造诣。和阿倍仲麻吕命运不同的是，开元二十三年（735），吉备真备随遣唐使回到了日本，并受到朝廷重用，执掌日本国内政权。在掌权期间，他向包括皇太子在内的日本上层社会讲授传统儒家经典著作，传播儒家思想文化。天宝十一年（752），吉备真备再次以遣唐使副使身份访问中国。使团抵达长安后，唐玄宗曾经接待过吉备真备，并赠他银青光禄大夫称号。第二年，使团回国时，吉备真备到扬州拜访著名高僧鉴真，并同鉴真大师一起回到了日本。而吉备真备真正名留日本青史的行为还是他发明了日本文字的“片假名”。

和最澄同一使团来华的另一个日本人——学问僧空海回到日本后，又利用汉字草体创造了“平假名”。从此以后，日本才有了自己的文字，这大大推动了日本文化的发展。

当年，吉备真备、空海来华，或者离开中国返回日本，都曾经在明州或扬州登岸或离岸，所以，明州必然给他们留下了深刻的印象。

通过明州，中华古代文明的诸多内容——大到典章制度、礼仪文明，小到诗词歌赋、茶道围棋，对日本政治、经济、文化和娱乐等方方面面都产生了深刻影响。而这些影响越大，明州在日本人心目中的形象便越高大。所以，明州不仅仅是一个港口，它早已成为连接日本与中国的窗口、两国友谊的桥梁。这也影响到了讲座一开始我们说到的《明州望月》创作地点的争论。

据宁波大学的李广志等先生的研究，当年阿倍仲麻吕从中国出海回归日本的地点应该在苏州东部沿海的黄泗浦，并在那里创作了那首望月诗。当时，诗歌没有名称。大约200年后（905），日本的学者编纂了日本历史上第一部诗歌集《古今和歌集》（有点类似中国的《诗经》）。其中，阿倍仲麻吕的那首诗入选，这是阿倍仲麻吕留下来的唯一一首诗。这首诗歌虽然长期在日本民间流行，但并没有题目。因为明州的名气太大了，所以，选编者给诗歌加上了题目，叫《明州望月》。这样就发生了空间错位，苏州望月变成了明州望月。

对于晁衡本人来讲，《明州望月》是他对故乡的深深思念；对于日本人来说，《明州望月》是他们对明州的感恩。而站在海上丝绸之路的角度来说，那个时代的明州的确犹如一轮明月，照亮了日本文明之路，为日本的发展奠定了坚实基础。

今天，宁波港在“一带一路”的大背景下，又获得了新生，并成为中国对外贸易的大港之一，一度被国际港航界权威杂志——英国《集装箱国际》

评为“世界五佳港口”。

下一讲，我们将进入浙江的省会，去品味另一座海上丝绸之路名城。

请看下一章：潮起潮落话杭州！

【趣味知识自测题】参考答案

1.A　2.C　3.D　4.D　5.D　6.B　7.C　8.B　9.C　10.A

第九章

潮起潮落话杭州

趣味知识自测题

1. 以下关于白居易与杭州关系的描述，不正确的是________。

   A. 任杭州司马　　B. 主持修建了白堤

   C. 创作了《忆江南》　　D. 亲眼看到了钱塘潮

2. 曾创作“怒声汹汹声悠悠，罗刹江边地欲浮”一诗，描写钱塘潮的唐朝杭州诗人是________。

   A. 贺知章　　B. 罗隐　　C. 钱起　　D. 张志和

3. 被考古学家称为“中华第一舟”的独木舟出土地点是________。

   A. 萧山跨湖桥　　B. 余姚河姆渡　　C. 余杭良渚　　D. 仙居下汤

4. 以下对吴越国王钱镠的表述不正确是________。

   A. 发明了警枕　　B. 饱读诗书　　C. 活到了 81 岁　　D. 治理了钱塘江

5. 北宋时期，宋太祖把进入开封城内的三条运输粮食和物资的运河比喻为三条宝带。其中，不包括________。

A. 汴河　B. 五丈河　C. 惠民河　D. 金水河

6. 杭州有一座塔还是古代航海的灯塔，这座塔是________。

A. 保俶塔　B. 雷峰塔　C. 六和塔　D. 白塔

7. 以下不属于钱镠家族后裔的文化名人是________。

A. 钱起　B. 钱谦益　C. 钱大昕　D. 钱穆

8. 意大利旅行家马可·波罗曾经游历过杭州，在《马可·波罗行纪》中他称杭州为________。

A. 汗八里　B. 鸟的乐园　C. 东方水城　D. 美丽的天城

9. 旅行家伊本·白图泰曾经游历过杭州，他的家乡是________。

A. 意大利　B. 摩洛哥　C. 肯尼亚　D. 沙特阿拉伯

10. 马可·波罗和伊本·白图泰游历杭州时，都曾经盛赞了杭州的________。

A. 灵隐寺　B. 西湖　C. 钱塘潮　D. 雷峰塔

【评分标准】共 10 题，总分 100 分。每题选择正确得 10 分，选择错误 0 分。

【评估等级】

大牛（对城市很熟悉）：80 ~ 100 分；

及格（对城市基本了解）：50 ~ 70 分；

菜鸟（对城市很陌生）：0 ~ 40 分。

注：参考答案附在本章末。

开篇的话

距今一千多年前（822），唐朝大诗人白居易被朝廷任命为杭州刺史，他带领百姓积极发展经济，治理城市环境，还主持修建了一条西湖的长堤，被后人称作白堤，与这座城市结下了深厚缘分。两年之后（824），白居易被调回东都洛阳任职，但杭州做官和生活的情景却一直使他难以忘怀，所以，写下了一首词，其中有几句是这样的：

江南忆，最忆是杭州。
山寺月中寻桂子，郡亭枕上看潮头。
何日更重游？

——白居易《忆江南》[①]

在白居易看来，他走遍了江南那么多地方，最令他回味的是杭州。在杭州，可以在灵隐寺院寻觅飘香的丹桂，更可以在郡亭上卧看气势磅礴的钱塘潮。他想，什么时候我才能有机会重游杭州呢？

其实，和白居易一样，在很多朋友的印象里，"上有天堂，下有苏杭"，杭州向来被看作像人间的天堂一般美丽、富饶的一座城市。有美若天仙的西湖、驰名中外的钱塘潮，山清水秀，鸟语花香。难怪白居易对这座城市流连忘返。

不过，多少年来，人们只知道杭州以山水取胜；很少有人知道，杭州在古代还是一个名扬中外的海港城市，而且是我国八大古都（西安、北京、洛阳、开封、南京、杭州、安阳、郑州）中唯一做过海港的城市。

当然，说到这段历史，我们还得从杭州的母亲河钱塘江说起。

① 唐圭璋等：《唐宋词鉴赏辞典》，上海辞书出版社，1988年版，第26页。

一、桀骜不驯的罗刹江

大家知道，杭州位于杭州湾的深处，钱塘江的下游，京杭大运河的南端。但早期的钱塘江却是一条桀骜不驯的大江，它曾被杭州当地的人们形象地称为罗刹江。这是什么意思呢?

罗刹本是印度佛教用语，指的是青面獠牙的恶鬼、怪物。古时候的钱塘江水势大、水流急，江面宽阔。史书记载，秦始皇统一全国后，曾到南方巡游，他想到绍兴附近的会稽山，但走到杭州的时候，前面遇到了波涛翻滚的钱塘江。这里的江面太宽阔了，当时的造船技术又不发达，所以，在这里渡江不安全，弄不好会把船只冲到大海里去。秦始皇怎么办呢?他不得不沿着钱塘江向上游走，一直走了一百多里地，才发现一处比较窄的江面，然后才渡过大江，去了会稽山。看来，就连被后人称为雄才大略的秦始皇也对钱塘江敬畏三分。

而钱塘江之所以被当地的人们称作罗刹江，不仅因为它江面宽阔、水流湍急，还主要是因为钱塘潮。钱塘江进入杭州湾的时候，形成喇叭形，由小到大、由细到粗；当杭州湾的海潮涌起的时候，在钱塘江喇叭形的江口很容易形成潮涌，这就是所谓的钱塘潮。每当秋季（中秋节前后），钱塘潮形成的时候，海潮逆钱塘江而上，喷薄激射，白浪滔天，雷霆万钧、地动山摇，转眼之间就会冲破海堤，淹没掉数千顷良田，甚至卷走房屋、吞噬人畜。吴越时期，曾多次亲眼看见钱塘潮的杭州诗人罗隐有诗云：

怒声汹汹势悠悠，罗刹江边地欲浮。
漫道往来存大信，也知反覆向平流。
任抛巨浸疑无底，猛过西陵只有头。

至竟朝昏谁主掌，好骑赪鲤问阳侯。

——罗隐《钱塘江潮》[①]

当钱塘潮的怒涛带着巨大声响到来的时候，仿佛罗刹江边的大地都要震浮起来了，形象地道出了钱塘江潮的凶险和气魄。杭州先民们既害怕钱塘潮，又迷信江潮，认为一定有恶鬼作祟，有鬼怪在控制着海浪。所以，把钱塘江称作罗刹江。

但即使在这种情况下，杭州的先民们也没有失去驾船弄潮、以海为生的勇气。考古发现，杭州萧山区跨湖桥的一处新石器文化遗址中，出土了一艘保存相对完好的独木舟。它是用一棵巨大的树木加工而成，距今大约有 7500 年。这是迄今为止我国发现的年代最早的独木舟，所以，被考古学家称为“中华第一舟”。这说明什么？说明在七八千年前，杭州当地的人们已经掌握了用简陋的工具制造舟船的技术，行驶在钱塘江甚至杭州湾的海面上了。这是早期杭州人以海为生、勇于弄潮的有力证明。

但毕竟钱塘江江面宽阔，海潮凶猛，加上入海口河床宽、浅，容易形成淤沙。这些制约因素，都不利于航海。白居易在杭州做刺史的时候，虽然修筑了白堤，加固了海塘，减少了钱塘潮对百姓土地、人身和财物安全的威胁，可以躺在郡亭枕上欣赏钱塘潮了，但是，通过钱塘江直接进行航海的问题还是没有得到根本解决。

唐朝末年，一个杭州本地崛起的豪杰则巧妙地解决了这个问题，使杭州成为和广州、泉州、明州并驾齐驱的海港城市。

这个人是谁呢？

---

① 《全唐诗》，中华书局标点本，1960 年版，第 7556 页。

二、警枕背后的故事

这个人名叫钱镠（852 ~ 932）。杭州临安人，军人出身，年少时期喜欢拳脚，任侠有谋，但又好读书，能吟诵诗词。唐朝灭亡后，他割据江浙一带，称吴越王，是一个具有传奇色彩的人物。在杭州与他相关的传奇故事很多，至今还有不少故事为人们津津乐道。

最有名的传奇故事是圆木警枕。吴越国处在乱世之中，周边军阀虎视眈眈，随时都有可能受到军事威胁。但作为开国君主，钱镠手握重兵，一开始的时候还洋洋自得，觉得自己很了不起。在杭州打造奢华的宫殿，极尽享乐和夸耀。有一次，他回到自己出生的里巷，上万人的车马甲士随护左右，好不威风。没想到，他的父亲（钱宽）得知儿子衣锦还里，赶快领着家人跑掉了。钱镠不明白父亲为什么这样做，便撇下人马，徒步找到了父亲。父亲语重心长地对钱镠说，咱们家世代以耕田、渔猎为生，都是普通的老百姓，没有什么人像你这样富贵过。你今天成了吴越国的国主，三面受敌，而不思治国之策，却志得意满，在这里耀武扬威，恐怕马上就要祸及咱们钱家了。所以，我才不忍见你。这些话好像一瓢冷水浇头，使钱镠马上清醒过来。

从此以后，钱镠谨慎从事，为政勤勉，整天忙于处理政务和军务，没睡过几个囫囵觉。为了保持警觉，他让人为自己特制了一个圆木小枕头，枕头两边缀有几只铃铛，稍一翻身，铃铛就会响起来，圆木枕头也会滚落到一边。钱镠趁势爬起来，处理政务和军务。为了不耽误军国大事，钱镠还规定，万一有军国大事，自己又没睡醒，就让侍女摇动一个特制的大铃铛，直到把自己摇醒为止。他还在卧室里放置了一个粉盘，每想到需要急办的事，就立刻在粉盘中写下来，以免忘掉，这个习惯他一直保留到老。人们佩服钱镠这种埋头苦干的劲头，就把他的圆木小枕叫作“警枕”，还给他送了一个绰号“不睡龙”（钱俨《吴越备史》卷二）。

时刻警醒的钱镠一直保持着仁慈而贤明的作风。据说，当年中原王朝册封他为吴越王以后，拨了不少金银，批准钱镠在杭州建造一座王府。王府建在哪里呢？当地有一位很知名的风水先生查看了杭州山水，主动向钱镠建议说，西湖是风水宝地，填了西湖造王府是最佳选择，有王气，可以保证钱家世世代代享有东南江山社稷。但钱镠听后，觉得这位风水先生的说法十分荒唐，便毫不客气地对风水先生说："百姓靠湖水为生，没有西湖水就没有百姓生计，我还要王气干什么？"他不但没有填湖，还选派了7000名士兵，专门定时对西湖进行疏浚、清淤，保持湖水的清澈，得到了后人的颂扬。

而钱镠最得民心的一个举措则是开辟航海线路。吴越国是东南小诸侯国，陆地空间有限，而东面就是大海，海岸线长，发展海上贸易是吴越国的优势。钱镠希望，杭州作为吴越国的都城，也能利用钱塘江近海的条件，开展海外贸易。但要这样做，必须首先治理好钱塘江。史书记载，钱镠采取了多种办法，首先是加固海塘，防止海潮冲破海塘，淹没良田和居民。另据记载，吴越时，钱塘江口有块巨石，虎踞江心，正好位于航道之中，阻碍了航道。海船经过这里，多为湍流打翻，或触石沉没。来往商旅对这块巨石十分敬畏，把它看作魔鬼，叫它"罗刹石"。后来，钱镠发动军民，凿平了那块阻碍海舶进出的"罗刹石"，使航道得以畅通。

同时，经过长期的观察和斗争，人们逐渐掌握了钱塘潮的脾性和规律。钱镠让人把潮汐涨落的变化规律刻在江边的石碑上，通知商人、旅客及船主，避免发生潮击翻船事故。而在潮起的时候，船舶航行避开潮头，且可以利用逆江而上的潮流，乘潮行船，其速如飞，节时省力，变害为利。

所以，吴越国时期，钱镠把杭州正式开辟为对外贸易的港口，与日本、朝鲜半岛以及东南亚各国开展了频繁的贸易往来活动。每年，海船由钱塘江口扬帆而入，有时候，停泊在钱塘江边的船只竟有二十里长。这是杭州正式成为一个海上贸易港口的标志性历史时刻，从此以后，杭州作为一个海港城市几乎可以和广州、泉州、明州等大海港并驾齐驱，一直持续到明朝初期，前后加起来有三四百年的时间，为杭州的长远发展奠定了坚实基础。

钱镠主持吴越国的国政24年（921 ~ 932），一直到82岁去世，成为中国历史上年龄超过80岁的五位帝王之一（梁武帝萧衍86岁、女皇武则天82岁、宋高宗赵构81岁、清高宗乾隆89岁）。而钱镠的不凡之处还在于，他临去世的时候，还给他的子孙留下了著名的钱氏家训。

我国古代有很多知名的家训，譬如《颜氏家训》《朱子家训》《曾国藩家训》等。好的家训大则可以治国兴邦，小则可以保全家族，繁衍生息，血脉相传。而这个钱氏家训却很不简单，它不仅在兵荒马乱的五代十国确保了钱氏家族平安无事，而且还使这个家族一直繁衍相续。近代以来，江南钱氏出了不少知名人物，人们熟知的钱三强、钱学森、钱伟长、钱钟书等，都是杭州钱氏家族的后裔。所以，钱氏家族被称为江南最有影响力的一个家族，钱镠的家训因此也成为我国古代最有影响力的家训。

那么，这是一个什么样的家训？

976年，吴越国王钱俶（948 ~ 988年在位）沿着大运河从杭州来到北宋的都城开封。此来的目的是向北宋朝廷纳贡称臣。钱俶为什么要这样做呢？

五代末期（960），后周大将赵匡胤发动陈桥兵变，黄袍加身，建立宋朝，历史上称为北宋。这时候，吴越国的国王是钱俶，它是钱镠的孙子，第五位吴越王。钱俶从小受到良好教育，知书达理，善于诗词和书法，拿现代话来说，是一个文人君主。关于吴越国和钱氏子孙的生存发展，钱镠临去世前留下了家训，总结起来是三句话，“善事中国”“保境安民”“耕读传家”。这里的“中国”指的是中原王朝，“善事中国”就是不搞独立，主动接受中原王朝的任命，年年向中原王朝纳贡称臣。“保境安民”即以百姓为重，尽量为老百姓创造和平生活环境。家训中还有非常重要的一点就是“耕读传家”。钱家不可能世世代代都是帝王之家，钱氏家族的人也不可能都做官。所以，什么时候都不能忘了耕田、读书，这样就可以保障家族的正常生息繁衍，根脉相续。

钱俶谨记祖父的教诲，执政期间，一方面保境安民，发展生产；另一方面，主动接受新建立的北宋王朝的册封，年年向朝廷进贡厚礼。而就在前一年（975），钱俶还应宋太祖之约，主动派出数百艘战船和数万水军，协助宋朝大军会师金陵，消灭了南唐，十国之中仅剩下吴越国和北汉了。就在这种背景下，钱俶应宋太祖诏请，亲自来到开封。钱俶给宋太祖带了什么重礼呢？

钱俶向朝廷进献了白金、玉器、绫锦、茶叶、象牙、香料、楠木、乐器等。其中尤为珍贵的是一条犀带，即用犀牛角作为装饰精心制作的一条宝带。大家知道，古代的宝带一般都镶嵌着玉石，所以，称为玉带。而用犀牛角作为装饰制作的宝带十分罕见，可以说是价值连城。

但开明的宋太祖并不为所动，拿过犀带看了看后说，你这条犀带固然珍贵，但却比不了都城开封的三条宝带。钱俶一听，吃惊不小，就问宋太祖有哪三条宝带。宋太祖回答说：汴河一条，五丈河一条，惠民河一条。其实，宋太祖所谓的三条宝带是个比喻的说法，是指当时进入开封城内的三条运河，是中原地区的三条水上交通大动脉，都城开封的粮食和物资运输全靠这三条运河。宋太祖把它们比作玉带，是一个十分形象的比喻，说明他不看重宝物，而看中的是为城市带来物资、为百姓带来福利的河流。钱俶听了，一下子红了脸，觉得有些惭愧。同时，对宋太祖以民生为重、不看重宝物的胸怀心生敬仰。

不过，钱俶向宋太祖进献的这条犀带背后也是有文章的。犀牛是热带动物，产于印度、斯里兰卡等国。史书记载，汉朝时期，印度、斯里兰卡等国就通过丝绸之路把犀牛角及其制品以进贡或贩卖的方式进入中国。钱俶的时候，继续延续钱镠开放的海外政策，通过明州、杭州等港口与国外保持了密切的海上交往关系。每年都有大量的商船从日本、朝鲜、印度、阿拉伯来到杭州港口，珍宝、犀象、香料等舶货堆满江边。吴越国每年都会以进贡的方式向中原王朝进献大量海外特产，仅进贡的各种香料每年就达一百万斤，而这只是香料进口的一小部分。说明在杭州当地，香料的消费量会更大。

钱俶还宠信佛教，杭州西湖周边著名的灵隐寺、雷峰塔、六和塔就是在他统治时期或新建或重修的。其中，钱俶特意主持修建的六和塔还曾经是钱塘江的一座灯塔。六和塔建在钱塘江畔的月轮山上。当年（970），钱俶建造这座塔的目的是镇压为害百姓的钱塘江潮，因塔建造在六和寺内，因此称为六和塔。同时，塔还有另外一个用途。六和塔下就是杭州的古港口，有海船进出和停泊，为了给夜间进出钱塘江的海船提供导航，六和寺的僧人专门在六和塔顶装置了塔灯。从杭州湾进来的海船，远远地就能看到六和塔顶的塔灯。六和塔为夜航在钱塘江上的海船指引了方向，所以，经常出入杭州湾的海内外富商们，常常慷慨解囊，资助塔院，以表导航之谢意。

通过海上丝绸之路，犀牛制品也自然进入了杭州。因为稀缺和珍贵，钱俶才特意请工匠打造了一条犀带，献给宋太祖。

犀带背后的故事和宋太祖对民生的关注，使钱俶坚定了归附中原的决心。所以，在这次进贡两年之后（978），钱俶纳土归宋，尽献吴越国十三州之地；并带领妻子、儿女，钱氏家族三千多口入京，住进了宋太祖为他专门建造的离宫“礼贤宅”里。宋朝没有动一兵一卒，使百姓免遭涂炭，基本实现了国家统一。

钱俶这样做，不是软弱，也不是无能，而是遵从祖父的家训，顺应历史潮流；在国家四分五裂之时，顾全大局，维护国家的统一。千年前的钱俶具有如此的历史远见和宏大胸怀，实属不易，也成就了中华一统的历史佳话。

宋朝对钱俶能主动归服，消弭战争，全土归宋，免去了血雨腥风的生死大战，始终心怀感激。所以，整个宋朝，朝廷都给予钱氏子孙许多恩宠、特殊优待，有不少钱氏后裔在朝廷为官，被屡授要职，继续着钱氏家族的辉煌业绩。不过，钱氏是个大家族，绝大多数钱氏后人还是根据钱镠祖训，过起了“耕读传家”的平民生活，子孙无祸少患，平安地繁衍生息，血脉相传。江南钱氏家族代代都有名人，比如钱谦益、钱大昕、钱穆等，而我们前面所说的钱三强、钱学森、钱伟长、钱钟书等，只是钱氏家族的几个代表人物。

从钱氏家族的命运来看，“忠厚传家久，诗书继世长”真可谓至理名言啊！

对于杭州而言，在唐末五代这样一个军阀混战、干戈四起、百姓离乱的时代，能够保境安民，晏然无事，使杭州成为战乱年代的一块乐土，留下来灵隐寺、六和塔、雷峰塔等重要文化遗产，使城市经济保持和平发展七八十年，成为富庶的“东南第一州”“人间的天堂”，钱氏家族功莫大焉。

到了南宋，钱氏精心治理的杭州又成为宋王朝的都城，全国的政治、经济和文化中心，走向了发展的顶峰。

那么，宋元时期的杭州到底繁荣到什么程度呢？

三、流入日本的铜钱

1975 年，在韩国西南部的新安海底发现了一艘宋末元初的沉船，考古工作者从船上打捞出了大量珍贵的文物。其中，有两种文物最引人注目：

一种是一万多件瓷器，其中有九千多种都是龙泉窑瓷器。这些瓷器，与南宋时期在都城杭州流行的龙泉窑瓷器一样，说明这些瓷器来自南宋。另一种是八百余万枚中国铜线，说明这艘船是从我国始发的。另从沉船上发现的一个铜砝码上的铭文“庆元”，还发现了一个日本寺院（东福寺）的名字。从这些文物和沉船的方向，考古学家推测，这艘船应该是从中国的宁波始发的一条日本商船。因为，宋代末年的宁波曾被称作庆元路。这艘船从宁波出发后，一路向北，沿着渤海行驶，它的目的地应该是日本，但不幸在朝鲜半岛附近海域沉没了。

那么，这艘船的目的地是哪里？船上装载的数量庞大的龙泉窑瓷器来自哪里？那么多的铜钱又有什么用途呢？

这跟宋末元初的海外贸易形势有关。

北宋灭亡后，南宋建都临安，也就是杭州。那时候，国土面积缩小，对外贸易在国家税收中的地位越来越重要，所以，从第一任国君宋高宗开始，南宋历代国君都非常重视海外贸易。那时候，对外的贸易港口有南方的广州、泉州、福州，主要发展对东南亚、南亚和西亚等西方的关系；东部的港口有明州（宁波）、温州和都城杭州，主要发展和东亚日本、朝鲜半岛的高丽之间的关系。出口到海外的货物仍以丝绸、瓷器、漆器、竹器、药材、书籍等产品为主。

那时候，杭州西南部（温州地区）龙泉窑的瓷器很有名，成为全国最大的窑场。新安沉船上大量的龙泉窑瓷器即是销往东亚的高丽或者日本的重要商品。

那么，船上为什么会有那么多的铜钱呢？史书记载，宋朝时，日本和高丽还没有形成成熟的货币体系，币制混乱，国内使用的铜钱质量低劣。由于中国与日本、朝鲜半岛海上贸易频繁，所以，商人们自觉地把宋朝的铜钱作为硬通货币使用，逐渐地，这也得到了日本和高丽的认可。这样一来，日本和高丽就对宋朝的铜钱有很大的需求量。史书记载，南宋理宗时期（1224 ~ 1264年在位），日本政府一次就从杭州运到日本十万贯铜钱。但宋朝国内的铜钱不是无限量铸造的，这就造成了国内铜钱缺乏的状况。所以，宋朝又反过来严格限制铜钱出口。否则，就是违法行为。

那么，日本、高丽怎么办呢？

当时就有不少日本、高丽的不法商人从中国走私铜钱。有一次，他们从杭州附近的台州、温州民间大量买入铜钱，甚至一度使台州城的市场上铜钱绝迹。据不完全统计，在日本，已经考古出土了自唐代到明代的中国铜钱50多万枚，其中宋朝的就占了80%左右，这些钱绝大部分是在南宋时从宁波、温州、杭州输往日本的。

新安沉船发现的大量铜钱，再次验证了宋代铜钱大量流向日本的事实。而据相关资料记载，沉船中的大量铜钱，不仅打算用于在日本市场上流通，还有一种用处，因为日本缺乏高质量的铁矿石，把这些铜钱高温熔化后，可以用来铸造高质量的佛像，而现代日本有一些寺院的铜佛像就是用这种方式铸造的。

以往，我们在讲到海上丝绸之路贸易的时候，大多谈到的交易商品都是传统的丝绸、瓷器、茶叶等，而新安沉船上大量铜钱的发现，为我们揭开了南宋建都杭州时期，海上丝绸之路贸易的另一番情景。

它说明，当时的宋朝是东亚地区最先进的国家，而随着东亚区域间海上丝绸之路贸易的繁荣，日本和朝鲜半岛的高丽已经纳入了宋朝为中心的大经济圈。把来自中国的铜钱作为各国都承认的流通货币，其职能十分类似今天的美元在世界市场上的地位和作用。而作为货币制造和输出中心的南宋都城杭州，无疑是那个时代大经济圈的核心城市。

根据史料记载，南宋建都杭州前后，也是指南针技术被运用于海船的一个时间节点，加上那时海船制造技术的进步，从此以后，人们可以在更广阔的海域日夜航线。如果说南宋是海上丝绸之路发展的一个转折点，那么，杭州就是这个转折点的见证者。

元朝的时候，有两位丝绸之路上的大旅行家都曾经来到了杭州，而且不约而同地被这座城市的富庶和美丽所吸引，为后人留下了那个时期杭州的珍贵记录。

他们就是马可·波罗和伊本·白图泰。

四、旅行家眼里的杭州

马可·波罗是意大利伟大的旅行家，作为丝绸之路上著名的旅行家，马可·波罗曾在元朝初期的中国做官、游历了 17 年（1275 ~ 1292）。他曾经游历到杭州，在他口述的《马可·波罗行纪》中用大量（1/15）篇幅，对这座城市进行了热情洋溢的描述。他称杭州为“行在”，这是南宋对杭州的称呼，指皇帝车马所到的地方；又称杭州为“天城”，即我国谚语中所说的“上有天堂，下有苏杭”的意思。

伊本·白图泰（1304 ~ 1377）是中世纪非洲摩洛哥最伟大的旅行家。他 21 岁的时候开始周游世界各地，曾在元朝晚期（1346 ~ 1349）游历中国，并在他口述的《伊本·白图泰游记》（原名《异域奇游胜览》）留下了相关记载。他从海上丝绸之路来到我国的泉州，然后，又循海路北上，于1348年来到杭州，受到杭州当地的执政官（郭尔塔）的热烈欢迎。

在这两位旅行家的眼里，元朝时期的杭州是什么样子呢？

首先，杭州城市富庶，百业兴旺。北宋灭亡后，南宋建都临安，也就是杭州。那时候，国土面积缩小，对外贸易在国家税收中的地位越来越重要。指南针技术被运用于海船上，海船制造技术也有了很大进步。所以，从第一任国君宋高宗开始，南宋历代国君都非常重视海外贸易。当时，对外的贸易港口主要有南方的广州、泉州、福州，以及东部的港口明州（宁波）、温州和都城杭州，和东亚、东南亚、南亚以及西亚之间保持着密切的海上贸易关系。如果说南宋是海上丝绸之路发展的一个转折点，那么，杭州就是这个转折点的见证者和参与者。

元朝的时候，继续推行对外开放的政策。马可·波罗和旅行家伊本·白图这两位世界著名的旅行家不远万里来到杭州，并把杭州的美名传扬到世界各地。马可·波罗对号称“天堂”的杭州赞不绝口，说“这座城市的庄严和秀丽，堪为世界其他城市之冠”；伊本·白图泰则说杭州城是他“在中国地域见到的最大城市”，城内“每人有自己的花园，有自己的住宅”。其实，他们两个能产生惊人一致的看法并不奇怪。南宋时，杭州城市发展达到了高峰，是当时全国的政治、经济、文化中心。元朝统一后，推行对外开放政策，杭州经济继续发展，官私手工业和对外贸易繁荣，城市人口众多。他们看到的正是这一时期的杭州。一座丝绸之路古城，能够同时得到国内著名人士和国际人士夸耀的情况并不多见，而杭州却得到了这项殊荣。

其次，杭州海外贸易繁荣，外商众多。马可·波罗记载说，杭州店铺林立，商业发达，各国商人们经营香料、珍珠、药材、漆器等各种商品，买卖兴隆。每日胡椒的销量竟达三四十担，一担重达九十斤，三四十担就相当于三四百斤。伊本·白图泰在杭州还有两次奇遇。由于伊本·白图泰是穆斯林教徒，到了杭州后，杭州地方官特意把他安排在杭州经商的一个埃及大商人（欧斯曼家族）的家里。这个家族世代在中国经商，后来就居住在了杭州，成了杭州出了名的大海商，这使伊本·白图泰异常高兴。然而，更令他意想不到的是，在杭州附近（干江府）考察时，伊本·白图泰还巧遇了来自他的祖国摩洛哥的大商人格瓦门丁。格瓦门丁长期在中国经商，来往于杭州与非洲之间，积累了大量财富。老乡相见，分外亲切，两人激动得热泪盈眶。从两人的经历来看，当时在杭州经商和侨居的海外商人一定不少，这反映出元代杭州与亚非之间有着密切的友好联系和频繁的经济文化交流，杭州已经成了一座国际化的大都市。

然后，马可·波罗与伊本·白图泰在游记中都不约而同地记载了杭州的西湖。作为一座国际化大都市，杭州服务性行业发达，酒楼、茶肆、客店林立，娱乐业繁荣，尤其是泛舟西湖成为杭州一大娱乐特色。马可·波罗和伊本·白图泰都忍不住亲身体验了西湖游船的感觉。他们见到，西湖船艇相接，帆樯蔽天，彩色风帆与绸伞相映生辉。雕舫画艇，十分精致，装饰华丽，设施齐全。大画舫可容纳百人，雕梁画栋，行驶平稳，吃喝玩乐，所用器物，一一必备。在画舫上，还有歌手、乐师们根据游客来源的不同，用中文、阿拉伯文（或波斯文）等外文演唱歌曲。一个人早晨上船，晚上下船，一边吃喝玩乐，一边欣赏湖光山色，整天都不会觉得寂寞。

尽管由于历史条件、地理知识和辗转传抄等诸多因素，他们的游记中都不免存在着某些模糊和失实之处。但是，总的说来，游记的绝大部分内容是真实可信的。两位旅行家的杭州之行，使读到这本书的外国人第一次了解了几百年以前东方的天堂都市杭州，并为海上丝绸之路留下了一段佳话。

天下没有不散的宴席，马可·波罗和伊本·白图泰最终也不得不怀着依依不舍的心情离开杭州。而杭州海港的发展也有谢幕的时候，明代中期以后，一方面由于明朝实行的海禁政策，另一方面由于钱塘江疏于治理，航道淤塞，杭州港逐渐衰落。直到今天“一带一路”倡议提出后，杭州才再次获得了复兴的良机。

我们说，钱塘江潮起又潮落，潮落了预示着下一次的潮起。钱塘江的弄潮人换了一代又一代，而不变的则是杭州人独立潮头、勇于弄潮的勇气和决心。而正是在潮起又潮落的过程中，在当地人民的辛勤和智慧努力下，杭州城才变得如此美丽。

下一讲，我们将走向长江流域，去品读长江口岸的一座海上丝绸名城。

请看下一章：凤飞东方话上海！

【趣味知识自测题】参考答案

1.A　2.B　3.A　4.B　5.D　6.C　7.A　8.D　9.B　10.B

第十章

风飞东方话上海

趣味知识自测题

1. 以下对于上海城市得名的说法正确的是________。

A. 海上的反意　　B. 上海渔村

C. 吴淞江支流上海浦　　D. 外国人命名的

2. 我国古代二十四孝“鞭打芦花”故事里，说到了孔子的弟子之一________。

A. 颜回　　B. 闵子骞　　C. 端木赐　　D. 子路

3. 以下关于黄道婆的叙述不正确的是________。

A. 宋末元初人　　B. 祖居松江府乌泥泾

C. 是个童养媳　　D. 曾流落到琼州

4.________（时间），棉花开始在我国各地广泛种植，棉衣、棉被进入普通百姓家。

A. 汉朝末期　　B. 隋末唐初　　C. 唐末宋初　　D. 元末明初

5. 鸦片战争后，英国人把中国的茶叶偷偷引种到了________。

A. 英国　B. 印度　C. 澳大利亚　D. 新加坡

6. 被称为“茶叶大盗”的英国植物学家是________。

A. 福琼　B. 约翰　C. 威尔逊　D. 怀特

7. 上海被开辟为通商口岸后，畸形发展繁荣，它获得的称呼不包括________。

A. 万国之城　B. 东方威尼斯　C. 东方巴黎　D. 西方冒险家乐园

8. 外国人曾在近代上海公园门前挂过“华人与狗不得入内”的牌子。这件事记载在________。

A. 上海《申报》　B. 鲁迅《呐喊》

C. 瞿秋白《海上述林》　D. 方志敏《可爱的中国》

9. 近代上海的外来文明不包括________。

A. 自鸣钟　B. 煤气灯　C. 有轨电车　D. 城市公园

10. 有一位学者曾经把鸦片战争后近代中国和上海的变化比作凤凰涅槃，这位学者是________。

A. 王国维　B. 鲁迅　C. 郭沫若　D. 钱钟书

【评分标准】共 10 题，总分 100 分。每题选择正确得 10 分，选择错误 0 分。

【评估等级】

大牛（对城市很熟悉）：80 ~ 100 分；

及格（对城市基本了解）：50 ~ 70 分；

菜鸟（对城市很陌生）：0 ~ 40 分。

注：参考答案附在本章末。

解放初期，上海民俗学家仲富兰教授曾经谈过坊间流传的一个故事。1955年，毛泽东主席到上海视察，看到上海发展日新月异，非常兴奋。在黄浦江上游览时，毛主席突然向身边陪同的上海同志提了一个看起来十分简单的问题："你们知道上海还有个下海吗？"在场陪同的同志面面相觑，谁也回答不上来。毛泽东主席说："应该有。"

果真如此吗？

那么，上海这个城市名称是怎么得来的？

在海上丝绸之路发展历史上，上海到底扮演过什么重要角色？

后来，它又是如何从一座小城崛起成为我国首屈一指的大都市的呢？

一、上海与下海

上海位于长江三角洲下游，古时候，上海地区河道纵横，水源丰富，就像血脉渗透到上海各个角落。时至今日，在上海的地名中仍然可以发现与水密切关联的影子，比如浦东、洋泾浜、徐家汇等，带有不少与水有关的浦、泾、浜、汇、江、河、沟、湾等这样一些词汇。

一千多年前，吴淞江（苏州河）是太湖的主要出水口，河面宽阔，最宽的地方达到一二十里。吴淞江接纳了大量支流，有所谓的大浦十八条，其中就包括上海浦、下海浦。也就是说，上海、下海原来都是吴淞江的支流。

唐宋时期，上海浦两岸人口稠密，买卖兴隆，自然形成了一个聚落，商业氛围浓厚。人口多了，商业兴旺了，政府的管理就应该加强。所以，为了增加政府税收，北宋真宗大中祥符元年（1008），在上海浦西侧设立了"上海务”，这是一个专门负责征收酒税的税务机构。北宋政府为什么要在这里设立这样一个税务机构呢？

大家都看过《水浒传》，里面的英雄好汉们，如林冲、武松、鲁智深等无不喜欢喝酒，武松喝了十八碗酒还能上景阳冈打老虎。其实，宋朝时期社会上酒类消费的情况基本和《水浒传》里的描述差不多。宋朝商品经济繁荣，市民生活丰富多彩，在很多城市，茶楼、酒店等服务设施齐全，酿酒业发达，酒的销量很大。据孟元老的《东京梦华录》记载，北宋东京开封有大量酒楼，大型的酒楼可以得到政府的授权，自己酿酒，经营批发和零售；小型的酒馆不能自己酿酒，但可以从大酒楼批发用以零售。但酒和茶、盐等关系到国计民生，所以，都属于国家专卖，也就是“榷”，受制于国家统一监管，国家定期向这些行业征收税款。

上海浦滨江临海，地理位置得天独厚，交易繁荣，人气兴旺。在设立上海务之前，上海浦已经成为一个巨大的酒类交易市场，酒坊、酒窖、酒库、酒楼星罗棋布。设立上海务，本身就是对酒类生产和买卖市场的一种控制。当时，江浙一带总共有17个类似的榷酒务，上海务的税收一直都是比较靠前的。

请大家注意，从“上海务”开始，有了上海这个名称，有了上海城市的最早雏形，成为上海崛起的一个标志。

在上海务设立将近两百年后，到了南宋咸淳年间（1265 ~ 1274），在“上海务”的基础上正式设镇，于是出现了上海镇。元朝时期（1277），在上海镇设置专门管理对外贸易事务的市舶司，上海与广州、泉州、杭州、宁波等并列为全国七大市舶司，与日本、高丽、印度尼西亚、印度以及阿拉伯地区开展了频繁的海上贸易往来。元至元二十八年（1291），元朝政府鉴于上海镇人口越来越多，商业越来越繁荣，所以，从华亭县析出部分乡镇，成立上海县。

也许谁也不会想到，一个小小的上海县，在数百年之后，会成为名闻遐迩、世界瞩目的国际大都市，在海上丝绸之路古城发展历史上独领风骚。

所以，上海是从近千年前的上海浦、上海务，到上海镇、上海县一步一步发展起来的。上海行政地位的变化，一方面是上海优越地理位置的作用，另一方面更是丝绸之路商业贸易繁荣发达的必然结果。至今，当年的上海浦和下海浦流经的地区仍然是上海市区最繁华的地段。

上海县成立不久，一位普通的上海女人就让上海成了全国“时尚”的窗口。而这个上海女人的事迹跟中国人的日常生活有关。

大家知道，吃饱和穿暖一直都是中国人的梦想。要想吃饱，相对容易些，只要肯干、勤劳，就能达到目的。但从什么时候开始，中国的普通老百姓真正过上了穿暖的日子呢？我们不能明确地说出一个具体的时间段。但一说到穿暖，人们就会很自然地想到冬天里暖和的棉衣和棉被。但很多人不清楚，棉花是元朝以后才在我国普遍种植的。那么，在没有棉花和棉衣之前，中国人是如何御寒的呢？

有这样一个故事。春秋时期的鲁国有一个大孝子叫闵子骞，后人尊称他为闵子。他是孔子的学生，七十二贤人之一。但小时候，闵子很可怜。他从小没了娘，父亲给他娶了一个后妈，又生了两个弟弟。后妈表面上对闵子很好，其实还是偏心自己亲生的两个儿子。有一年冬天，后妈给三个孩子做冬衣，给闵子的冬衣里絮的是不值钱的芦花，也就是野地里到处都长的芦苇花绒；而给自己亲生的两个儿子的衣服里絮的是丝絮，也就是纺织丝绸剩下来的丝绵。看起来闵子的冬衣很厚，其实并不暖和。有一天，闵子的父亲带着闵子和他的两个弟弟赶着牛车外出，父亲让闵子拿着鞭赶车。那天，天下着大雪，因为天气太冷了，闵子冻得瑟瑟发抖，失手把缰绳掉到地上。父亲嫌闵子没本事、没出息，夺过牛鞭，照闵子的背上抽去。没料到，这一鞭，竟把闵子的冬衣抽破了，衣服里絮的芦花随着寒风乱飞起来。这是闵子的父亲万万没有想到的。他转过身，再用手捏捏两个小儿子的冬衣，心里全明白了。父亲知道自己错怪了闵子，大骂妻子不贤惠，决定回家立马休了她。闵子听到这句话，含着眼泪跪在父亲面前，哀求道：“您千万不要休了母亲，母亲在，受冻的只是我一个；而您若是休了母亲，冬天受冻的将会是我们兄弟三个人！”闵子的话，感动了父亲，也感动了他的后妈。后来，他们一家人和好，后妈对三个儿子都一样对待了。

这个故事的名字叫“鞭打芦花”，很感人，闵子还被列入了我国古代二十四孝故事里。这个故事告诉我们什么？

我们一直在谈丝绸之路上的丝绸，不错，丝绸是我国的特产，也是重要的出口产品。不过，丝绸产量低，又太贵重，普通老百姓消费不起。所以，当棉花普及以前，过冬的时候，家境略好的人家往冬衣里塞进去一些丝絮作为填充物御寒；而绝大多数贫穷的老百姓连丝絮也用不起，冬天里只好用葛布、麻布，里边塞进去芦花等杂乱的填充物御寒，经常冻得手脚冰凉。

但棉花和棉织品出现以后就不同了。

那么，棉花是什么时候开始在我国广泛种植的？又是谁让中国的普通老百姓都可以拥有棉衣、棉被呢？

这一切，都跟宋末元初的上海女人黄道婆有关。

二、让上海风光的黄道婆

史书记载，黄道婆是七百多年前（宋末元初）松江府上海县乌泥泾（今上海徐汇区华泾镇）人。关于黄道婆的身世，至今都是一个历史之谜。有一种说法，她本是被人遗弃在道边黄泥滩中的一个三四岁的小姑娘，无名无姓，因为是黄姓人家在道边捡回的，所以，大家就叫她黄道囡；长到十三四岁，成了黄家的童养媳；中年以后，才被大家改称为黄道婆。身世之谜，给她的一生蒙上了一层神秘的色彩，她的人生经历更充满了传奇。

童养媳不好做，既要小心翼翼伺候公婆、丈夫，又要辛辛苦苦劳动，因为人小不懂事，往往还受到婆家的各种刁难。黄道婆就是因为不堪忍受婆婆和丈夫的刁难，偷偷离开家乡上海，流落到了崖州（今海南省三亚市）。看来，黄道婆是一个倔强、有主见的人。性格决定命运，接下来，黄道婆的经历说明了这一点。

崖州就是今天的海南岛三亚市，是海上丝绸之路的重要中转港和补给港，历史上，一直参与海上丝绸之路的贸易往来，很多船舶都要在这里停靠，补给淡水和给养。不过，那时候的黄道婆身份低贱，应该是偷偷地搭乘了一艘顺风船到了天涯海角的崖州。所以，她来到海南岛带有一定的偶然性，说明当时上海与海南岛之间贸易往来很频繁。

当时，崖州当地的居民以黎族为主。黄道婆来到这里后惊奇地发现，黎族的棉纺织业很发达。棉花（古书上称作木棉）是一年生草本植物，利用棉花的纤维可以织成棉衣、棉被。不过，大家现在所熟知的棉花，原本不产于我国，原产地是印度和阿拉伯。所以，在棉花传入我国之前，我国只有带丝旁的“绵”字，指的是一种丝绸织品，没有带木旁的“棉”字。至迟在魏晋南北朝的时候，棉花通过丝绸之路传入我国。当时，有两条路线：海路首先传入我国的海南、福建泉州等地，陆路首先传入我国的新疆、西北地区。

所以，海南岛是棉花最早传入的地区之一。在黄道婆来到海南岛的时候，当地黎族妇女已经掌握了植棉和棉花纺织的技术，把棉花纺织成黎单、叠布、广幅布、花被等；同时，又把从中原地区销售到海南岛的彩色丝绸，拆取色丝，和棉布织在一起，精粗有差，色彩斑斓，十分好看。黎族这些棉织品，引起来往于海南岛的中外海商的极大兴趣，他们从国内的广州、泉州、上海等港口纷纷前来采购，投入海上丝绸之路。

不过，虽然棉花很早就传入中国了，但并没有在内地广泛种植。这可能是因为丝绸的经济价值更高，以及人们还没有认识到棉花的实用价值。黄道婆是穷苦人出身，她发现，棉织物穿着舒适，保暖性强，洗涤方便，适于制作各种衣服、被褥。上海的冬天要比海南寒冷得多，所以，她眼前一亮，想到，对于普通老百姓，有了棉花和棉布，冬天不就可以御寒了吗？

于是，黄道婆十分兴奋，把流浪生活的不愉快暂时忘掉，与海南黎族人民朝夕相处，如饥似渴地向黎族妇女学习植棉和棉纺织技术。经过长期的刻苦学习和锻炼，她熟悉掌握了较为先进的棉纺织技术，成了崖州小有名气的棉纺织行家。

黄道婆在崖州居住了三十多年，从当初的童养媳变成了一个中年妇女，两鬓也生出了丝丝白发，她不由得燃起了思乡之情。于是，在一个晴朗的春天，当东南季风刮起的时候，黄道婆搭乘一条路过崖州的商船，回到了阔别已久的家乡。

这个时候，是元朝初期（贞元年间，1295 ~ 1297），上海县刚刚设立不久。然而，黄道婆伤心地看到，她的家乡上海县的乌泥泾小镇的乡亲们依然很贫穷，多数乡亲靠种植水稻过日子，水稻的产量不高，日常温饱仍无法保证。不过，乌泥泾乃至整个上海地区的地理环境很特别，水多、沙岗地多，气候温暖，非常适合种植棉花。于是，一个大胆的设想在黄道婆心中产生了。

黄道婆先把她从海南带回来的棉制品给乡亲们展示，引来乡亲们羡慕的眼光。接下来，黄道婆拿出在海南积攒下来的银两做抵押，说服几户人家把水稻田改种棉花。等棉花获得了丰收后，黄道婆拿出在海南学习的本领，给乡亲们织出色彩绚丽的棉布。在市场上，卖棉布的收入要比种稻的收入多出一倍。这样一来，一传十、十传百，乌泥泾的老百姓便把十之七八的土地都改种棉花了。

随着棉花种植面积的增加，就有了加工棉织品的原料。黄道婆勇于实践，敢于创新。她结合生产实践，改进和提高了棉花去籽、弹花、纺线到织布整个过程的生产技术，创新了去棉籽的搅车（又称轧车）；改进发明了一辆能纺三根纱的三锭脚踏纺车，使工作效率提高了三倍。这种纺车是当时世界上最先进的纺织工具，从黄道婆发明这种纺车，一直到新中国成立前，我国民间的老百姓仍在使用。

她的付出很快就有了回报。在她回到上海数年之后，整个上海地区无论城乡，居民大都以纺织为务，机声轧轧，日夜不休。大量棉织品不仅满足家用，还产生了巨大的经济和社会效益。上海成了全国最大的棉织品生产和交易市场，获得了“衣被天下”的赞誉，“乌泥泾衣被”成了全国时尚的代表。当时，有一首竹枝词这样说道：

种得木棉几亩多，纺纱织布近几何？
小姑欲学丁娘子，阿母恩酬黄道婆。

——顾翰《松江竹枝词》①

这首词一方面说明了松江府植棉和棉织业兴盛的情景，另一方面说明老百姓对黄道婆十分敬重、爱戴，甚至立了祠堂供奉她。

到明清时期，棉花在我国各地广泛种植，棉衣、棉被进入千千万万普通百姓家，中国普通百姓长期没有得到解决的温暖问题基本有了保障。上海的棉织品也沿着海上丝绸之路走向海外市场，明代史料记载，当时日本人消费的中国产品中，就有松江府的棉织品。

在此之后，由于国家政策的变化，上海由一个蒸蒸日上、初具规模的海港逐渐沉寂下去，在三四百年的时间里，几乎不为人们所知。而当上海再次出现在人们的视野里时，海上丝绸之路的贸易却发生了根本性的变化。

三、改变世界的茶叶大盗

1851年，一个叫罗伯特·福琼（Robert Fortune，1812 ~ 1880）的英国人在上海港办理一批特殊人员和货运的出关手续。这批特殊人员和货物是什么呢？是装在特制的保湿箱里的2000多株茶树苗，17000多粒茶叶种子，全套的制茶工具，还有8名来自福建武夷山的专业制茶师傅。

手续办理得很顺利。随后，货物和人员登上了一艘驶往印度加尔各答的

① 顾炳权编著：《上海历代竹枝词》，上海书店出版社，2001年版。

英国商船，随着汽笛一声长鸣，这批人员和货物便离开了上海港。

大家知道，在海上丝绸之路贸易中，中国的茶叶、丝绸、瓷器在西方国家广受欢迎。明清时期，中国的茶叶出口量巨大，是西方国家主要的饮品，英国上流社会喜欢中国茶。源源不断的茶叶出口，使中国始终处于产品出口大国的地位，对外贸易长期处于贸易顺差的状态，全世界的白银源源不断地流入中国。

这种局面，当然是西方人不愿意看到的。所以，鸦片战争中，清政府战败，被迫开放广州、厦门、福州、宁波和上海等五个口岸与国外通商。虽然从中国进口茶叶更便利了，但毕竟还要花费巨大的成本，长久之计自然是自己能够掌握茶叶种植技术。

英国本土不适合种植茶叶，当时，印度是英国在海外的最大殖民地。英国人在印度北部喜马拉雅山南麓（阿萨姆一带）曾经发现了野生茶树，说明那里适合种植茶叶，但那里的野生茶树不适合人工培养成大片的茶园。而中国有世界上最好的茶叶品种，于是，英国人就打算从中国盗取茶叶种子和技术，在印度北部种植茶叶。

上海开埠后，英国人控制了上海海关，中国失去了上海港口贸易的自主权。英国人就决定从上海入手，用重金聘请英国植物学家罗伯特·福琼，让他不惜一切代价，把中国的茶叶引种到印度。

罗伯特·福琼本是英国的一位植物学家，英国皇家园艺协会成员，精通植物和园艺，同时也精通中国文化。他接受了英国政府的聘请后，曾经多次来到中国的产茶地浙江、安徽、福建等，寻找茶种和下手机会。

1848 年，在上海开埠以后的第五年，英国政府找到福琼，再次请求他去往中国。当时，英国驻印度总督（达尔豪西侯伯爵）给他发了很严厉的指令：

第一，你必须从中国盛产茶叶的地区挑选出最好的茶树和茶树种子，然后，从中国运送到加尔各答（印度港口城市）。

第二，你必须尽一切努力，招聘一些有经验的种茶人和茶叶加工者，没有他们，我们将无法发展在喜马拉雅山的茶叶生产。

福琼感觉到了巨大的压力。1849 年，他再次来到中国，在上海登陆后，剃光了头发，带着一条假辫子，装扮成一个中国人。在一位上海买办的引领下，来到中国重要茶叶产地安徽休宁，骗走了一批茶苗和茶籽。这一批茶苗和茶籽就在上海启运。但是，由于经过了四个月的海路和陆上运输，抵达印度时，茶苗基本全部干死，茶籽也腐烂掉了。这次“盗茶行动”以失败告终。

1851 年初，福琼又从安徽来到了福建的武夷山。武夷山是我国茶叶的重要产地，大红袍就是那里很有名的品牌。福琼这次做了充分的准备，他不但随身带了特制的箱子盛放盗取的 2000 多株茶苗、17000 粒茶籽，还搜罗了一批制茶工具。在武夷山，他还骗得了 8 名制茶师傅的信任，答应跟他到国外去。这 8 名师傅全部出自制茶世家，熟练掌握了红茶生产的全部技艺。就这样，这 8 名制茶师傅和大批茶树苗、茶籽，离开上海港，前往印度。

在喜马拉雅山南麓的印度北部，这批中国茶苗和茶籽落地生根。数年以后，出产自印度喜马拉雅山南麓一带的茶叶，成了世界上最流行的、最受欢迎的红茶之一。

也许“茶叶大盗”福琼本人不会想到，他的盗茶行为对当时的中国和世界会产生如此深刻的影响。

四、浴火重生的上海

透过福琼在我国的盗茶行为，我们更可以看到上海城市的变化。

以往，在讲到海上丝绸之路古城，如广州、泉州、宁波的时候，我们是主动对外开放的，贸易的主动权在中国人手里，什么能出口，什么不能出口，由我们自己说了算。我们把通过丝路到中国港口经商的外国人称作“胡”，称作“番”，他们在中国的地盘上，要遵从中国法律。当然，制茶技术属于国家商业秘密，是不能随便外传的。而鸦片战争后的上海是被动开放的，中国人失去了对海关监管的权力，英国人选择上海港作为盗茶行动的出海口，茶叶种植及其技术流失海外也就不奇怪了。

英国人如此看重上海，还有一个重要原因。鸦片战争后，中国沦为半殖民地半封建社会，被迫开放沿海五个通商口岸。在五个口岸中，上海最靠近北方，又连接着长江沿岸地区，市场潜力巨大，西方人看到了这一点。所以，跟随英国人的脚步，法国、美国、德国等西方国家，纷纷以租界形式在上海占领了大片地区，大量移民到上海。这些地区名义上是租界，实际上是国中之国，跟殖民地差不多。而随着移民的增加，西方的商品和文化也大量涌入上海，什么洋烟、洋布、洋碱、洋火（火柴）、西服、咖啡馆、跳舞厅、照相机、缝纫机等充斥上海的市场。古代海上丝绸之路贸易来了个大反转：外国货成了“洋货”，外国人成了“洋人”；中国货成了“土货”，中国人成了“洋奴”；上海成了“大上海”“万国之城”“东方巴黎”“西方冒险家的乐园”等。

与此同时，被动开放的上海，也经历着一波又一波文化的碰撞。

近代上海史上，有一件事曾经引起所有中国人的愤慨：在上海，外国人在公共租界地外滩公园门前，曾经挂过“华人与狗不得入内”这么一块牌子。革命烈士方志敏早年到过上海，在他留下的遗书《可爱的中国》里，他写道：

> 有几个穷朋友，邀我去游法国公园散散闷。一走到公园门口，就看到一块刺目的牌子，牌子上写着：“华人与狗不准进园”几个字。这几个字射入我眼中时，全身突然一阵烧热，脸上都烧红了。这是我感受着从来没有受过的耻辱！
>
> ——方志敏《可爱的中国》[①]

方志敏亲眼所见，法国公园门前曾经挂过这样一个牌子，说明确有其事。

① 方志敏：《可爱的中国》，人民文学出版社，1952年版。

这个事件，在中国近代史上曾经引起轩然大波。外国人在中国的地盘上建一座公园，反而把中国人看作和狗同类，不得入内，简直被人家欺负到了家门口。这当然是奇耻大辱，任何中国人都无法忍受！而那时的上海人代表所有的中国人，首先承受了那份屈辱。

透过这块牌子，上海人和所有中国人再次认识到落后就要挨打、软弱就受欺负的道理，强烈激发了中国人发奋图强、寻求民族独立和振兴的决心。

同时，我觉得，透过这个牌子，我们还要客观地认识到，清朝长期推行闭关锁国的对外政策，违背了中国早年开辟丝绸之路的初心。被西方人赶上并被反超，那是必然的结果。关键是如何对待暂时的落后，如何在弱势条件下卧薪尝胆，再图复兴。

就拿外国人在上海开辟的外滩公园来说，它不同于中国传统的仅供少数人享用的皇家园林、私人园林，是随着城市化进程出现的供所有城市居民都能享用的公共空间。现代中国，每一座城市都有大量的城市公园。所以，是外国人首先把城市公园的理念带到了中国；还有西方的自来水、煤气灯、电报、电话、自行车、有轨电车等市政设施，也是这时候首先进入上海的。上海人主动吸纳外来文化的优秀成果，从一座丝绸之路古城中后进的城市，一下子实现了华丽的转身，成为质量、品牌、时尚的代表，成为中西方文化的交会点，成了中国最前沿的城市。

对于近代上海的这种巨变，有两种不同的认识，一种是否定。觉得上海洋气了，但也西化了，失去中国传统文化特色了。甚至有些上海人操着蹩脚的“洋泾浜英语”，天天与外国人打交道，狐假虎威，为虎作伥。为人处事的时候，“家与家争势，人与人争利，势与势争胜，利与利争大，事与事争便，业与业争富，器与器争售，机与机争巧，言与言争辩”，变成了斤斤计较、总不会吃亏的“门槛精”。“门槛”来源于英文词语“MONKEY”，即猴子，意思是像猴子一样聪明。

但更多的是肯定，肯定上海发展的成就和上海创造的奇迹。特别是上海变成了一座移民城市，所以，开埠以后的上海人除了本地人，还包括大量的外地移民和海外侨民。有一个数据显示，1943 年的时候，上海注册的侨民，有 15 万之巨。所以，有学者认为，开埠后的上海是：

> 一个移民流动的城市。……每一个地方来的人都带来了一种文化，一种做派。五方杂处，海纳百川。上海人从一开始就成为一群具有高度流动性的人。
>
> ——周璨《上海·流动》[①]

很多优秀的商人以及文学家、绘画家、音乐家、戏剧家、政治家、建筑学家，如鲁迅、巴金、郭沫若、茅盾、陈独秀、梅兰芳等集中在上海，形成了独特的海派文化。

郭沫若先生曾经多次到过上海，有深厚的“上海情结”。他曾经作过一个立意很高的比喻，把近代中国的缩影上海比作民间传说中的一种神鸟——凤凰。1920 年，郭沫若先生曾创作了一首诗歌《凤凰涅槃》，在上海《时事新报·学灯》发表，引起很大反响。在中国人的心目中，凤凰是人世间幸福的使者，是美丽、吉祥、崇高的象征。但传说凤凰活到五百岁的时候，就要跳入火中，经过燃烧的剧痛之后，浴火重生，重新活过来，然后就能永生不死。郭沫若先生说，上海就好比火中的凤凰，经受住了各种磨难后，浴火重生。

我觉得这个比喻很恰当。

所以，在近百年的历史上，上海学会了忍辱负重，卧薪尝胆，利用海上丝绸之路留给她的智慧和力量，积极借鉴和吸纳西方先进的东西。在这个过程中，上海培养了很多优秀的现代城市品质，比如竞争意识、公民意识、法律意识、质量意识、服务意识、文化意识等。还有因移民多、空间小、压力大而养成的宽容精神、包容意识，因习惯与外国人打交道而形成的外语意识、

① 周璨：《上海·流动》，《新民晚报》2003 年 11 月 14 日。

开放意识等。这些优秀品质，使上海显得如此与众不同，如此令人向往。而上海也真的就像一只美丽的凤凰，始终翱翔在东方的大海蓝天。

下一讲，我们将沿着长江向上，去品味另一座位于长江岸边的丝绸之路古城。

请关注下一章：江风海韵话南京！

【趣味知识自测题】参考答案

1.C　2.B　3.D　4.D　5.B　6.A　7.B　8.D　9.A　10.C

第十一章

江风海韵话南京

趣味知识自测题

1. 英国伦敦的邱园宝塔是一座中式塔，它模仿了中国的________。

A. 南昌滕王阁　B. 西安大雁塔　C. 开封琉璃砖塔　D. 南京大报恩寺琉璃塔

2. 三国时期，________（帝王）曾派人航海到达夷洲（今台湾）。

A. 刘备　B. 孙权　C. 曹丕　D. 曹爽

3. 佛教传入中国后，北方地区第一座佛寺是________。

A. 洛阳白马寺　B. 郑州少林寺　C. 开封相国寺　D. 陕西法门寺

4. 六朝时期，曾经在南京驻足的海外高僧不包括________。

A. 康僧会　B. 真谛　C. 菩提达摩　D. 鸠摩罗什

5. “南朝四百八十寺，多少楼台烟雨中”（《江南春绝句》）的作者是________。

A. 李白　B. 杜牧　C. 张继　D. 张若虚

6. 以下关于郑和的描述，不正确的是________。

A. 回民　　B. 宦官　　C. 七下西洋　　D. 在南京病逝

7. 明朝时期，有一位浡泥国王访问南京，浡泥国相当于今天的________。

A. 菲律宾　　B. 印度尼西亚　　C. 文莱苏丹　　D. 新西兰

8. 明清时期，西方掀起中国文化热，上流社会流行的做法不包括________。

A. 喝茶　　B. 下围棋　　C. 用瓷器　　D. 穿丝绸服装

9. 西方一位哲学家把明清中国的闭关锁国称作“中国人转过身去背对海洋”，这位哲学家是________。

A. 黑格尔　　B. 康德　　C. 叔本华　　D. 尼采

10. 鸦片战争爆发后，清政府被迫与英国人签订《南京条约》，条约正式签订的地点在________。

A. 静海寺　　B. 秦淮河　　C. 大报恩寺　　D. 英舰上

【评分标准】共 10 题，总分 100 分。每题选择正确得 10 分，选择错误 0 分。

【评估等级】

大牛（对城市很熟悉）：80 ~ 100 分；

及格（对城市基本了解）：50 ~ 70 分；

菜鸟（对城市很陌生）：0 ~ 40 分。

注：参考答案附在本章末。

开篇的话

18 世纪中期，英国皇家御用设计师威廉·钱伯斯正在负责扩建和美化位于伦敦西南部的邱园，这是一处英国王室所属的皇家植物园。除了来自世界各地的奇花异果、珍奇植物外，威廉·钱伯斯还设计了一系列时尚的建筑。当时，西方正掀起中国文化热，皇室贵族热衷于身穿中国丝绸服装，喝中国茶，使用中国瓷器，甚至学说中文，谈论孔子，等等。所以，在当时的伦敦，中国文化就代表着时尚和潮流。而这位设计师威廉·钱伯斯就是一位狂热的中国文化爱好者。为此，他在邱园专门设计建造了一座中式宝塔。这座宝塔用砖建造，八角十层，高 50 米左右；塔体绚烂多姿，塔顶边缘还盘绕 80 条彩色木龙，充分彰显了中国特色。因为位于邱园内，英国人把它称为邱园宝塔。在当时，这座塔不仅是欧洲最早的中式宝塔，也是当时英国全国的最高建筑。

宝塔建成后，英国王室非常满意。因为邱园同时又是一处开放性植物园，所以，每天会有大量游客前往参观游览，感受东方宝塔的魅力。

不过，这座风靡英国、具有东方风格的宝塔并非出于威廉·钱伯斯的独创，他在设计建造邱园宝塔时，几乎完全模仿了中国明朝初期南京的一座宝塔——大报恩寺琉璃塔。

那么，南京大报恩寺内的琉璃宝塔又是何人建造?

远在欧洲的英国人怎么会知道南京报恩寺的琉璃宝塔?

在琉璃宝塔的背后是不是隐藏着不为人知的海上丝路故事呢?

要想搞清楚这些问题，就请大家跟随我走进海上丝路古城南京，去揭开这座城市与海上丝路的不解情缘。

一、江南第一座寺院

大报恩寺位于今南京市秦淮区中华门外，是明成祖朱棣为纪念他的父亲明太祖朱元璋和母亲（生母碽妃及马皇后）而建的一座皇家寺院。不过，这座寺院的前身可以追溯到1700多年前东吴时代的建初寺。

东吴就是大家熟悉的《三国演义》里孙权建立的政权，都城几经迁移，后来定在了南京（当时叫建业）。南京位于长江下游的南岸，虎踞龙盘，形势险要，向来被认为是一块风水宝地，被誉为“金陵自古帝王州”。三国时蜀汉和曹魏为了称霸中原，在关中地区征战不休。而东吴则相对和平，都城南京水上交通条件十分优越，沿长江东下，可以直通大海，即所谓的通江达海。所以，海上丝绸之路开辟后，南京一直都与海外保持着密切的交往。

孙权在位时期，做了几件与海上丝绸之路有关的了不起的大事。

他曾经在黄龙二年（230）派大将卫温、诸葛直率领甲士万人，航海到达夷洲，也就是今天的宝岛台湾。这是大陆人民大规模到达台湾的第一次明确记录。他还在黄武五年至黄龙三年（226～231）派遣宣化从事朱应、中郎将康泰，从南京出发，率领船队前往东南亚、南亚一些国家。朱应和康泰到了林邑（今越南中南部）、扶南（今柬埔寨）等地方。随后，扶南国也遣使到南京，奉献象牙、香料、乐人等。孙权下令在宫殿近旁修建了一座“扶南乐署”，让扶南乐人向孙吴的宫女传授扶南歌舞。一时之间，南京城内荡漾起异国的情调。

而令后人吃惊的时，孙权还曾经接见过一个来自地中海的大秦国海商。大秦国就是古代的东罗马帝国，相当于今天的地中海东岸一带。当时（226），大秦国有一位叫秦论的商人，从海上来到南京，受到吴主孙权的亲自接见。孙权向他询问关于东罗马的情况，秦论一一作答，引起了孙权的极大兴趣。秦论在南京一住就是七八年，然后，才依依不舍离去。秦论返回时，孙权下令沿途官员给予热情欢送。秦论访问南京，是海上丝绸之路开辟以后第一位有名有姓的西方商人访问中国。

建初寺就是在这种广泛的海外交流背景下建立的。

当时，有一位叫康僧会的高僧，中亚康居国的人。他父辈的时候，移居到今越南一带。后来，康僧会又从海上云游到南京。康僧会博通佛家典籍，名气很大，受到了孙权的接见。为了挽留康僧会，孙权为他修建了建初寺，同时建造了一座阿育王塔。大家知道，在中原的洛阳，有一座白马寺，它建于东汉初期，是丝绸之路开辟后北方地区的第一座寺院。建初寺则是有史记载以来，南方地区的第一座寺院，阿育王塔成为江南地区的第一座佛塔。康僧会就住持在建初寺，并在此翻译了大量佛教经典，成为中国历史上的名僧之一。

三国之后，东晋，南朝的宋、齐、梁、陈，五代时期的南唐等都先后以南京为都，使南京成为我国南方地区政治、经济和佛教传播的中心，大量印度僧侣慕名渡海来到南京，印度高僧达摩、真谛等都曾经在南京落足。所以，那时的南京曾经建有大量的佛教寺院，唐朝诗人杜牧曾经有一首诗感叹道："南朝四百八十寺，多少楼台烟雨中。"如果古代的南京真的有"四百八十寺"，那么，这四百八十寺的源头就是孙吴时代的建初寺。建初寺也成为古代南京与海外进行频繁文化交流的一个标志。

不过，建初寺和阿育王塔建成之后上千年的时间里，屡建屡毁，名称也不断变化。明成祖在位的第十年（永乐十年，1412），为了感恩他的父亲明太祖朱元璋和母亲（生母碽妃及马皇后）的恩德，诏令工部于建初寺和阿育王塔原址重建大报恩寺和九层琉璃砖塔。

据历史记载，这是一项规模浩大的工程，寺塔建成前后用了 19 年的时间，花费粮银 250 万两，金钱百万，前后动用的军民人力达到 10 万人。而担任这项工程的监工官则是大名鼎鼎的郑和。

很多人熟悉郑和是因为他曾经率领明朝的庞大船队七次下西洋，他怎么会跟大报恩寺塔的修建关联起来了呢？

二、郑和与南京的缘分

其实，郑和与南京的缘分很深。

郑和原姓马，名和，回族，小字三宝，所以，人们又称他为马三宝。他本是云南人，明初统一云南时，被阉入宫，成了一名太监。在明成祖朱棣继位过程中，郑和功劳很大，所以，颇受皇帝青睐。

1368 年，明太祖朱元璋建立明朝，把都城放在了南京。南京位于长江下游的南岸，连江通海，交通便利，自古以来就是一座江南大都会。朱元璋去世后，由他的孙子朱允炆继位，是为建文帝。这引来了朱元璋几个实力派儿子的不满。特别是朱元璋的第四子燕王朱棣，坐镇北京，手握十多万精兵，对皇位虎视眈眈。建文帝也看出了他这位叔叔的野心，所以，想通过削藩，也就是削夺藩王手里兵权的办法，把燕王朱棣掌握的兵权收回朝廷。那燕王能同意吗？于是，燕王从北京派出十万大军，攻打南京。刚即位的建文帝根本没有打仗的经验，一败涂地，在走投无路的情况下，自杀身亡（也有传说，说他偷偷逃出了京城，流落海外）。燕王朱棣在南京继承皇位，做了新皇帝，就是历史上的明成祖。

在这个过程中，马三宝始终陪伴在朱棣身边，办事机敏，临危不乱，为明成祖朱棣最终夺取皇位立下了赫赫功劳，因此被赐郑姓，名和，提拔为内宫监太监，相当于太监总管。从此以后，马三宝就叫郑和了。

明成祖朱棣继承皇位后，一来南京不是自己的根据地，二来前朝的文武大臣还没有完全和他一心，所以，身边的太监就成为他最信赖的人。明成祖给予他们很大的权力，外出监军、镇守和出使都用太监。就是在这种背景下，为了发展对外关系，出现了郑和下西洋的历史事件。

所以，历史有它的偶然性，一个人的命运也有偶然性。本来可能要在高墙大院的皇宫中了此一生的太监郑和，获得了在广阔无垠的大海上展示国威、书写海上丝绸之路雄伟篇章的机遇。

根据史书记载，从明成祖永乐三年（1405）到明宣宗宣德八年（1433），28 年的时间里，郑和率领庞大的船队先后七下西洋，访问了占城（越南中南部）、满剌加（马六甲）、爪哇（印度尼西亚岛屿）、古里（印度西南海岸）、锡兰山（斯里兰卡）、忽鲁谟斯（波斯湾口）、麻林地（今肯尼亚马林迪）等 30 多个国家和地区。

郑和每次下西洋，在国内出发时基本都走同一条路线，即从南京的龙江关（今南京下关）启航，沿长江到达江苏太仓刘家港；然后，从刘家港出海，到福建长乐稍作停留，等待东北季风到来后即向印度洋（即所谓的西洋）方向出发。返航的时候，终点也是南京。所以，南京是郑和下西洋的起点和终点。

要到海外访问，首先要解决的问题就是制造海船。所以，明成祖在政局稳定后，就下令在首都南京设立造船厂，为郑和下西洋做准备。

第一次下西洋的各种船只有 62 艘，其中，郑和乘坐的指挥船是当时航行在海上的巨无霸，相当于今天的航空母舰。船上配备有世界上最先进的导航设备，如航海图、罗盘针等。那么，郑和这艘宝船到底是在哪里建造的呢?

这是一个曾经困扰了后人几百年的疑问。就在十多年前，这个谜团终于被解开了。

21 世纪初，南京市的考古工作者们发现，在南京下关区，分布着大量古代造船厂遗址。其中，有一处遗址，就是当年专门建造大型宝船的宝船场遗址。这个遗址临近长江，大型宝船就是在这里设计建造并通过长江进入大海而下西洋的。

这个考古结论也许有点出乎很多人的意料，以为郑和的巨大宝船应该在沿海的某个大港口城市（比如广州、福州、宁波等）建造。其实，在历史上，南京的造船业一直都很发达，所建造的船只不仅航行在长江上，而且通江达海，使南京成为位于内陆的“海港”城市。

所以，南京造船有历史，有技术保障，又有长江作为出海口，当年明成祖下令在南京建造宝船就顺理成章了。有了当时世界上最先进的宝船，郑和完成七下西洋的壮举也就有了物质保障。

从郑和七下西洋来看，明成祖对郑和的赏识和信任程度超乎所有人的想象。而对于主持修建大报恩寺和琉璃砖塔这项在明成祖眼里的国家第一工程来说，郑和当然也是最合适的人选。

这项工程，明成祖的设想非常宏伟。他想把它建成天下第一寺、天下第一塔，一方面昭示他对父母恩德的感激，另一方面显示大明的盛世繁华，花费多少人力、物力和财力也在所不惜。

不过，由于修建寺塔之时又是郑和多次率领远洋船队下西洋之时，两者时间冲突了，郑和对这项工程很难全身心兼顾。所以，工程进展缓慢，一拖再拖。直到明成祖朱棣去世，大报恩寺塔也没有全部完工。

明宣宗宣德三年（1428），皇帝朱瞻基着急了。这个时候，郑和第六次下西洋已经回到了南京，担任南京守备。朱瞻基给郑和下了特旨，要他加紧进度，务必尽早完工。郑和也觉得有负于先皇明成祖，更不想得罪于明宣宗，因此，亲临现场指挥，甚至派出了跟随他下西洋的大量士兵参与了工程建设。工程进展到最后，资金出现了短缺，郑和不得不请示朝廷，把下西洋的经费一百多万两银子也用于工程建设。终于，这一年的八月初寺塔工程正式完工。竣工以后，郑和还把下西洋时从海外带回来的娑罗树、五谷树等珍贵树种种植在寺内。

建成后的大报恩寺临近秦淮河，规模宏大，交通便利。而尤其令人称奇的则是那座九层琉璃砖塔。

史书记载，琉璃砖塔九层八面，主体为砖砌，塔身通体白瓷贴面，拱门用琉璃门券。塔高 78 米多，相当于今天的 26 层楼那么高，是当时南京城内的最高建筑。晚上灯火通明，航行在长江上的船只在十里之外都能看到这座塔，所以，被称为“天下第一塔”。据记载，琉璃塔所有的琉璃构件琉璃瓦、琉璃砖等都制作了三套，建塔时用一套，另两套编号埋入地下，以备缺损时使用。新中国成立后，在大报恩寺附近进行考古发掘时，先后出土过大量与琉璃塔有关的构件，背后有编号和标记，证明了历史记载的可信。

遗憾的是，这座“天下第一塔”在太平天国运动时被毁，如今只留下了一座令人惊叹的琉璃拱门。仔细观察会发现，拱门上方有人面大鹏金翅鸟，双手合十的天女，白象、龙马，表示纯洁和清静法身的童子，以及各种造型复杂的纹饰等，依稀可见其精美绝伦的烧造和建筑技艺。

在大报恩寺塔工程完工之后的第五年，即明宣宗宣德八年（1433），郑和再次率领船队，第七次也是最后一次下西洋。这时候，郑和已经60岁高龄了。据传说，郑和这次下西洋没能平安回到南京。

大家知道，郑和率领的访问团队曾经七次下西洋，前六次的时候，明朝的都城在南京，最后一次出使的时候，明朝的都城已经迁移到了北京，南京变成了明朝的留都，相当于陪都，实际上还是明朝在南方统治的政治中心。

不过，前六次下西洋都是在明成祖时期，第七次却是在明宣宗时期。明宣宗是明成祖的孙子，年号宣德，是明朝历史上一个有作为的皇帝。他继位后，继承了明成祖的国策，积极发展海外关系。于是，在宣德五年（1430），明宣宗命郑和、王景弘为正使，再次下西洋。

据史料记载，这次出使的船只有61艘，使团全体成员官校、火长、舵工、班碇手、通事、医士等达到了27000多人。郑和乘坐宝船从龙江关（今南京下关）启航，沿长江到达江苏太仓；然后，从刘家港出海，到福建长乐停留约半年，等待东北季风到来后向印度洋（即所谓的西洋）方向出发。郑和七次下西洋，走的都是这样一条路线。

这次出使，经占城（越南中南部）、满剌加（马六甲）、爪哇（印度尼西亚岛屿）、古里（印度西南海岸）、锡兰山（斯里兰卡），最终到达忽鲁谟斯（波斯湾口）。然后，基本按原海路返程，回到出发地南京。但郑和是否顺利回到南京了呢？这成了一个争议不断的问题。

我觉得，基本可以否定郑和顺利返航的可能性。因为《明史》《明实录》以及南京的地方志都没有说到这件事，这么大的事不会在史料中没有留下任何记录的。那么，郑和第七次出使到底出了什么意外呢？

从年龄上分析，郑和第一次出使的时候，30 多岁，刚过而立之年，风华正茂；而到第七次出使的时候，已经 60 岁了，已是花甲之年，精力和体力已大不如前。但考虑他丰富的经验和在国外树立的威信，朝廷还是选择了郑和为出使西洋的正使。出于国家和民族大义和担当，郑和欣然领命。

不过，郑和的宝船再大，条件再好，但外交往来的头绪之多、海上航行的颠簸之苦，是可以想象的。所以，有一本南京的地方志记载，当郑和返航的船队走到印度南部的古里海岸附近，郑和因积劳成疾不幸去世。当时，正值四月，船队又航行在热带海域，要想把郑和的真身带回国内，几乎是不可能做到的。

那么，怎么处理郑和的后事呢？

于是，出现了两种说法。一个说法是葬在了印度尼西亚的爪哇岛。但这个说法已经被澄清，中印考古工作者证实，位于爪哇岛的三宝洞不是郑和归天处，而是和郑和一起出访的另一位大使王景弘之墓。根据在福州发现的刻石记载，王景弘也是一位太监，是仅次于郑和的另一位正使。在爪哇岛发现的王景弘墓说明，可能王景弘和郑和都在这次返航中不幸去世了，王景弘被葬在了路过的爪哇岛。

那郑和的遗体怎么办？

于是，出现了另一种说法，即实行水葬，葬在了大海上。我认为，这种说法的可能性较大。郑和本是云南回民，按照回族风俗，人死后三日要速葬，以白衣裹身，深埋不附棺。如果死在了海上，遗体不可能运回安葬，因此，随行的官员极有可能按照回民的习俗，对郑和实行了海葬。

我觉得，这也许本来就是按照郑和生前的遗嘱所做的。郑和因病去世，去世前，应该会对自己的后事有所交代。他从一个偏远山区的孩子，进入皇宫，成为皇帝身边的红人，他自己不可能想到这一点。更令他不可想象的是，他竟然能够代表国家，率领庞大的船队七次出使国外，那是何等自豪的一件事！

几十年与大海为伴，大海成就了国家的事业，也成就了他个人的梦想，所以，百年之后，大海也许就是他最理想的长眠、安息之所。

出于对郑和的敬仰，在海葬时，郑和手下人应该会留下郑和的一些遗物，随船带回南京。宣德皇帝得到郑和去世的消息后，异常悲痛。鉴于郑和生前的赫赫业绩，下诏赐葬牛首山。因为郑和的真身已经葬于大海了，所以，只好在南京南郊的牛首山给他修了座衣冠冢，把郑和的遗物（传说是发辫和郑和的一双鞋子）葬在了墓中。

中国人常说：青山处处埋忠骨！而在海上丝绸之路历史上，大海深处又何尝不是处处埋忠骨呢。

不过，郑和下西洋和他所督造的大报恩寺塔都在丝绸之路历史上留下了浓墨重彩的一笔。

三、文莱国王访南京

郑和下西洋，首先带动不少国家和地区派遣使节入明进行朝贡和贸易。据统计，在郑和下西洋期间，先后有 20 多个国家和地区派出使节访问南京。其中，还有 4 个国家的 11 位元首到过中国，访问过南京。尤其是一位来自东南亚小国的国王访问南京，成了与明朝友好往来的范例。

这个小国叫浡泥国，就是今天的文莱苏丹国。它位于印度尼西亚加里曼丹岛北部，我国史书上又称之“婆利”“婆罗”“佛泥”等。这个国家早在六世纪早期的南朝梁的时候，已与我国有了直接接触，与南京之间存在着友好往来。

然而，明朝建立前，浡泥国与中国之间的来往中断了百余年。明朝建立后，明太祖朱元璋考虑到历史上与它的友好关系，把浡泥国列为“不征之国”，积极主动恢复两国关系。明成祖朱棣登基之后，派遣郑和七下西洋，曾经多次到访浡泥国。受此感染和激励，浡泥国王麻那惹加那乃决定亲率使团回访明朝，这成为郑和下西洋之后，第一位回访明朝的外国元首。

明朝永乐六年（1408），麻耶惹加那乃国王率领王妃、子女、臣僚等150余人，来到中国。他们从海路先到福州，福州的地方官上报朝廷。明世祖朱棣感念国王旅途劳顿，派出中官（太监杜兴）与专门负责接待的礼部官员前往迎接，并要求国王所过之处，地方上都要尽力招待。

麻耶惹加那乃一行到达南京后，明世祖朱棣在皇宫奉天门设宴款待，还把浡泥国一方所进的诸如龙脑、片脑、玳瑁、犀角等摆展到规格等级极高的文华殿，让大臣们观瞻；而明成祖还赠给浡泥国王包括“织金文绮”在内的大量珍贵的礼品。

明朝的盛情与诚意，感动着麻耶惹加那乃国王。然而，不幸的是，由于旅途劳顿，麻耶惹加那乃染上了重病。明世祖朱棣给他派出最好的御医进行调治，最终却无力回天。浡泥国王也清楚来日不多，便向王妃交代后事，明确提出死后安葬中国，以此表达对中华文化的敬仰。国王还叮嘱王子，要他继承王位后，继续保持与明朝的友好关系。当浡泥国王病逝时，明成祖朱棣甚为悲伤，三天都没有上朝处理政务。明成祖尊重浡泥国王遗愿，以藩王的规格和礼仪把他安葬到南京南郊的安德门外（今南京市菊花台公园东南部），并派人守护。

接着，明朝又帮助王子遐旺承袭王位，派出使团和军队护送其返回国内。遐旺继位后，明朝还曾帮助他稳定内部形势，改善周边关系，提高了浡泥国在南洋的地位。到永乐十年（1412），浡泥国王遐旺与他的母后、叔父诸人，再次携带大量礼物，来到南京进行朝贡，更加增进了两国之间的友好关系。

不仅如此，我们从史料中还发现，浡泥国与明朝之间的友好交流没有停留在王室、官方等高层，还渗透、沉淀在社会与民间。跟随郑和下西洋的费信在其所著的《星槎胜览》中说，凡是来到浡泥的中国人都会受到热情接待，倘若喝醉了酒，人们便会像老朋友那样，搀扶着回到其家，以供休息、苏醒。因此，有不少中国人生活在浡泥国。到了明朝嘉靖年间（1522 ~ 1566），在浡泥国生活的中国人已经有两千多人了。

明朝与文莱五百多年前的这段友好往来，践行了国家不分大小、一律平等的原则，成为海上丝绸之路上的一段佳话。一个小国，一段可贵的丝路友情！

我们注意到，在与明朝的南京进行外交往来的海外国家和地区中，明朝廷往往给予他们大量的赏赐，比如赏赐给浡泥国王的“织金文绮”等。关于这种赏赐，还有一个很有意思的例子。

琉球王国位于中国东南部，是由太平洋外缘地带众多岛屿组成的一个国家。在郑和下西洋之后，两国之间的来往更加频繁。琉球国每次派使节访问南京的时候，明朝都会赠给使节许多礼物，其中有文绮、纱罗等丝织物，另外还包括王冠、袍服等。到后来，明朝没有及时给予这些东西时，琉球国使节便会主动“讨要”。类似事情，被记录在《明史·琉球传》中。

那么，明朝向浡泥国赠送以及琉球国“讨要”的这种“织金文绮”、王冠、袍服到底是什么呢？

尽管种类未必是一种，但其中就包含云锦，或者说南京云锦。

很多朋友都熟悉四大名著之一的《红楼梦》。《红楼梦》作者曹雪芹的身份很特殊，他祖上三代共四人都曾主持、管理过“江宁织造”这个很重要的官方机构。江宁是南京的古称，康熙皇帝六次南巡，有五次都将行宫设在江宁织造府。

那么，“江宁织造”是干什么的呢？是专门负责给皇宫织造高级服装的，比如皇帝的龙袍、皇后的凤衣等。当然，有一部分则供应身份高贵的王公大臣。这些高级服装，绝大部分就是我们大家所熟知的南京云锦。所以，曹雪芹对云锦很熟悉，当我们阅读《红楼梦》这部经典著作时，就会不时发现书中对人物服饰的描摹非常精致、细微，有很多动人之处，让我们仿佛看到了当年绚烂多彩的云锦。那么，南京的云锦是怎么织造出来的呢？

众所周知，世界上最先养蚕缫丝的是中国。后来之所以把贯通东西方的古代陆上与海上交通路线叫“丝绸之路”，也是因为丝织物一度是其中最主要的流通商品。不过，“丝绸”也仅是一种统称。剥茧抽丝，再进行织造，所得丝织的种类其实很多。人们耳熟能详的绫、罗、绸、缎、纱、绢等，都是具体的丝织物品种。由于丝织工艺、技能水平的不同，以及用料上的差异，最后的丝织物其实是存在着高下或简繁等区别的。

锦是各类丝织物中的精华。它是运用多种染色丝线通过提花技术织就的高级丝织物，最初出现在成都平原，所以叫“蜀锦”。秦、汉时期，曾在成都设立“锦官”，对蜀锦的生产实施管理。但蜀锦“寸锦寸金”，自诞生起，就不是大众用物，其消费范围极其有限，主要供应上层社会。

南京丝织业发达，从南朝梁的时候就开始织锦了。到了明朝，南京织锦技术达到了丝织工艺的最高境界与水准。所出之锦，图案精美，工艺精湛，色彩绚烂。远近观看，各有风姿；明暗赏析，所见不同。就如同天空中千变万化的云霞，遂称为“云锦”；因为是南京所产，所以，也叫“南京云锦”。它是我国丝织品中的精华，是丝绸工艺织造技术达到巅峰时的杰作或代表。明末诗人吴梅村在一首词中曾这样说：

> 江南好，机杼夺天工。
> 孔雀妆花云锦烂，冰蚕吐凤雾绡空。
> 新样小团龙。
>
> ——吴梅村《望江南》[①]

词中形容的就是南京的云锦。为了保证云锦生产数量和进行有效的质量管理，明朝在南京设立供应机房、神帛堂。产品主要用于皇家需用，部分也馈赠给交往的外国君主等，自然也包括浡泥国王、琉球使节等。1957 年，从北京明定陵那里出土了大量丝织物品，包括万历皇帝的龙袍在内的众多缂丝、妆花，即为南京云锦。

① 吴梅村：《梅村词》，广东人民出版社，1985 年版。

清朝以后，即使都城早已不在南京，但这里还设有“江宁织造府”，织造包括云锦在内的丝织物专供朝廷使用。当然，当时织造云锦的不仅仅是像“江宁织造”这样的官营机构，还有民间老百姓。史书记载，明清时期，南京织锦业非常兴盛，清乾隆时期，直接和间接从事织锦业的人口达到 20 万左右。大量云锦除了满足国内上流社会需求外，随着郑和下西洋的船队和海内外的私商，流向了海外。

遗憾的是，两任浡泥国王访问南京的时候，大报恩寺塔还没有完工，没能一睹寺塔的芳容。而到了清朝，一位来自欧洲的使节则有幸见到了大报恩寺塔，并把塔介绍到了西方。

四、享誉海外的琉璃宝塔

在很多人的印象里，张骞开通陆上丝绸之路后，中国的丝绸曾经让西方人着迷；海上丝绸之路开辟后，中国的瓷器又曾经风靡全世界。其实，很多人不知道，南京大报恩寺的琉璃塔作为中国的建筑也曾经让西方人为之着迷。

二百多年前，准确地说是清朝的康熙皇帝出生的那一年（1654），出于对东方文化的向往，荷兰东印度公司派使团访问中国。使团成员中，有一位素描画家叫约翰·尼霍夫，他主要的职责就是用画笔把沿途风景描绘下来。一年后，使团抵达南京，尼霍夫对大报恩寺及琉璃塔异常惊叹。他认为：“大报恩寺塔美轮美奂，巧夺天工，浸染着古老的中国风韵。”并用素描笔把这座琉璃塔完整地记录了下来。

回到荷兰后，他在中国的所见所闻被编辑出版到了《中国出使记》一书中，并配上了许多精美的素描图画。此书一经出版，便在欧洲引起了一阵中国热，一版再版。尤其是书中南京大报恩寺的琉璃塔，更引起了西方人的极大关注。

当时，西方正掀起中国文化热，穿中国丝绸服装，喝中国茶，用中国瓷器等。

一时间，这座琉璃塔成了西方人眼里的标志性建筑，神秘中国的代表性符号。西方人把它看作和比萨斜塔、罗马大斗兽场等相提并论的世界奇迹，形象地称之为“中国大古董，永乐大窑器”。丹麦著名童话作家安徒生在他的作品《天国花园》中也对这座塔有十分精彩的描述。

这座琉璃塔还影响了一大批欧洲的建筑家，其中，就包括设计师威廉·钱伯斯。

威廉·钱伯斯是英国皇家御用建筑设计师，他热衷于中国文化和中国建筑，曾两次来中国学习考察，当他见到约翰·尼霍夫用素描笔描摹下来的琉璃塔时，简直不敢相信自己的眼睛。久久凝视，仔细研究。

1762年，正赶上英国王室新修皇家植物园邱园。作为皇家御用设计师，钱伯斯就在邱园中，仿照大报恩寺琉璃塔的形制，亲自设计建成了一座八角十层的宝塔，充分彰显了中国特色，人们把它称为邱园宝塔。当时，几乎每一位来到伦敦的英国人都参观过邱园宝塔。潜移默化中，英国人对邱园宝塔的原型——南京的大报恩寺琉璃塔——更加充满了向往之情。

对中国物质和文化产品的热衷，也给中英之间的贸易带来了巨大影响。所以，在清朝初期的一百多年间，由于英国进口了大量中国的瓷器、茶叶和丝绸，所以，在中英贸易中，长期处于贸易逆差地位，大量白银流向中国，这种状况当然是英国人不愿意看到的。

随着英国工业化进程的加快，英国逐渐强大起来，建立了海上霸权。在邱园宝塔建成90年后（1840），英国以维护自己的鸦片贸易为借口，发动了侵略中国的鸦片战争。

而中国呢？在明代中后期，秉持着“天朝大国”的盲目自信，彻底改变了郑和下西洋时期的开放外交国策，走向了有限开放、实质上闭关锁国的路线。恰如黑格尔所说“中国人转过身去，背对着海洋”，而转过身去的中国没有想到，让这个民族遭受的灾难性打击恰恰是从海上袭来。

1842年，英国人沿着当年郑和下西洋走过的海上丝绸之路路线，直接把军舰开到了南京江面，清政府被迫与英国人在南京的静海寺（在今南京市鼓楼区）和议。最后，在南京江面的英国人舰船上与英国签订了我国近代史上第一个不平等的条约《南京条约》。

而进行和议的静海寺是个什么地方呢？它是郑和第二次下西洋归来后（永乐七年，1409），明成祖专门下令修建的一座规模庞大的寺院。修建这座寺院的目的，一是表彰郑和成功下西洋，平复海外的功劳；二是取“四海平静”之意，感念茫茫无垠的大海波平浪静，让大明的船队平安归来。还有一个目的，就是供奉郑和从海外带回南京的佛舍利，陈列从海外带回国的象牙、犀角、宝石等珍品。

曾经见证郑和下西洋辉煌历史的静海寺，变成了铭刻中国人耻辱记忆的地方。

前事不忘，后事之师！

我曾经在南京大学攻读博士学位，在南京生活了三年时间，对南京这座城市经历的沧桑风雨深有感触。在我看来，南京几乎见证了海上丝绸之路从发端、辉煌到转折、复兴的全部历程。它充分昭示了一个道理：丝绸之路本来就是开放之路、发展之路、和平之路，唯有摒弃盲目自大、故步自封的意识，秉持开放、包容、相互借鉴的外交策略，才能不断走向强大。

而在海上丝路风雨的洗礼之下，南京这座城市也逐渐沉淀出自己独特的个性。在我看来，她既有长江流域农耕文明滋养下精致、细密、儒雅的气质，就如同绚丽的云锦；也有以大报恩寺塔、静海寺为标志的海洋丝路文明带来的开放、包容和开拓创新的城市品格。清新的江风携带着浓浓的海韵，使这座城市高贵而精致、儒雅而大气，在长江流域城市中卓尔不群、独领风骚。

下一讲，我们将走向长江北岸的一座海上丝路古城。

请看下一章：烟花三月话扬州！

【趣味知识自测题】参考答案

1.D　2.B　3.A　4.D　5.B　6.D　7.C　8.B　9.A　10.D

第十二章

烟花三月话扬州

趣味知识自测题

1. “故人西辞黄鹤楼，烟花三月下扬州”是大诗人李白送别友人所作。李白送别的友人是________。

A. 高适　　B. 王维　　C. 孟浩然　　D. 王昌龄

2. 唐朝时期，中国僧人鉴真到日本传播中国文化。鉴真所到的日本城市是________。

A. 东京　　B. 奈良　　C. 横滨　　D. 大阪

3. 被闻一多先生称为“诗中的诗，顶峰上的顶峰”的一首唐诗是________。

A. 李白《望庐山瀑布》　　B. 杜甫《望岳》

C. 白居易《长恨歌》　　D. 张若虚《春江花月夜》

4. 历史上，鉴真大师曾经________次东渡日本。

A. 三　　B. 四　　C. 五　　D. 六

5.“十里长街市井连，月明桥上看神仙。人生只合扬州死，禅智山光好墓田”的作者是________。

A. 张祜　　B. 张继　　C. 张若虚　　D. 张九龄

6. 在唐代的一本传奇小说里，记载了一个“割股藏珠”的故事。这部小说是________。

A.《集异记》　　B.《酉阳杂俎》　　C.《隋唐嘉话》　　D.《开元天宝遗事》

7. 为了用法律手段对外国人在中国经商、居住权益进行保护，封建政府特意颁发了一个“蕃商五世遗产法”，这个“遗产法”出现在________。

A. 汉朝　　B. 唐朝　　C. 宋朝　　D. 明朝

8. 南宋时期，阿拉伯一位著名的伊斯兰教徒曾经沿着海上丝绸之路访问扬州。他的名字叫________。

A. 蒲寿庚　　B. 普哈丁　　C. 欧斯曼　　D. 格瓦门丁

9. 乾隆皇帝六下江南巡游扬州时，一位大盐商几乎包办了乾隆在扬州的所有花费，他是________。

A. 黄均泰　　B. 汪应庚　　C. 江春　　D. 马曰琯

10. 以下关于古代扬州的表述，不正确的是________。

A. 鹤城　　B. 销金锅子

C. 曾经有广陵潮　　D. 伊本·白图泰曾访问扬州

【评分标准】共 10 题，总分 100 分。每题选择正确得 10 分，选择错误 0 分。

【评估等级】

大牛（对城市很熟悉）：80 ~ 100 分；

及格（对城市基本了解）：50 ~ 70 分；

菜鸟（对城市很陌生）：0 ~ 40 分。

注：参考答案附在本章末。

开篇的话

在距今一千五六百年前（南朝梁）的时候，在我国的江南地区，有这样一场对话。几位士子偶然间坐在一起，谈论自己的人生理想。其中一位士子说“我希望能做扬州刺史”，刺史是那时的封疆大吏，扬州刺史管辖东南富庶之地，当然是人人羡慕的美差；另一位士子说“我希望能发财，做个大富翁”；第三位士子说“我愿能得道成仙，骑鹤遨游世界”。听起来，做官、发财、升仙三种理想都不错，都值得羡慕。但没有想到，最后一位士子嫌上面三位的追求都不够高远，说出了自己的理想：“腰缠十万贯，骑鹤下扬州。”

语出惊人！腰缠十万贯意味着什么？当然是指发了财或做了官的大富翁，骑鹤则意味着升仙。这个人的理想是做官、发财、升仙三者兼备，一个不能少！而做官、发财、成仙的理想之地在哪里？扬州。可见，在那时候人们心目中，扬州的地位有多高。

这个故事来源于南朝梁一位文学家殷芸的小说集，名字就叫《小说》。当然，小说有虚构的成分，古代的扬州也并非确指现代的扬州市。不过，翻阅史料就会发现，古代的扬州的确是一座魅力无穷的城市。扬州南临长江，有大运河通过，“州界多水，水扬波”，所以，被命名为扬州。大诗人李白曾经深情地歌咏这座城市：“故人西辞黄鹤楼，烟花三月下扬州。”（《送孟浩然之广陵》）这是诗人李白在武汉的黄鹤楼下送别另一位诗人孟浩然时创作的一首诗，一直流传到今天。繁花似锦、烟雨蒙蒙的三月是扬州最美丽的季节。

不过，古代的扬州之所以如此具有魅力，还有一个十分重要的原因：扬州曾经是一座海上丝绸之路港口城市、一座国际化大都市。在那里，曾经发生过很多比殷芸的《小说》更加富有传奇色彩的丝路故事。

一、鉴真东渡

在今天日本的历史名城奈良西郊，有一座具有浓郁中国唐代建筑风格的寺院，叫唐招提寺。而主持建造这座寺院的却是一位来自中国的僧人——鉴真（688 ~ 763）。

鉴真是中日文化交流的使者，他与扬州的关系密不可分。鉴真俗名淳于，唐代广陵人，就是今天的扬州人。李白在《黄鹤楼送孟浩然之广陵》那首诗中，也把扬州称作“广陵”。这也就是说，广陵是扬州的古称。很多人不会想到，古时候广陵的地理形势与我们今天看到的有很大区别。唐代诗人张若虚（647 ~ 730）有一首很有名的长篇诗歌，叫《春江花月夜》，其中开篇几句写道：

春江潮水连海平，海上明月共潮生。
滟滟随波千万里，何处春江无月明。

——张若虚《春江花月夜》[①]

这首诗的篇名就令人心驰神往，春、江、花、月、夜，这五种事物集中体现了人生最动人的良辰美景。整首诗意境优美、寓意深刻，达到了奇妙的艺术境界，一千多年来使无数读者为之倾倒，被闻一多先生称为“诗中的诗，顶峰上的顶峰”。但这首诗一直有一个谜没有被揭开——诗歌描述的具体地方在哪里？有人说描写的是富春江，有人说描写的是长江，还有人说泛指江河，不具体指某一个地方。但据扬州当地的一些文化学者（韦明铧等）的研究，这首诗的创作地点应该在唐代的扬州，描写的就是唐代扬州城南长江的美景，我本人也认同这种看法。

考古资料显示，6000 ~ 7000 年前，长江是在扬州、镇江附近入海的。扬

① 《全唐诗》，中华书局标点本，1960 年版，第 1183 页。

州以下长江口呈喇叭状，海潮可上溯至此，形成汹涌澎湃的“广陵潮”。今扬州以南瓜洲古渡口的高冈上还有一座观潮阁，当年在观潮阁上是可以欣赏大海潮起潮落的美景的。直到唐代晚期（8 世纪中晚期），广陵潮才消失。张若虚是唐代广陵也就是扬州人，他生活的时代广陵潮还没有消失，年年都能看到广陵潮潮起潮落的美妙情景。于是，他把这种美景用生花的妙笔描述了下来，给后人留下了无限遐想的空间。在《全唐诗》中，张若虚本人总共只留下了两首诗，但就凭这首诗“孤篇盖全唐”，跻身一流诗人的行列。

扬州不仅曾经是长江入海口，也因隋炀帝时修建的贯通南北的京杭大运河，成为水陆交汇的枢纽，成为中国南方崛起较早的城市之一。而且，据史书记载，因为位于长江的入海口，河道交错，水网密布，扬州早在西汉时就出现了官营造船厂。经过不断的发展，扬州成为为数不多的制造大型船只的基地之一。隋炀帝三下扬州之前，命令龙舟由扬州制造，可见其规模之大、技术之精。唐代宗广德二年（764）时，刘晏作为盐铁转运使主政扬州，在扬州城南设立十个造船厂，制造大型运输船只，每造一船用钱百万，共造船两千余艘。船只编队运输，十船为一纲。经过不断的发展，扬州当时已有大规模的官办造船厂，能够批量制造大型的航海船。为了更好地管理造船厂，国家还设立了相应的官职。2015 年，陕西碑林博物馆公布的墓志显示，墓志的主人唐逊曾任“扬州道造船大使”一职。

这个时候，扬州已经成为长江下游最大的海港城市。

一个来自朝鲜半岛的新罗人，见证了扬州造船业和港口的繁华。这个人叫崔致远，12 岁离家入唐，到长安求学，在唐朝居住了 16 年。其间，崔志远考中进士，并在大唐为官，一生文学创作不断，有《桂苑笔耕集》二十卷行世，被朝鲜和韩国学术界尊奉为汉文学的开山鼻祖。在其《桂苑笔耕集》中，崔致远对当时扬州造船业的情况进行了描述，再现了扬州造船业在军事、政治、礼仪、生活，特别是海外贸易上的盛况。据统计，书中描写扬州造船和运输业的词语有 39 处。书中记载，扬州造船业不但建造船只，更进行船只的买卖，同时也做客货运输，形成了比较完备的造船运输业，为水运发达的扬州提供了商业贸易的载体，成为商品货运的最主要方式。扬州港口繁华的情景在史书和唐诗中也有反映。据《旧唐书》记载，当时的扬州：

弘舸巨舰，千轴万艘，交贸往还，昧旦永日。

——《旧唐书·崔融传》①

扬州港各种船只，多达成千上万艘，装载着货物往来，不分昼夜。

诗人姚合也在一首诗中描述了扬州作为港口城市的繁华。他写道：

广陵寒食天，无雾复无烟。
暖日凝花柳，春风散管弦。
园林多是宅，车马少于船。
莫唤游人住，游人困不眠。

——姚合《扬州春词三首》其一②

车马少于船，邻里漾船过，充分证明了扬州当年的造船业可谓盛极一时。

唐代扬州制造的海船有体积大、载量多、结构坚固、抗风力强等特点。有的船上居然能开圃种花种菜，仅水手就达数百人之多，舟船之大可以想见。造船修船已经开始使用船坞，这比欧洲早了500年。欧洲在16世纪才出现简单的船图。中国船只的可靠性和安全性，使得很多阿拉伯商人常乘中国帆船往来于东南亚一带，我国建造的大海船更为许多亚非国家的人民所接受。

除此之外，与远洋航行相配套的技术也被运用。唐代航行者已能够利用北极星的高度进行定位导航，凭天象、天体识别方向，夜以星星指路，日倚太阳辨向；加上有关海图的记述，这些都十分有利于中外海上交通贸易的发展。

---

① 刘昫等：《旧唐书》，中华书局，1975年版，第2998页。

② 《全唐诗》，中华书局标点本，1960年版，第5666页。

随着海上丝绸之路的出现，扬州的海外贸易也在不断发展，而造船业的兴盛和航海技术的进步为其提供了保障。

由于与东部的日本隔海相望，唐代经由扬州港口东渡日本的商人、僧人很多。同样，也有大量的日本商人、僧人通过扬州港口进入中国交流和学习，鉴真大师东渡日本就发生在这个时期。

鉴真生在扬州，幼时家境清贫，14 岁就在扬州大云寺出家。出家后，他勤学好问，博览群书，除佛经外，在建筑、绘画、医学等方面也有很深的造诣。他还曾经到洛阳、长安遍访名师。后来，回到家乡扬州，在大明寺做主持，一直在扬州生活了五十余年。由于他学识渊博，成为当地的佛学大师，在扬州的知名度很高。

盛唐玄宗天宝元年（742），日本僧人荣睿、普照随遣唐使来到扬州，恳请鉴真法师东渡日本，到日本传授佛法，为日本信徒授戒。当时，鉴真大师已经 55 岁，年近花甲。虽然中日之间有着频繁的政治、经济和文化往来，但由于当时的航海技术还不成熟，要真的远赴重洋，仍然危险重重。大明寺众僧为鉴真的安全考虑，不同意其远行，但鉴真表示为宣扬佛法，普度众生，不看重自身的安危，决意东渡。不过，谁也没有料到，这次东渡竟然花费了他 12 年的时间。

据《唐大和尚东征传》记载，从唐天宝元年（742）第一次东渡，到天宝十二年（753）最终到达目的地，鉴真大师曾经六次东渡日本，历经十二载，前五次都以失败告终，其过程之艰难丝毫不亚于到西天取经的唐玄奘。

鉴真大师六次东渡选择的出发地都是扬州港。

其间，他曾经遭到扬州官府的阻拦，当地百姓和寺中弟子的善意挽留，遇到恶劣天气影响，海上风浪吹打，疾病缠身以及弟子随从离世等许多意想不到的困难，历经千难万险。尤其是第五次东渡时，船只甚至被大海上的风浪吹打着漂流到了海南岛（崖县）。返回扬州途中，因积劳成疾，鉴真大师突发眼疾，双目失明。但他矢志不移，终于在天宝十二年（753）抵达日本首都平城京（今日本奈良）。这时候，鉴真已经 65 岁。

尽管如此，鉴真在日本弘扬佛法仍然达十年之久。他凭借自己丰富的建筑知识，在平城京主持建造了中日合璧风格的唐招提寺；首次建立起了严格的戒律制度，开创了日本律宗，被日本佛教界奉为律宗始祖，引导日本佛教走上正轨，日本人把他称为“律宗之祖”。

在海上丝绸之路文化交流史上，鉴真东渡的意义远远超出了宗教本身。他不仅带去了佛像、佛经，传播了佛学，还带去了大量书籍、香料、药物、工艺品等重要物品，如唐玄奘的《大唐西域记》，大书法家王羲之、王献之的书法真迹，还把中国医药学传到了日本，在日本的医学、书法、绘画等领域产生了空前的影响，为中日两国文化交流做出了杰出贡献，被日本人尊奉为“文化之父”。

在鉴真十二年间六次东渡日本的过程中，扬州始终是其出发基地，是通往海外的主要港口。而与鉴真东渡的同时，又有许多日本人、朝鲜人、波斯人、阿拉伯人沿着海上丝绸之路来到扬州。其中，还有一个波斯商人家族定居在扬州。

二、割股藏珠

唐朝时期，借助优越的地理位置、便利的水上交通条件，扬州获得了迅速发展，富庶甲于天下。唐代中后期，甚至出现了一种流行的说法，叫作“扬一益二”，也就是说，在全国城市中，要论繁华程度，扬州数第一，益州（指成都）数第二，可见当时扬州在全国的地位。诗人张祜曾经纵游扬州，留下了一首别具一格的诗歌：

十里长街市井连，月明桥上看神仙。

人生只合扬州死，禅智山光好墓田。

——张祜《纵游淮南》[1]

这首诗淋漓尽致地描写了扬州十里长街的市井繁华、夜市的兴隆，生死都依恋扬州的心愿。不仅诗人张祜喜欢扬州，很多来扬州经商的外国商人，也被扬州优美的环境、富足的生活所吸引，定居在了扬州。盛唐时期，曾经发生过一个故事，故事里就提到一个世代定居在扬州的波斯商人家族。

故事是这样的：唐玄宗开元初年，有一个叫李勉的浚仪（今开封）县尉，任期届满，新任命还没下来，于是，他坐着船沿着大运河，慕名去扬州游玩。在沿着汴河走的时候，遇到了一位生了病的波斯人。波斯大概相当于现在的伊朗地区，唐朝时期通过丝绸之路与中国有着密切的经济和贸易往来。

这位波斯人来到李勉的船前说："我是个异乡人，如今病得很重，想回扬州，想借光搭您的船可以吗？"李勉可怜他，就让他上了船，还给他粥饭吃，那位波斯商人十分感激。在路上，波斯人对李勉说："我本是波斯王公贵族之后，做买卖来到中国已经二十多年了。如今住在扬州，家里有三个儿子。"过了几天，船只航行到了泗水，波斯商人病情加重，就对李勉说："实话告诉你吧，我们波斯国内丢了价值百万的传国宝珠。国王出榜诏告臣民，谁能把宝珠找回来，就封官加爵。我贪图高位，出来寻找宝珠。最近已经找到，我想把珠子带回去，但又怕揣着宝珠不安全。就割开大腿上的肉把宝珠藏在里面。但现在，我不幸得了病，眼看活不了多久了。我看你是个好人，非常感激你的恩义，现在我把宝珠送给你吧。"说完，他抽出佩刀，剖开大腿，宝珠取出来了，波斯商人也没了命。李勉可怜这个波斯商人，把船靠岸，把他葬在了淮河岸边。那颗宝珠呢？李勉也没有据为己有，下葬时把宝珠放在波斯商人的口中。

① 《全唐诗》，中华书局标点本，1960年版，第5846页。

这个故事记载在唐代文人薛用弱的《集异记》里，在古代众多“割肉藏珠”的故事里很典型。故事的主人翁李勉，在唐朝确有其人，而且还很有名，他后来做了汴州刺史、宣武军节度使。不过，这个故事到这里还没完。

李勉到了扬州后，住在扬州的旗亭（古代的集市或酒楼）附近。无巧不成书，这里正是波斯商人集中居住的地方。他住下来之后，到巷口溜达，偶然间遇到了一个年轻的波斯人，模样很像死去的那个波斯商人。李勉就跟他攀谈起来，没想到，他竟然是已故的波斯人所说的三个儿子中的一个。李勉将一路上遇到波斯商人的经过告诉了那个年轻人，年轻人一边感激李勉，一边为父亲的不幸去世流泪。就在当天，年轻的波斯人驾上船只，来到埋葬他父亲的淮河岸边，掘开坟墓取出遗骨和宝珠。然后，把他父亲安葬在扬州，带着宝珠回波斯去了。

唐代扬州的区位很特殊，通过大运河可以连接洛阳和长安，而向东又有便利的出海通道，可以说是陆上丝绸之路和海上丝绸之路的交会点。在这个故事里，作者没有交代那个波斯商人家族是如何来到唐朝和离开唐朝回国的。两种可能都有，既可以通过陆上丝绸之路，也可以通过海上丝绸之路。而按照常理，走海上要比陆上更安全，更不用冒着生命危险“割股藏珠”了。

由于港口贸易繁荣，中外商旅往来不绝，扬州聚集了成千上万来自日本、朝鲜、波斯、阿拉伯的商人及其后裔，形成了一个个外国商人及其后裔集中生活的聚落，在扬州居住、生活的外商数量就达到数千人，甚至上万人。为了让外商能够安心地在中国经商、居住，唐朝实行各民族一律平等的国策，对外国的移住民也同等对待。唐玄宗开元年间（开元二十五年，737），针对大量移住的外国人，朝廷还下达了一道诏令，免除新移民近十年的税金，并对他们去世后的财产继承等各个方面做了明确的规定，为外国人在唐朝永久定居提供了便利、优惠的条件。到了北宋末年的宋徽宗时期（政和四年，1114），已经出现了许多在华居住五世以上的外国商人及其后裔。针对这种情况，宋朝政府特意颁发了一个“蕃商五世遗产法”，以解决他们在华的遗产分配问题。李勉遇到的那位波斯商人在扬州的财产也会相应地受到唐朝法律的保护，他身后的遗产也应当无可争议属于他的后代子孙，不会因为他的去世而被唐朝政府没收。

用法律手段对外国人在中国经商、居住权益的保护，提升了中国在世界上的声誉，吸引了更多的外国人到中国进行经商和文化交流。继波斯人之后，阿拉伯人十分活跃。扬州作为那一时期中国的主要对外港口，成为阿拉伯人泛海而来的主要目的地之一，留下了许多阿拉伯人活动的足迹，仙鹤寺、普哈丁墓园就是中阿经济文化交流的重要体现。

三、普哈丁在扬州

1265 年，也就是南宋咸淳元年的春夏之交，一艘阿拉伯商船沿着海上丝绸之路，经过艰苦的航行，终于抵达了繁华的扬州城。作为一个国际港口，扬州城的百姓们早就习惯了各国的商船来来往往。然而，这艘远道而来的商船还是引起了很多人的关注，因为这艘船上搭载了一位身份很特殊的人。

这个人叫普哈丁。

普哈丁跟伊斯兰教先知穆罕默德有血缘关系（是穆罕默德女婿阿里支系第 16 世裔孙），在阿拉伯的地位很高。不过，普哈丁家族代代经商，从本质上讲，是商人家族。他从小就受到了良好的教育，拥有丰富的学识，是阿拉伯非常有名的学者。他生活的时期，中国与阿拉伯之间贸易往来频繁，他的家族中就有从事中阿海上贸易活动的，很多人都曾经到过中国。在与这些人的交谈中，普哈丁对中国的兴趣越来越浓。在 57 岁的时候，普哈丁决心造访遥远的中国。

不过，普哈丁是一个做事非常认真的人，他并没有马上出发，而是用了四年的时间研读汉学，从各个方面了解中国。在此过程中，他对扬州这座繁华的国际港口产生了浓厚的兴趣；而人工开凿的大运河，更让他惊叹不已。

1265年，61岁的普哈丁带着一个17人组成的商团和许多珍贵货物，通过海上丝绸之路来到了扬州。由于普哈丁的特殊身份，他受到了扬州郡守元广恩的热情接待，并很快和元广恩成了无话不谈的好朋友。

和他的众多同胞一样，普哈丁来到扬州之后，被扬州繁华的经济、开放的氛围和便利的交通所吸引。他还惊奇地发现，当地生活着很多阿拉伯人及其后裔，他们的祖先早在唐朝时期就在扬州定居，从此世世代代居住在这里。于是，普哈丁向元广恩提出请求，希望能和当地的阿拉伯人居住在一起，体验异国故乡的感觉。

由于家族代代经商，普哈丁拥有非比寻常的商业头脑。但是，他来扬州的目的并不仅仅是完成交易，而是更渴望文化上的交流。因此，他一边经商，一边了解扬州的风土人情，日子过得非常充实。不知不觉中，他在扬州就度过了十年的光景。

其间，他由于精通汉语，经常会同当地的官员和学者们交谈，探讨中国和阿拉伯文化中的异同。但更多的时候，他却在和扬州的普通百姓交流，这让当地不同社会阶层的人们对他都有好感。很多扬州百姓都被普哈丁丰富的学识和良好的品德所打动，尊敬地称普哈丁为“筛海巴巴”（阿拉伯语），意思是有学问的长老。

逐渐地，普哈丁对扬州这座城市的情感越来越深。在这期间，他花费了很大的心血，主持修建了一座清真寺，这就是仙鹤寺。为什么取名仙鹤寺呢？因为古代扬州河网密布、水源丰富，生活着大量仙鹤。前面我们曾经讲到过“骑鹤下扬州”的传奇，而在唐朝时，扬州更有“鹤城”之称。所以，普哈丁遵照扬州人的习俗，把清真寺建成了仙鹤的形状，把寺院命名为仙鹤寺。

为了更多地认识和了解中国文化，在扬州居住的十年里，普哈丁有时候也会去别的地方游历、讲学，然而，在最后一次游历的时候，却发生了不幸。1275年，普哈丁沿着运河到北方游览。一路上他遇到城镇都会停留下来，游览观光，体验当地的风情。就这样，一直到达山东、天津。但长时间的舟车劳顿，让这位已到古稀之年的老人感觉非常疲惫，于是，普哈丁决定要回扬州了。他雇了一艘船沿着大运河一路南下，自己躺在船舱中休息。最后，船只到达扬州城外的一段运河上，船夫将船停好，准备去搀扶船舱里的普哈丁上岸，这才发现，老人已经安详地病逝了。消息很快传遍了扬州，很多人都不禁悲伤落泪。扬州郡守，也是普哈丁生前的好朋友元广恩打开了老人留下的遗书，遗书中写道：请将我安葬在大运河边！

于是，元广恩按照普哈丁的遗愿，把他葬在了扬州城东运河畔的一座高冈上。在墓地的旁边，还立了一块碑，墓碑上刻写着普哈丁的名字，这就是普哈丁墓园。明朝时，永乐皇帝把普哈丁墓园视为国宝，下令予以保护。普哈丁在扬州的传奇经历，成为扬州参与海上丝绸之路的重要例证，被载入史册。

鉴真东渡、割股藏珠、普哈丁在扬州的传奇经历都说明，在海上丝绸之路发展史上，扬州曾经长期占有突出的地位。不过，奇怪的是，到了明清时期，扬州突然从海上丝绸之路的舞台上消失了。这又是什么原因呢？

四、逝去的繁华

明清时期的扬州仍然是著名的商业城市，徽商云集，经营盐业、丝绸、粮食、木材等。乾隆皇帝六次下江南，每次都巡游扬州。江春是扬州著名的大徽商，祖籍徽州歙县，靠在扬州经营盐业发了大财。他曾经拿出一百多万两白银，包办了乾隆在扬州巡游的几乎所有花费。

传说乾隆第四次南巡时（乾隆三十年，1765），在扬州的地方官员和江春等盐商的陪同下，来到著名的瘦西湖游览，乾隆皇帝看到眼前的美景，顺口说了一句话，说这里的美景和北京南海的琼岛春荫非常相似，遗憾的是缺一座白塔。说者无意，听者有心。为了显示自己的忠心，夸耀自己的富庶，江春竟花了万两银子贿赂乾隆身边的内侍，请他们依靠回忆绘出塔的形状，连夜雇来工匠建了一座白塔。第二天，当乾隆再次来到瘦西湖时，看到了白塔，竟以为自己看走了眼。知道事情的真相后，乾隆皇帝感叹地说：

> 富哉商乎，朕不及也！
>
> ——《国朝遗事纪闻》[①]

盐商的富有，连富有天下的皇帝也自愧弗如。

这个故事出自野史（《国朝遗事纪闻》），不是正史里的记载。不过，在正史里，也有许多关于明清时期扬州徽商云集的记载。遗憾的是，很难再发现扬州作为海上丝绸之路港口城市的记载。而作为明清时期中国两大著名商帮（晋商、徽商）之一的徽商，主要资本和业务以国内为主，很少有到海外经商的记录。那么，明清时期的扬州为什么没能继续成为海上丝绸之路港口城市呢？有以下几方面的原因。

一是长江下游环境的变迁。唐宋以后，随着人为活动的增加，长江流域农垦范围日益扩大，泥沙增多。于是，长江口逐渐向东推移到今天的上海，扬州再也不能看到海潮了，诗人张若虚《春江花月夜》里的广陵潮也消失不见了。

二是上海港的崛起。宋末元初，上海人口逐渐增加，发展成为一座具有一定规模的市镇。由于它处在长江出海口，所以，迅速崛起成为一座新的港口城市，取代了唐宋时期扬州对外贸易港口的地位。

但是，扬州作为大运河运输的地位并没有改变，所以，明清时期，扬州仍然维持了繁华的局面，成为徽商的聚居地。由于有强大的经济支撑，扬州的经济、文化、娱乐、市民生活的繁荣程度甚至超过了唐宋时期，徽商引领了奢侈性消费的潮流，扬州一时成了全国的一个“销金锅子”。这个名字是怎么得来的呢？乾隆时，杭州诗人汪沆（1704 ~ 1784）到扬州旅游，当他来到扬州西湖的时候，发现这里的美景与杭州西湖非常相近。于是诗兴勃发，

① 《国朝遗事纪闻》第一册《高宗南巡遗闻五则》。

欣然命笔：

> 垂杨不断接残芜，雁齿虹桥俨画图。
>
> 也是销金一锅子，故应唤作瘦西湖。
>
> ——汪沆《瘦西湖》

汪沆说这里景色优美，而且游人如织，只不过与杭州西湖相比，扬州西湖规模小一些、形状狭长一些。所以，把扬州西湖叫作瘦西湖。瘦西湖的名字从此传开了。同时，汪沆又把扬州瘦西湖称作销金锅子。在他看来，扬州徽商多，旅游者多，日费千金。你手里有再多的金银，到了扬州，也不愁会被消费得干干净净。江春为博得乾隆皇帝的欢心，一夜之间建造一座白塔的做法，不就是一种无节制的斗富、奢侈浪费吗？

而放眼世界，这个时候，海上丝绸之路的形势已经发生了很大变化，西方国家就在乾隆南巡扬州，陶醉在“天朝大国”梦境中的时候，开始了一场轰轰烈烈的工业革命（18 世纪 60 年代），拉开了机器大生产的序幕。他们用大机器生产更加廉价的纺织品，用机器生产茶叶以及其他日常生活用品，然后，再销售到中国市场。而以徽商、晋商为代表的中国商人还在抱残守缺，有了钱之后，首先想到的是买房子、置地、建祠堂、修祖坟等奢侈性消费，用于再生产、技术革新、改进生产工艺的投入则微不足道。比如，在清朝末年，主政江南的一部分洋务派官员曾经倡导徽商借鉴西方技术，用机器缫丝织布、制造外销茶，但绝大部分徽商缺乏近代化生产的开拓意识，以费用多、效果差，恐怕失去传统工艺为名激烈反对，事情只好作罢。这样，徽商的产品逐渐在国际和国内市场上失去了竞争力，最终走向了衰落。

随着清末徽商退出历史舞台，扬州城市繁荣的两大支柱——对外贸易的海商、国内贸易的徽商也都相继丧失。所以，扬州城市没能像广州、宁波、福州、上海等海上丝绸之路古城那样，成功地从传统城市转型升级为近现代化城市，失去了持续发展的历史大机遇。

下一讲，我们将走向苏北，去领略另一座丝路古城的魅力。

请看下一章：山海胜迹连云港！

【趣味知识自测题】参考答案

1.C　2.B　3.D　4.D　5.C　6.A　7.C　8.B　9.C　10.D

第十三章

山海胜迹连云港

趣味知识自测题

1. 考古工作者在连云港发现了大量东汉时期的佛教摩崖石刻，这些摩崖石刻位于________。

   A. 北固山　　B. 蛤蟆山　　C. 花果山　　D. 孔望山

2. 徐福是古代航海家，也是一位方士，他出生在战国时期的________。

   A. 齐国　　B. 鲁国　　C. 楚国　　D. 燕国

3.《山海经》记载，东方大海里有三座仙山，那里居住着神仙。这些仙山不包括________。

   A. 蓬莱　　B. 方丈　　C. 海州　　D. 瀛洲

4. 史书记载，徐福曾受秦始皇委派，率领船队下海寻找仙药，前后总共________。

   A. 两次　　B. 三次　　C. 四次　　D. 五次

5. 和张骞凿空西域、开辟陆上丝绸之路相比，徐福东渡的时间________。

A. 早了近五十年　　B. 早了近百年　　C. 晚了近五十年　　D. 晚了近百年

6. 被称为“东方三大旅行记”的著作不包括________。

A.《大唐西域记》　　B.《马可·波罗行纪》

C.《徐霞客游记》　　D.《入唐求法巡礼行记》

7. 唐朝时期日本圆仁在连云港宿城村访问时，遇到了一个叫王良的“村正”，这位王良是________。

A. 山东人　　B. 江苏人　　C. 日本人　　D. 新罗人

8. 唐朝时期，有一个新罗人，年轻时来到中国，被提拔为唐朝的将军。后来，他回到新罗从事海上贸易活动。这个人是________。

A. 崔致远　　B. 金弘道　　C. 张保皋　　D. 李舜臣

9.《西游记》里的花果山在哪里，一直没有定论。最早认定花果山就是连云港云台山的人是________。

A. 毛泽东　　B. 胡耀邦　　C. 郭沫若　　D. 鲁迅

10. 以下关于连云港的描述，不正确的是________。

A. 古海州　　B. 秦国东大门　　C. 秦始皇曾经巡游到此　　D. 吴承恩家乡

【评分标准】共 10 题，总分 100 分。每题选择正确得 10 分，选择错误 0 分。

【评估等级】

大牛（对城市很熟悉）：80 ~ 100 分；

及格（对城市基本了解）：50 ~ 70 分；

菜鸟（对城市很陌生）：0 ~ 40 分。

注：参考答案附在本章末。

开篇的话

在连云港市海州古城以东，有一座山叫孔望山。2500多年前，孔子曾经来到这里，登山望海。还在这座山上向当地（郯子国）的学问家、政治家郯子请教官职制度方面的学问，这座山因此而得名。不过，这座山还有一个十分引人注目的地方，即这里的汉代摩崖石刻。

在孔望山的西南部，考古学家发现了古代留下来的大量摩崖石刻。其中，令人称奇的是大量具有佛教内容的石刻造像。这些造像超过100个，最大的高1.54米，最小的仅10厘米。其中，“涅槃图”表现了释迦牟尼离开尘世、到极乐世界去时众弟子的痛苦表情。另外，还有“舍身饲虎图”“叠罗汉图”等具有浓郁佛教色彩的造像。据考古学家推断，这些造像完成于东汉末期（大约170年前后），比著名的敦煌莫高窟石刻造像还要早两百多年。

这个发现，震惊了学术界。

过去，国内外学者几乎一致认为，佛教是在东汉时期，首先由陆上丝绸之路进入中国，然后自西向东传播的。然而，孔望山佛教摩崖造像的发现，无疑提供了另一种可能，即佛教从陆上丝绸之路传入中国的同时，也从海上向中国传播，而连云港就是佛教从海上传入中国的重要站点。由此，翻开了连云港与古代海上丝绸之路密切联系的历史篇章。

实际上，在比东汉还要早三百多年以前，连云港就已经出现过一位驰名中外的大航海家了。

一、徐福东渡

这位大航海家叫徐福（亦名徐市）。不过，在大多数中国人的心目中，这个人更像一个古代的方士，或叫方术士，是古代专门从事星占、神仙、巫医、占卜等的人。

《史记》记载，徐福出生于战国时期的齐国，齐国哪里？司马迁没有说清楚。所以，关于徐福的祖籍，至今还有争议：一种说法认为是在今山东的龙口，另一种说法是连云港的赣榆区，这两个地方都属于战国时期齐国的地盘。而在连云港赣榆区，今天有一个村子叫徐福村，有徐福的后代。所以，更多人倾向于认为，这里就是徐福的出生地。

古代的连云港被称为海州，传说它位于东方的大海中，是一个神秘的地方。从地理位置上来讲，连云港正好位于我国的正东部沿海。秦始皇统一六国后，下令在全国修建了四通八达的驰道。其中，从咸阳一直向东方延伸的驰道直通连云港（朐县）。秦始皇在位时，曾经东巡连云港，并把连云港作为秦国的"东大门"，刻石纪念。

不过，让连云港与秦始皇密切联系起来的不仅仅有大秦帝国的东大门，与连云港的方士徐福也有很大关系。

春秋战国时期，齐国人才辈出，军事家、政治家、外交家、纵横家等层出不穷。徐福正是在这种文化环境中成长起来的，不过，他却成了一位足智多谋的方士。

做了皇帝，享尽了荣华富贵，就想长生不死，秦始皇也不例外。徐福就是抓住了秦始皇的这种心理，给秦始皇上书，说他能弄到仙丹妙药，吃了以后可以长生不死，秦始皇相信了他。不过，徐福告诉秦始皇，仙丹妙药在哪里呢？在东方大海中的三座仙山——蓬莱、方丈、瀛洲上，那里居住着神仙，神仙手里有仙丹妙药。要想得到仙丹妙药，需要远涉重洋去求取。

秦始皇听了，觉得那也不要紧，大秦国富民强，要啥有啥。于是，就派徐福带领船队下海，去海中仙山上求取仙药。史书记载，徐福曾经两次率领船队，下海寻找仙药。

第一次是在秦始皇二十八年（前 219），徐福率领童男童女数千人，预备了三年的粮食、衣物、药品等，入海求仙。不过，徐福这次率众出海数年，并未找到仙山，也没能带回仙药。见到皇帝后，秦始皇问什么原因，徐福说出海后碰到了巨大的海鲛，就是大海鱼（也许是鲸鱼吧），阻碍航线，无法靠近仙山。于是，秦始皇派出秦国最优秀的射手对付鲛鱼，在海中，果然射杀了一头大海鱼，为徐福出海扫平了海路。

时隔九年，秦始皇三十七年（前 210），秦始皇东巡至山东琅琊，再次派徐福率众出海。于是，徐福再度出海，同样率领童男童女三千人，预备了三年的粮食、衣物、药品，甚至还有农具等。

不过，徐福并没有找到什么海中仙山。其实，他心里跟明镜似的，这本来就是一个他精心编织出来的子虚乌有的神话。他清楚回去的结果：如果没有拿到仙丹妙药，残酷暴戾的秦始皇可能会把他撕碎吃了。所以这次出海，他就没打算回去。

那么，许福率领数千人的庞大船队最终到了哪里呢?

有几种不同的说法。一种说法，徐福的船队漂流到了日本；另一种说法，徐福去了韩国的济州岛（或琉球群岛），还有说到了美洲的墨西哥；甚至有人说，徐福及其船队被无情的大海吞没，死于大海之中。

不过，更多的人倾向于第一种说法，即徐福的船队到了日本列岛。到了那里之后，当地气候温暖、土壤肥沃，便停下来自立为王，教当地人农耕、捕鱼，和当地人通婚，繁衍后代，此后再也没有返回中国。日本的一些史籍中也有这种记载，说徐福来到了日本后，没有得到长生不老药，担心秦始皇追杀，便要求同行男女各自改姓成为“秦”“福田”“福山”“羽田”等姓氏，和当地的日本先民一起生产、生活。徐福给日本带去了百工、谷种、农具、药物及先进的农业生产技术和医术，对日本的发展起了重要作用。因此，日本人对徐福十分尊重，尊徐福为“司农耕神”“司药神”。至今，日本本州岛和歌山县新宫市还有徐福墓和徐福神社，每年祭祀徐福，“福田”“福山”“羽田”等姓氏也自称是徐福的后裔。

2002年，日本前首相羽田孜先生访问中国时，特意到连云港赣榆县的徐福村进行祭奠，并题写了“日中友好始祖——徐福”八个大字。这就是说，在这位日本前首相眼里，他就是徐福的后代，徐福就是日中友好的始祖。

在中国人看来，徐福东渡的传说虚虚实实，似梦似幻。但虚也罢，实也罢，这始终是中国人喜欢谈论的一个话题。大诗人李白曾经在其组诗《古风》里提到：

> 秦王扫六合，虎视何雄哉！
>
> ……
>
> 徐市载秦女，楼船几时回？
>
> ——李白《古风·秦王扫六合》①

徐市就是徐福。李白发出感叹，秦王扫灭六国，虎视天下，何其雄壮。接着又发问，徐福载着那么多秦女，何时才能回归呀？说明在唐朝，徐福东渡未回，仍然是一个热门的话题。

不过，由于时代久远，文献和考古资料缺乏，关于徐福及其东渡，还有很多谜底需要去揭开。但有一点是可以肯定的，在两千多年前，徐福能够率领一个数千人的庞大船队出海远航，不仅说明我国先民已经掌握了较高水平的造船技术，能够在波涛汹涌的大海上航行，而且，还足以证明率领这个庞大船队数次出海的徐福不是一个凡夫俗子，应该是一位伟大的航海家。

推算起来，徐福东渡发生在张骞凿空西域、开辟陆上丝绸之路（前115）近百年之前。所以，如果说张骞是开辟陆上丝绸之路的英雄，那么，连云港的徐福便是开辟海上丝绸之路的先锋，其在海上丝绸之路发展史上的贡献是值得后人肯定的。

当然，在丝绸之路贸易中，无论物资还是人员的来往都是相互的，来而

① 《全唐诗》，中华书局标点本，1960年版，第1671页。

不往非礼也！随着大量像徐福这样的中国先民移居海外，也有大量的海外移民通过海上丝绸之路移民到中国。唐朝的时候，就有一部分韩国移民定居在了连云港，组建了一个新罗村。

二、连云港的新罗村

如今，随着中韩之间经济、文化的频繁交流，有大量韩国人来到中国，或经商，或求学，有的韩国人甚至定居在了靠近韩国的中国东部沿海地区。有统计表明，在华常住和工作的韩国人超过一百万。其实，早在一千多年前的唐朝，就已经有大量的韩国人定居中国了。那时候，连云港就曾经有一个韩国人集中居住的新罗村。

出人意料的是，为后人留下新罗村记录的，不是中国的史学家，而是一位日本僧人。

这个人叫圆仁（793 ~ 864）。唐朝晚期（开成三年，838），日本派第19次遣唐使（也是最后一批遣唐使）到中国学习，圆仁以留学僧的身份参与其中。圆仁的船队从日本九州岛博多湾登船出发，几经波折，来到中国后，进入长江口，在扬州登陆。然后，圆仁在扬州开元寺学习。此后，沿海北上，到达连云港、山东文登等地，后来，又到五台山、长安巡礼。他前后留唐近十年，足迹遍及江苏、安徽、山东、河北、山西、陕西等地。圆仁精通汉语，又有写日记的习惯。所以，归国后，他用汉文撰写了一部日记体的专著《入唐求法巡礼行记》，所记涉及唐朝的宫廷斗争、社会风俗，以及所经过地区的人口、物产、饮食、水陆交通等，成为唐朝历史和海上丝绸之路的珍贵资料。这部书与玄奘法师的《大唐西域记》和马可·波罗的《马可·波罗行纪》（又名《马可·波罗游记》《东方闻见录》）并称为东方三大旅行记。尤其可贵的是，圆仁在《入唐求法巡礼行记》中，记载了大量新罗人（今韩国人）经由海上丝绸之路到唐朝经商、居住的情景，还特别提到了一个新罗人集中居住的连云港宿城村。

事情是这样的。圆仁随第 19 次遣唐使来到中国的时候，唐朝已进入晚期，藩镇割据，动荡不安。所以，唐朝廷只允许日本大使和少数随行人员进京，其余人员在扬州本地稍作停留，然后就要返回日本。圆仁是抱着十分虔诚的态度来中国学习的，得到这个消息十分意外。但他不甘心就这么无功而返，加上精通汉语，所以，他就雇船沿着我国东海沿岸，向北巡访。838 年四月五日，圆仁乘坐的船只在连云港靠了岸。这时候，碰巧另有一艘船也在这里靠岸，就向圆仁打招呼，问他是哪里人，从哪里来。圆仁谎称自己是新罗人，要北上进行朝贡。

为什么圆仁要谎称自己是新罗人呢?

自古以来，中日韩三国之间通过海上丝绸之路的交流就非常频繁。从地理位置上看，新罗又正好位于中日之间，自然成了中日两国海上交流的中介。在圆仁随遣唐使访问中国的时候，新罗人完全控制了三国之间的海上贸易，在唐朝与新罗、日本之间建立了紧密的海上贸易网络。据圆仁的《入唐求法巡礼行记》记载，连日本遣唐使使用的通译（也就是翻译人员）也是新罗人，所以，圆仁在连云港遇到陌生船只谎称自己是新罗人也就不奇怪了。

可圆仁没有料到，假新罗人碰上了真新罗人!

原来，那艘船上都是新罗人，他们从山东的密州（今山东诸城）来，船里装着炭，要向楚州（今江苏淮安）一带去贩卖。一听说圆仁是新罗人，那艘船上的人非常热情。眼看天色已晚，就派了一个人下船，打算把圆仁这位假新罗人带到附近新罗人定居的村庄去过夜。

圆仁并没有拒绝。对于新罗人在三国之间贸易活动中为什么如此活跃，圆仁怀有强烈的好奇心；而要访问一个新罗村，他更感兴趣。不过，毕竟是异国他乡，一路上山高路险，圆仁也有些提心吊胆，不知道会遇到什么情况。就这样胡思乱想着，到了一个村庄。引领他的那个新罗人告诉他，村庄的名字叫宿城。

在我国，“村”一词最早在六朝时期以行政区域出现。唐朝时期，把在城外的、散布在田野中的自然居住单位称作“村”，一般由十户以上百户以下的人家组成。村设“村正”一人，就像今天的村主任，管理村里的日常事务。

碰巧的是，圆仁来到宿城村的时候，还见到了宿城村的村正。这位村正叫王良，乍听起来，这完全是一个中国人的名字，其实，王良是一个地地道道的新罗人。而且，王良还非常机警。他见到圆仁的时候，圆仁还是那套词，说自己是新罗人，要北上进行朝贡。王良则从圆仁的话语里听出了破绽，他说：“和尚到这里，自称是新罗人，但您说的并不是新罗语，也不是大唐语。我刚听说日本国派了朝贡使团来到中国的扬州，恐怕和尚是日本使节吧！对不起，我要把您的情况报告给地方官。”这位村正简直神了，一眼就看出了圆仁的破绽。不过，出于友好，王良还是用热饭、热汤热情招待了圆仁，并安排圆仁在宿城村住了一个晚上。村正王良为什么要把圆仁来到宿城的情况报告给地方官呢?

当时，唐朝廷只允许日本遣唐使中的大使和少数随行人员进京，其余人员在扬州本地稍作停留后返回日本，而圆仁违反了朝廷的规定，四处乱走。作为村正，王良当然有责任把这一情况报告给上级部门。后来，王良果然将圆仁交给了连云港所在的海州地方政府。不过，海州地方官并没有为难圆仁，而是以礼相待，将他送回船上，要求他尽快按规定回国。后来，圆仁还是没有回国，而是继续北上山东，后来又到五台山、长安巡礼。

后来，圆仁把他在连云港宿城村的神奇经历详详细细写进了《入唐求法巡礼行记》中。圆仁的这段经历又说明了什么呢?

三、唐朝的韩国移民

也许当年日本高僧圆仁来到宿城村的时候，连云港这个小小的村庄并没有引起人们过多的注意。但是，圆仁对宿城不经意的记载，却使这个地名留在了浩如烟海的史籍中，并使它蜚声中外，成为海上丝绸之路交流史上的一段佳话。

圆仁在连云港宿城村的不平凡的经历，留下了两个重要信息：第一，唐朝时期，新罗人在东亚海上丝绸之路上非常活跃；第二，在连云港，有一个新罗人集中居住的宿城村，而且，中国的村正居然由一名新罗人担任。

根据圆仁《入唐求法巡礼行记》的记载并对照唐朝的一些史籍，我们发现，当时，我国的山东半岛沿海至长江口地区，有大量新罗移民。除了连云港的宿城村，山东、江苏的其他沿海城乡，也有不少新罗坊、新罗屿、新罗山、新罗馆等新罗人集中居住的区域。这些新罗人是怎么来到中国的？当然，绝大部分是通过海上丝绸之路来的，也有一些通过我国东北地区，从陆上来到中国。

新罗人移民到中国之后如何谋生，或者换句话说，从事什么职业呢？有做官的。比如，有一个叫崔致远的新罗人，祖籍新罗王京（今韩国庆尚北道庆州），12 岁的时候乘船西渡入唐，来到唐都长安读书；后来，进士及第，担任溧水（今南京市）县尉，前后在唐朝学习、做官长达 16 年。崔致远学问高深，为人谦恭，与唐朝很多文人、墨客都有友好来往。后来，他作为唐朝使节东归新罗，成为中韩海上丝绸之路交流史上一个传奇式人物。

有一个叫张保皋（790 ~ 846）的新罗人，年轻时渡海来到中国，先是加入唐朝军队（武宁军），荣立军功后被提拔为唐朝的将军。后来，他回到新罗（莞岛清海镇）从事海上贸易活动，拥有大量船只，受他控制的船民有上万人。张保皋利用自己对唐朝情况的熟悉，把中国的丝绸、手工艺品销往新罗、日本，又把新罗、日本的特产销往中国，建立了一个海上贸易王国。当时，阿拉伯商人主导了中国与南亚、东南亚、西亚的贸易活动，而以张保皋为代表的新罗商人主导了包括连云港在内的中国东部沿海港口与东亚日本、朝鲜半岛的贸易，成了东亚海上丝绸之路贸易的主角。

还有一些新罗人，则从事盐业、木炭生产业、造船业、渔业和农业生产等活动。从圆仁的记载看，连云港宿城村的人，有从事木炭贩运业的，也有一些人从事渔业或者农业。

放在海上丝绸之路发展的历史上，圆仁记载的连云港宿城新罗村绝不是一件小事。一个民族要到另一个国家居住和生活，建立一个相对独立的社区，需要很多前提条件。比如，两国之间的地域相对较近，往来比较便利，以及两国持续保持友好关系，等等。但我觉得，最重要的前提是所在国家要对异民族的移住给予开放的政策，并赋予他们一定的权利和自由。这样，在一个国家内部，才能形成异民族社会。所以，连云港宿城新罗村的存在充分说明，唐朝已经具备了异民族独立生存的优越条件，说明唐朝在我国历史上国际化的程度已相当高，连云港宿城新罗村则为中国在一千多年以前的国际化程度做了最好的注脚。

连云港在与日本、韩国频繁展开海上丝绸之路交流的过程中，它与印度、阿拉伯地区的交流也没有停止。孔望山东汉摩崖石刻的发现，说明早在 2 世纪的时候，就有印度僧人来到连云港，把佛教传到了那里，并在孔望山留下了佛教石刻遗迹。后来，在唐宋时期，又有大量的印度高僧或者中国僧人来到连云港，传播佛教，广建佛寺，史料中记载的海清寺、云门寺、镇海寺等几十处佛教寺院都是在那个时期建立的。不过，要说起连云港与印度佛教的关联，也许没有任何事件的影响超过《西游记》了。

大家知道，《西游记》是我国四大古典名著之一，作者是一个叫吴承恩（1500 ~约 1583）的明朝小说家。今天，中国的孩子几乎都是听着、看着《西游记》里“孙悟空大闹天宫”“三打白骨精”等神怪故事、动画片长大的。不过，除了迷人的故事本身，《西游记》的创作背景也一直是人们热议的话题。比如，很多朋友都有这样一个疑问：孙悟空的老家——花果山究竟在哪里呢？

毛泽东主席博览群书、知识渊博，他一生非常喜欢《西游记》这部小说，尤其喜欢大闹天宫的孙猴子孙悟空。20 世纪 50 年代，当时身为团中央书记的胡耀邦同志辞别毛泽东主席，要到江苏搞调研。毛主席一听，风趣地对胡耀邦同志说："孙悟空的老家在新海连市云台山，你可以去看看。"新海连市在哪里呢？就是连云港市。在古代，连云港属于东海郡，称"海州"；建国初期，称为新海连市。1961年，因为新海连市面向连岛、背倚云台山，同时，又是一座大海港，因此取连岛的"连"字、云台山的"云"字，改名为连云港，寓意这里交通兴旺，商贸繁荣。

那么，云台山又是一座什么山？毛泽东主席为什么认定云台山就是花果山呢？

四、花果山揭秘

《西游记》开篇第一回就说：

> 这部书单表东胜神洲海外有一国，名曰傲来国。国近大海，海中有一座名山，唤为花果山。
>
> ——吴承恩《西游记》[1]

不过，学术界就《西游记》里孙猴子生活的花果山到底在哪里，曾经有过激烈的讨论，但一直没有定论，毛泽东主席是最早认定花果山就是连云港云台山的人。那么，云台山是一座什么山呢？

云台山位于连云港东北部，在我国古老的地理书《禹贡》《山海经》中都有记载，曾用过瀛洲、羽山、苍梧山、东海山等很多名称。云台山最高峰玉女峰海拔625米。虽说不算太高，但在长江下游地区、江苏北部地区算是最高的山峰了。在小说家吴承恩创作《西游记》的时候，云台山没有与陆地连接，被看作是一座远离人寰的海中仙山。云台山处在我国南北过渡地带，是我国气候的南北分界线。云台山的南麓就是花果山，常年云雾笼罩，山上

① 吴承恩：《西游记》，中华书局，2009年版，第2页。

植被茂密，花果繁盛、动物众多，是海天胜境。因为花果山草木茂盛，非常适合猴子生活，所以，有大量猕猴生活在这里，成了人间灵物、山中主人。

不过，据《云台新志》记载，康熙四十年（1701）的时候，云台山与大陆连在了一起。原因是康熙七年（1668）连云港曾经发生过一次大地震，地震过后，海水逐渐退去，才出现了云台山与连云港大陆连在一起的情况。这也许就是我们所说的沧海桑田吧。

《西游记》的作者吴承恩当年曾经多次来到云台仙山，受到启发，创作了名著《西游记》。

吴承恩祖籍江苏淮安山阳县，自幼敏慧，博览群书，尤其喜爱神话故事、稗官野史、志怪小说。不过，他在科举中却屡屡失意；后来，被朝廷补为贡生，做过浙江长兴县丞。到了晚年，他绝意仕途，闭门著述。吴承恩的家乡淮安与连云港紧邻，距离很近。吴承恩家里的很多亲戚都在连云港，他的一个舅舅还在连云港做官。少年时，吴承恩经常听母亲给他讲述花果山的故事，让他从小就对这座山充满了仰慕。成人后，吴承恩经常光顾连云港。他生前还有一个自号——淮海浪士，淮是吴承恩的老家淮安，海就是海州，即连云港，也从侧面说明他经常往来于淮安和连云港之间。

那时候，云台山还在大海中，尽管如此，吴承恩还是乘船渡海，多次来到这座仙山上，见到了花果满山的情景、流水潺潺的水帘洞、满山活泼可爱的猕猴。他每次都被山中如梦似幻的美景和活泼可爱的猕猴所吸引，流连忘返，这给他创作《西游记》带来了激情，提供了灵感。可以说，当年的吴承恩就是在云台山吸纳了天地灵气，孕育出了那部惊世骇俗、文采飞扬的经典著作。所以，毫不夸张地说，没有云台山就没有《西游记》。与其说是吴承恩创作了《西游记》，不如说是连云港成就了吴承恩。

不过，吴承恩在创作了栩栩如生的孙猴子、猪八戒、沙和尚和唐僧等众多人物形象的同时，也留给后人很多思考。

我一直思考的一个问题是：唐僧（原名陈祎）明明是河南洛阳人，这点常识吴承恩不会不明白，但吴承恩却偏偏要把唐僧的祖籍写成海州（也就是连云港），说他父亲（陈光蕊）是海州的一名书生，后来进京参加科举考试中了状元，娶了宰相（殷开山）的女儿；再后来，生下了唐僧，唐僧也随之由史实中的河南洛阳人变成了海州人。不过，我后来想，合理的解释应该是：吴承恩是以它心目中的圣山——云台山为开篇和核心构思小说的，既然孙悟空在云台山的花果山出世，唐僧自然不能离他太远。就这样，吴承恩有意无意间，作为一个海上丝绸之路的见证者，留下了一部描写陆上丝绸之路的千古传奇。

另据记载，明清时期的海州是江苏省乃至全国重要的产盐基地，当时的淮北盐务中心就设在连云港的板浦镇。所有的运盐的商船都要从这里出发，经水路行销江淮六省，板浦镇因此成为海州最繁华的水陆码头。

俗话说：靠山吃山，靠海吃海。千百年来，生活在连云港的人们世世代代靠打鱼和晒盐为生。这里有中国四大海盐之一的淮北盐场，沿着海岸线，曾经拥有长达 180 多公里的大盐田。历史上一直流传着“两淮盐，天下咸”的民间谚语，淮盐素以“色白、粒大、干爽”著称于世。光绪三十二年（1906），连云港的精致淮盐曾在意大利秘拉诺万国博览会参展，获得优等奖。直至今日，中国出口的所有海盐，仍然打着“淮盐”的金字招牌。

到了近代，连云港的发展曾经得到过孙中山先生的大力支持。他在民国时期制定的《建国方略》中有一个大胆的规划：要把海州港纳入中国对外开放的二等大港、中央铁路的终端海港。他的这个愿望没能在他在世时实现。到了 20 世纪初，纵贯我国东西部的陇海铁路建成通车，陇指甘肃兰州，海就是海州。这使陆上交通闭塞的连云港迎来了发展良机，成为东西交通大动脉的东方起点。

随着现代连霍高速公路、陇海铁路的全线贯通，连云港成为陆上丝绸之路的中国东方起点。同时，通过大海，连云港又成了海上丝绸之路的东方起点。也就是说，连云港是我国陆上和海上丝绸之路的联结点、交会地。在现代“一带一路”构想下，现代连云港就像《西游记》里的描写一样，仍在续写着丝绸之路的新传奇。

下一讲，我们将沿海继续北上，进入山东，去领略山东境内海上丝路古城的风采。

请看下一章：把酒临风话青岛！

【趣味知识自测题】参考答案

1.D　2.A　3.C　4.A　5.B　6.C　7.D　8.C　9.A　10.D

第十四章

把酒临风话青岛

趣味知识自测题

1.“崂山道士”的故事记载在________里。

A.《儒林外史》　B.《喻世明言》　C.《醒世恒言》　D.《聊斋志异》

2. 古代中国有一位到印度取经的僧人，回国时经海路在青岛登陆。他是________。

A. 法显　B. 义静　C. 慧能　D. 玄奘

3. 被我国古书称为“狮子国”的海上丝路国家是________。

A. 缅甸　B. 柬埔寨　C. 印度　D. 斯里兰卡

4. 史书记载，宋神宗时期，有一个叫平简的人曾经代表朝廷向高丽传递国书，他的身份是________。

A. 中央官员　B. 地方官员　C. 商人　D. 士人

5. 春秋时期，曾发生过一个智退秦军的“弦高犒师”故事。弦高是________。

A. 郑国商人　　B. 秦国商人　　C. 晋国商人　　D. 滑国商人

6. 宋朝晚年，在全国五处港口设立了管理对外贸易的市舶司，这五处港口不包括________。

A. 广州　　B. 泉州　　C. 福州　　D. 明州

7.《百家姓》成书于________。

A. 唐朝　　B. 北宋　　C. 南宋　　D. 明朝

8. 近代有一位思想家曾评价青岛："青山绿树，碧海蓝天，中国第一。"他是________。

A. 康有为　　B. 梁启超　　C. 孙中山　　D. 胡适

9. 我国古代中原地区自产的传统酒不包括________。

A. 米酒　　B. 白酒　　C. 黄酒　　D. 葡萄酒

10. 把啤酒最早引进中国的是________。

A. 英国人　　B. 法国人　　C. 德国人　　D. 美国人

【评分标准】共 10 题，总分 100 分。每题选择正确得 10 分，选择错误 0 分。

【评估等级】

大牛（对城市很熟悉）：80 ~ 100 分；

及格（对城市基本了解）：50 ~ 70 分；

菜鸟（对城市很陌生）：0 ~ 40 分。

注：参考答案附在本章末。

开篇的话

在蒲松龄的《聊斋志异》里，有这样一个“崂山道士”的故事，它发生在道教圣地——青岛的崂山。有一个姓王的书生，慕名从南方来到这里，向一位道士学习仙术。他发现，道士有倒不尽酒的神奇酒壶，还能穿墙而过，甚至能呼唤月中的嫦娥下凡为之歌舞。他心中窃喜，以为自己很快就会学到仙术了。但他没想到，道士并没有马上教给他本领，而是让他每天上山砍柴。两三个月下来，王生的手掌、脚掌都磨出了厚厚的茧子，仙术却一点都没学到，他就不想干了，要辞别仙人下山。临别前，请求仙人教授他一招穿墙术，仙人答应了。王生学会之后回到家里，立马就向老婆夸耀自己遇到了仙人，学到了穿墙术。妻子不相信，王生便念着道士教给他的咒语，朝着家里的墙冲过去。结果，不仅没能穿墙而过，脑袋上还撞了几个鸡蛋大的包。从此，成了后人的笑柄。

当然，这只是一个虚构的故事。在这个世界上，从来没有什么仙术，也没有什么理想是可以随随便便实现的。早在1500多年前，同样是在崂山发生的一个海上丝绸之路的真实故事，就充分说明了这个道理。

一、法显与青岛的奇缘

这个故事的主人公名叫法显（337 ~ 422），是东晋时期的一位高僧。

很多朋友都熟悉玄奘西天取经的故事，其实，早于玄奘两百多年，法显就已经走过了玄奘取经的道路，成为玄奘西天取经的榜样。而且，和玄奘不同的是，法显到西天取经的时候，走的是陆路；而归国的时候，选择了走海路，并且他返回祖国的登陆地点就在青岛的崂山。就这样，一代高僧与青岛结下了不解的缘分。那么，法显为什么会在崂山登陆呢？说起来，还带有一点偶然性。

法显 3 岁就出家了。青年时期，他已经成为颇有学问的高僧。但他研究佛经的时候发现，很多佛经译本不完善，或者互相抵牾，混淆了人们的思想，不利于佛教的传播。于是，法显产生了到天竺（今印度）求法的念头。60 多岁的时候（399），法显约请了几位僧人从长安出发，踏上了漫长的取经道路。在严酷的自然环境面前，他的同伴中有些人吃不了苦头，中途返回；有些则因病或冻饿倒毙在路上。然而，法显却矢志不移，终于到达了他梦寐以求的佛教圣地。在天竺，他学习梵文、巡游各地，如饥似渴地拜师学习，成为受人尊敬的佛学大师。不过，法显一直没有忘记祖国，在西行求法 15 年后，他决定乘坐商船从海上返回祖国，那段旅程十分艰险，他甚至差一点葬身大海。

据《高僧传》记载，法显从狮子国（今斯里兰卡）搭乘一艘商船循海路回国。那时候，印度、斯里兰卡与中国之间海上丝绸之路贸易很活跃，有不少外商和中国的商船来往于两地之间。法显应该是掌握了这个信息，才搭乘上其中的一艘商船。不过，当时法显并没有把回国登陆的港口预设在青岛，而是广州。当时的广州是中国第一大海港，大多数商船的目的地都是广州，所以，法显也打算先到广州。不过，一场意外，使法显与青岛结了缘。

一开始的时候，天气不错，借助海风，航行还比较顺利。忽然一天夜里，海上刮起了台风。在茫茫大海上，这艘船像一叶扁舟，颠簸得非常厉害，好几次差一点就被海浪掀翻了，满船人都大惊失色。这时候，有几个不怀好意的商人指着法显说：“我们这艘船遭此不幸，全都是因为搭乘了这个和尚，带来了晦气。我们不能因为一个人，丢了全船人的性命，干脆把这个和尚丢到海里去算了。”说着，就要动手，法显性命危在旦夕！这时候，站出来一个人，厉声呵斥那几个商人：“你们简直胡说八道，如果要把这个和尚推下船去，首先把我推下去吧。”这个人为什么出来保护法显？原来他是法显的檀越，也就是“施主”，应该是法显在耶婆提国（今印度尼西亚苏门答腊岛，一说爪哇岛）遇到的一位中国商人，施与法显衣食，并资助法显归国。这位檀越接着说：“汉地的帝王都奉佛敬僧，如果到了中国，我向汉地帝王告发你们，什么后果，你们心里应该清楚。”那些商人听了，赶忙向法显和檀越赔礼道歉，一场风波就这样平息下来。

台风终于停了，但法显乘坐的船只的船帆已经完全被刮坏，船上的淡水、食物也用光了。全船人经过和台风搏斗，也都筋疲力尽，躺在船舱里昏睡起来，任由船只在茫茫大海上漂泊。

不知道漂泊了多长时间，法显发现船只随洋流漂流到了岸边，岸上是一座山。法显登上岸，看到了各种熟悉的事物，还有藜藿菜（即灰灰菜）等各种野菜。凭借知识，他知道，只有中国才有这种藜藿菜，他马上意识到自己可能已经回到了故土。这时候，他看到了在山间打猎的两位猎人，经询问，果然如此。不过，这里不是他航行的目的地广州，而是长广郡所属的崂山，也就是青岛崂山的南麓栲栳岛一带。这时候，是东晋义熙八年（412）的初秋，法显在海上整整航行了一年多。

猎人问明了法显一行的来历，马上报告了长广郡的太守李嶷。这位太守也信奉佛教，于是，亲自带领官员，携带食物、淡水迎接法显一行。接下来，应太守的请求，法显在青岛停留了几个月时间，一方面恢复身体，另一方面向信众讲经说法，着手翻译部分佛经。为了表示对法显的敬仰并安顿法显带回来的佛像，太守李嶷还组织当地人力，在法显登陆处修建了一座石佛寺（即栲栳岛之潮海院），从此，佛教在崂山地区声望大振。第二年春天，法显谢绝了太守的挽留，一路南下，到了东晋的都城建康（今南京）。

法显西行求法，前后经过了 15 年（399 ~ 413），游历了 30 多个大大小小的国家。回国后，他一方面从事佛经翻译，翻译了 100 多万言的佛经；另一方面，他将自己旅行的所见所闻记录下来，撰成了《佛国记》一书，留下了珍贵的陆上和海上丝绸之路文献资料。鲁迅先生曾经称颂法显为“中国的脊梁”式的人物。

谈起法显与青岛的这段奇缘，很多人认为具有很大的偶然性。不过，海上丝绸之路的历史，乃至整个人类的历史，又何尝不是由一个个偶然事件构成的必然链条呢。就这次事件来说，由于青岛位于山东半岛东南部，濒临胶州湾，是一个四季不结冰的天然良港，所以，从春秋战国时期开始，这一带已经开辟为一个商业港口了。而且，由于夏秋之交盛行东南风，大量南方海船往往趁着这个时候，利用海风和洋流作为自然动力来到青岛港口；而法显的船只正是在夏末初秋被自然风力吹到青岛崂山脚下的。所以，这也是偶然中的必然。

法显用自己的亲身经历证明了，要学到真本事，绝不能像崂山道士那样蜻蜓点水，吃不得苦。学习佛法如此，要想成为一个受人尊敬的大海商也要经过千锤百炼。而在青岛历史上，就曾经有过这么一个不同凡响的海商。

二、板桥镇的商人外交官

由于青岛优越的地理位置和良好的港口条件，所以，在北宋的时候，这里成为海上丝绸之路的重要港口。而且，涌现出了许多大海商。其中，有一位大海商还曾经代表朝廷出使外国，为国家的外交事业做出了很大贡献。那么，这个人是谁呢？

这个商人的名字叫平简，他的事迹被记录在史学家李焘著的《续资治通鉴长编》里。史书中说，北宋神宗元丰七年（1084）：

> 密州商人平简为三班差使，以三往高丽通国信也。
>
> ——《续资治通鉴长编》卷349[①]

密州商人平简，因连续三次去高丽传递国信，被朝廷授予“三班差使”

① 李焘：《续资治通鉴长编》卷三百四十九，中华书局，1992年版，第8370页。

的官衔。北宋时期的青岛属于密州管辖，所以，可以把密州看作青岛的前身。高丽是北宋时期的朝鲜半岛的国家，包括今天的朝鲜和韩国。“三班差使”是宋代武官的名称，属于无品阶的一个武官。一个商人怎么会代表国家去高丽传递国信，而且传递了三次呢？这与北宋和高丽的特殊外交关系有关。

自古以来，朝鲜和韩国都与我国保持着密切的友好关系，唐宋时期更达到了一个高潮，两地使节、商人来往不断。960年，北宋建立，高丽成为第一个向宋朝朝贺的国家。此后不久，宋朝也派出使节出使高丽。接下来的三十年，两国关系一直十分密切。在高丽方面，主要是为了学习和引进宋朝的先进文化和典章制度；而宋朝方面，由于受到北方崛起的辽国的军事威胁，更注重与高丽发展外交关系的军事意义。不过，到了宋朝的第二任皇帝宋太宗时期，高丽迫于辽国的军事压力，从自己的国家利益出发，开始倒向辽国，断绝了对宋朝的朝贡关系，此后两国在五十年左右的时间里都没有正式的官方交往。

到宋朝的第六位皇帝宋神宗（1067 ~ 1085年在位）继位以后，鉴于国内和国际局势，宋朝迫切需要恢复与高丽的外交关系。但半个世纪过去了，高丽的政治局势怎么样？高丽还愿不愿意与宋朝恢复外交关系？这些情况，宋神宗心里都没有底。贸然派出官方使节，人家可能根本不接受。于是，宋神宗和大臣们一商量，想到了一个权宜之计，即先派商人作为密使，出使高丽，探探高丽的态度。

为什么要派商人呢？

中国与朝鲜半岛历来有密切的商贸往来，我国东部沿海的港口城市与朝鲜半岛的海上交往从来就没有间断过。即使在宋丽之间断绝官方往来的时候，两国之间的民间贸易往来也从来没有停止过。据粗略统计，在南北宋300多年的时间里，到高丽的宋商在我国各种文献中出现130多次，人数至少在5000人以上，可见其规模之大。商人熟悉高丽的国情，又不会引起对方政府的注意，所以，要想恢复两国的外交关系，派商人作为密使，试探对方的意图，当然是特殊国情下十分适当的选择。

平简就是在这种情况下，被朝廷选中的。

不过，根据史书记载，在平简作为密使代表朝廷出使高丽之前，宋神宗已经事先密令福建转运使罗拯，让他秘密派出商人到高丽，转达宋朝复交之意。当时福建的福州、泉州等港口与高丽之间一直保持着密切的海上丝绸之路交流关系。所以，罗拯接到神宗的密旨后，不敢怠慢，选择了一位做事谨慎、信得过的大海商黄慎带着密信到了高丽，向高丽皇帝转呈了宋朝复交的信件。此时的高丽是什么态度呢？

我们先看一看当时的国际环境。北宋末年和南宋时期，我国东北地区崛起了一个新的游牧政权——女真族建立的金。金与朝鲜半岛接壤，军事势力强大。它一方面向南威胁宋朝的安定，另一方面经常侵扰朝鲜半岛，也严重威胁高丽的安全。所以，高丽也希望与宋朝恢复友好关系，联手共同维护两国的安全。这就是说，黄慎有可能受到了高丽国的优待，并把高丽国愿意复交的态度通过罗拯转达给了宋神宗。所以，接下来，这才有了平简直接秉承朝廷旨意，再次携带皇帝密旨，以商人身份出使高丽。那么，平简的出使是否顺利呢？

史书记载，北宋时期的青岛属于密州，密州的板桥镇（青岛胶州湾北部，今属胶州市板桥镇）是濒临胶州湾的一个大码头，这里水域平阔，风平浪静，夏无酷暑，冬无严寒，可以停泊大型船只，是一个天然良港。向东可以和朝鲜半岛、日本直接通航；向南则通过连云港、杭州、宁波等港口，与东南亚、西亚连通。尤其是，青岛与朝鲜半岛一衣带水，海上交通极其便利。即使在宋丽之间断绝官方往来的时候，借助便利的地理优势，两国之间的民间贸易往来却从来没有停止过。其中，有很多商人的来往就是以青岛为出发和返回港的。平简就是这众多商人中为数不多的在正史中留下名字的幸运者。

不过，李焘在《续资治通鉴长编》中对平简的记载很简略，我们不清楚他的家世，也不清楚他到底有多少财富，甚至不清楚他三次出使的具体时间。但可以推断：

首先，平简在密州商人中的地位应该很不一般。可能是个都纲或者纲首，也就是商船首领、商界领袖。这就意味着他手里拥有巨额财富，甚至世世代代都从事海外贸易。

其次，这个人应该是经常往来中国与高丽两国的富商，对高丽的情况很了解，甚至在高丽有一定的关系和门路。

再者，这个人应该是一个不仅仅只看重个人的商业利益，更可能还是一个聪明智慧的爱国商人。否则，在茫茫密州商人群体中，朝廷为什么偏偏选择了平简作为国信使呢？

说到这里，不得不提两千多年前的一个爱国商人的故事——弦高犒师。故事发生在春秋时期，有一年（前628），中原郑国的郑文公去世，公子兰继承君位（郑穆公）。消息传出，一心想向东扩张的秦穆公决定利用郑国新旧国君交替、政局不稳的机会，消灭郑国，扫平向中原进攻的道路。于是，他秘密派出大将孟明视率领400辆战车组成的秦兵，偷袭郑国。当秦国大军行进到滑国（今河南偃师、巩义一带）境内，碰到了一个郑国的商人弦高。弦高是当时很有名的商人，主要在中原各国之间做牛的买卖，经常往来于郑国与滑国、秦国、晋国之间。当时，弦高正赶着十二头牛到滑国去卖，无意间撞见了长途奔袭的秦国大军。弦高很聪明，他看到秦军这阵势，一下子就明白了秦军的意图。弦高急中生智，走到秦国大将孟明视近前，说了这样一番话：国君听说秦国派人来祝贺，而且还带来了军队，所以，一方面做好了各种迎接的准备，另一方面，派我带着这些牛来犒赏秦军。孟明视听了这番话，一下子给搞懵了。本来打算出其不意、攻其不备消灭郑国的，现在，人家已经严阵以待了，这仗还怎么打呀？于是，他只好下令撤军。就这样，一场危机被机智的商人弦高给巧妙化解了。

我觉得，平简、黄慎应该也有弦高那样的聪明才智和爱国情怀。

当然，一个商人受到朝廷的重用，也说明了宋朝商人地位的提升。特别是海上丝绸之路贸易进入封建社会高峰时期，商业也被看作本业，这也是平简之所以能担任国家信使的重要前提。

其实，在丝绸之路发展的历史上，中国有无数像平简、黄慎这样的商人：他们不仅仅为了个人利益行走在茫茫的千里丝路上，也时刻把国家和民族的利益放在心头。国家强大了，是他们经商的依靠；国家危难了，他们解囊相助；国家需要他们的时候，他们挺身而出。这样的爱国商人，何止千万！遗憾的是，在历史上，绝大多数丝路商人都没有留下名字。

作为一个普通的青岛商人，平简在变幻莫测的国际关系中，起到了宋朝和高丽两国政治交往和文化交流的纽带和桥梁作用，在海上丝绸之路历史上留下了一段不平凡、不简单的往事。

那么，平简这个人和他的事迹的出现，又给古代青岛这座城市带来了怎样的影响呢？

三、拒收礼金的钱勰

在宋朝想方设法试图恢复与高丽外交关系的同时，高丽方面也有与宋朝恢复外交关系的迫切愿望。于是，在平简回归宋朝不久，两国就恢复了正式的官方交往。青岛的板桥镇是两国往来最便利的港口。其中，板桥镇还曾经见证了一位很不平常的宋朝大使。

这个人的名字叫钱勰（1034 ~ 1097）。

平简三次秘密出使高丽后（1083），高丽被宋朝的至诚所打动，答应与宋朝正式恢复中断了五十多年的外交关系。这时候，正好高丽老国王（高丽文宗）病逝，新国王（高丽顺宗）登基。于是，宋神宗决定派一个正式使团，代表宋朝出使高丽。派哪位大臣作为大使去呢？宋神宗颇费了一番心思。最终，他选中了钱勰。宋神宗为什么会选派这个人呢？

首先是这个人的身世不一般。很多朋友都熟悉《百家姓》，其中说：

赵钱孙李，周吴郑王。

冯陈褚卫，蒋沈韩杨。

……

——无名氏《百家姓》

据考证，《百家姓》成书于北宋初年，作者不详。为什么把赵姓排在百家姓第一位？人家是皇帝家族，开国皇帝就是赵匡胤，排在首位理所应当。但很多人可能有疑惑，钱氏不算大姓，为什么能排在第二位？这是因为吴越国的国姓是钱，开国皇帝是钱镠。北宋统一全国的时候，吴越国主动放弃抵抗，全国基本实现了和平统一。所以，钱氏家族对宋朝建国是居功至伟的。而钱勰就是钱镠的六世孙，当然受到朝廷的器重。

其次，钱勰这个人性情耿直，风度翩翩；而且学识渊博，工于诗词、书法。

另外，史书记载，吴越国曾经与高丽国有频繁的海上贸易交往。所以，高丽国对钱氏家族也比较熟悉。所以，综合各方面考虑，宋朝廷选择钱勰作为大使再合适不过。

据记载，当时钱勰从北宋都城开封，一路向东，最终在青岛的板桥镇港口离开宋朝，去了高丽。回来的时候，同样也是在板桥镇登陆的。

到达高丽的国都开京（今朝鲜开城）后，高丽新国王对钱勰十分热情，以隆重的国礼迎接钱勰使团。当时，高丽的国都也像中国一样，建有专门接待中国使节的驿馆。而这一次，为了迎接宋朝使节，高丽特意新修了驿馆，一切陈设都相当豪华。所以，钱勰在高丽期间，吃得好、住得好，接待规格非常高。在此期间，钱勰有理有节、举止得体、谈吐不凡，深得高丽国王的敬重。

在临行回国的路上，高丽国王又一次派使者送来了重礼——四千两的黄金，这可真是一份重礼。钱勰坚辞不收，并对使者说：“在馆驿的时候，我已经辞过多次了。为什么还要一再送礼给我呢？”使者一听，立刻痛哭流涕，说："国王有令，如果您不收下礼物，我就算没完成任务，回去我就没命了。"而且，他贴着钱勰的耳朵悄悄告诉钱勰："您的副使已经接受了。"当时，出使国外的使节几乎没有不额外收受礼物的，这似乎已经成了潜规则。但钱勰却义正词严地说："我不管别人怎么做，我有我自己做人的原则，不收就是不收！"后来，高丽国王知道了事情的原委后，对钱勰更加敬重。是钱勰如此坚守本真、坚持原则的品格，坚定了高丽国王与宋朝世代友好的决心。

后来，钱勰还以龙图阁待制的身份做了开封府知府，就像当年包拯，成了京城的父母官，在历史上留下了美名。

随着宋朝和高丽外交关系的恢复，大量官方使节、民间商船往来于板桥镇港口，大大促进了板桥镇的繁荣发展。为了接待高丽的使节和商人，宋朝拨出国库银两，在板桥镇设立了豪华的高丽驿站，每年还不惜重金进行修缮，这样，迅速促进了板桥镇的繁荣发展。这时候，有一个叫范锷的密州知府，密州的最高长官，两次向朝廷上书，请求在密州板桥镇设立市舶司，管理贸易，征收商税。朝廷经过慎重考虑，于宋哲宗元祐三年（1088），同意了范锷的请求，正式在板桥镇设立市舶司。而这个时间是在钱勰出使高丽之后的第五个年头。

当时，全国只有五处港口设有市舶司，分别是广州、泉州、明州、杭州，再就是板桥镇。这就是说，当时的青岛板桥镇已经成了全国五大对外通商口岸之一，而且是长江以北唯一的一个对外通商口岸。

那时候的板桥镇是什么样子？历史上只留下了不完整的记载。幸运的是，在范锷之前，大文豪苏轼也曾经做过密州的知府，并创作了很多赞颂密州的优美诗词，其中有一首《江城子·密州出猎》写道：

老夫聊发少年狂，左牵黄，右擎苍，锦帽貂裘，千骑卷平冈。为报倾城随太守，亲射虎，看孙郎。

酒酣胸胆尚开张。鬓微霜，又何妨！持节云中，何日遣冯唐？

会挽雕弓如满月，西北望，射天狼。

——苏轼《江城子·密州出猎》[①]

这时候，宋朝正在试图与高丽恢复外交关系，也许平简正在秘密地出使高丽。而这时候的苏轼是受到朝廷排挤，被贬到密州的。但密州的优美山水、城市的繁华、百姓的富庶，给他带来了绝好的心情，苏轼这才一改每到一个地方都访贫问苦、忧国忧民的做法，“聊发少年狂”“左牵黄，右擎苍”出外打猎，留下了这首豪迈的辞章。

苏轼、范锷管辖下的板桥镇又是一番什么情景呢？20世纪末期，考古工作者在板桥镇古码头附近发掘出土了宋代铁钱30多吨，以及大量瓷器碎片。专家们推断，发现铁钱的地方，很有可能是板桥镇市舶司的一个钱库；而青岛本地不产瓷器，大量瓷器碎片的出土只能说明一点，即当时这里是海上丝绸之路的重要港口，有大量的瓷器通过这里出口到海外。而贸易的繁荣也必然促进板桥镇的繁华，古代青岛也因为板桥镇而载入青史。

不过，遗憾的是，平简也好，钱勰也好，他们都不会想到，宋朝和高丽的关系再好，也没能保佑北宋的江山社稷千秋永固，还是被北方的金朝消灭了。这就是说，只有自身强大了，才能保障国防的安全，才能保障丝路的畅通；把希望寄托在别人身上，往往是靠不住的。青岛啤酒的历史再次印证了这个道理。

四、青岛啤酒的启示

我国近代思想家康有为先生晚年（1923 ~ 1927）定居青岛，他对这座美丽的海港城市曾经有这样的评价：“青山绿树，碧海蓝天，中国第一。”这

① 唐圭璋等：《唐宋词鉴赏辞典》，上海辞书出版社，1988年版，第688页。

个评价很高，也让青岛人十分自豪。其实，让青岛人更自豪的还有一样东西——青岛啤酒。

炎炎夏日，很多到青岛旅游度假的国内外朋友都会来一瓶冰镇的青岛啤酒，坐在大海边的遮阳伞下，把酒临风，一边欣赏海景，一边享受啤酒的清凉舒爽，好不自在。

我国是酒的故乡，酒文化在我国源远流长。“何以解忧，唯有杜康”“举杯邀明月”“把酒问青天”“葡萄美酒夜光杯”“酒逢知己千杯少”等，都是中国酒文化的组成部分。不过，这些古人吟诵的酒都不是啤酒。我国传统的酒主要包括果酒、米酒、黄酒和白酒，葡萄酒是汉朝张骞通西域之后通过陆上丝绸之路引进的，而白酒元代以后才在民间流行。所以，当年喝了十八碗酒还能上山打老虎的武松喝到的肯定不是白酒。而啤酒成为我国的大众饮品只有一百多年的历史，而且，青岛就是我国啤酒的发源地。青岛人有一个很自豪的说法：“外国人认识中国通常有两种途径，一个是通过孔子，另一个就是通过青岛啤酒。”

有这样一个故事。20世纪70年代，美国总统尼克松访华后，中美关系开始解冻，青岛啤酒开始试探性地进入美国市场，很快获得了美国消费者的认可。为进一步拓展美国市场，1990年，青岛啤酒派出了专门的团队到美国进行市场调查，设在华盛顿的“北京饭店”经理预留了最好的VIP包间准备盛情款待。这家饭店因为正宗的北京烤鸭和青岛啤酒而闻名，在华盛顿的知名度很高，一些美国政要也经常光顾这里。说来也巧，那天，北京饭店正准备摆台招待青岛啤酒访问团客人的时候，饭店老板突然接到通知，说美国总统布什一家要来酒店用餐。这让饭店老板有些措手不及，因为，所有豪华包间都被占用了。为难之际，青岛啤酒访问团主动提出让出VIP包间，这才为饭店老板解了围。

美国总统老布什是个有名的中国通，曾经多次访问中国，在中国访问期间，国宴上招待他的就是青岛啤酒。所以，他对青岛啤酒情有独钟，每次来这里就是为了品尝北京烤鸭和青岛啤酒。当他听说让出VIP房间的是青岛啤酒考察团时，十分感激，主动走进考察团用餐的小包间，向考察团成员一一问候，对占用了青岛啤酒考察团预订的房间表示歉意。布什总统还和考察团成员聊起自己当年在中国时与青岛啤酒的种种往事，临别时他握住考察团领队张建华副厂长的手说："青岛啤酒为美中两国人民的友谊搭起了桥梁，我喜欢青岛啤酒！"

听完这段往事，朋友们想过没有，"啤酒"一词是怎么来的？为什么青岛啤酒会成为大名鼎鼎的啤酒品牌呢？

鸦片战争后，西方列强纷纷在中国瓜分殖民地，德国人就看中了青岛这块宝地。于是，清光绪二十三年（1897），德国派兵侵占了青岛（当时叫胶澳）。第二年（1898），德国胁迫清廷签订了《胶澳租借条约》，强行把青岛占作租借地。紧接着，成千上万的德国人漂洋过海，来到青岛。美丽的环境让他们很快适应了这里的生活，但生活中似乎少了些什么。德国人爱喝啤酒，而德国啤酒的工艺水平在世界上可以说是最高的。所以，1903 年，来自德国和英国的两位商人，投入巨资（四十万墨西哥银圆，相当于现在的 2800 万元人民币），在青岛建了座啤酒工厂，取名"日耳曼啤酒公司青岛股份公司"。那是青岛人，也是中国人第一次见到这种带着泡沫、入口清爽的液体。青岛啤酒公司的建立，满足了驻青德军和侨民们的饮酒需求。

在德语中，啤酒被称为"BIER"，这个音发快了，有点像"皮"。所以，青岛人就把它译为"皮酒"；后来，青岛人发现，"皮酒"具有开胃健脾之功效，又把"皮酒"改称为"脾酒"；再之后，又称为"啤酒"。从此，"啤酒"一词流行起来，就像现在的网络名词一样，专指这种特殊酒品，直到今天。

不过，任何外来文化必须在本土文化中扎根才能枝繁叶茂。啤酒是德国的外来文化，新中国建立以后，青岛人在借鉴国外先进工艺的基础上，用甘甜的崂山泉水酿造啤酒，充分迎合了中国人的口味，让青岛啤酒成了中国人的最爱，成了世界知名品牌，把啤酒文化在中国发扬光大。

而今，当我们把酒临风，品味青岛海上丝绸之路发展历史的时候，我们会发现：从法显不畏艰难，求取真经，到平简作为一个普通商人把国家大义担在肩头，再到青岛啤酒作为国产品牌为国人争光，这些追求，逐渐积淀为青岛这座丝路古城的城市气质。其实，这种城市气质正是我们这个时代所倡导的海洋气质、海上丝路精神。也只有这样，一个国家或民族才能在激烈的世界竞争中，受到别人的尊重，骄傲地自立于世界民族之林。

下一讲，我们将走进渤海湾，去解读山东半岛另一座海上丝路古城。

请看下一章：海上仙境话烟台！

【趣味知识自测题】参考答案

1.D　2.A　3.D　4.C　5.A　6.C　7.B　8.A　9.D　10.C

第十五章

海上仙境话烟台

趣味知识自测题

1. 曾到山东蓬莱东巡求仙的古代帝王不包括________。

A. 齐威王　　B. 秦始皇　　C. 汉武帝　　D. 唐玄宗

2. 以下关于筷子起源的说法，不正确的是________。

A. 大禹发明的　　B. 殷纣王曾使用过玉筷子

C. 姜子牙发明的　　D. 韩信发明的

3. 隋炀帝在位的大业三年，日本遣隋使访问中国，日本使团的大使名叫________。

A. 小野妹子　　B. 高向玄里　　C. 藤原河清　　D. 吉备真备

4. 苏轼一生仕途坎坷，曾任山东登州知府。但任期很短，只有________。

A. 五天　　B. 十天　　C. 五十天　　D. 五个月

5. 据记载，隋唐时期，朝鲜半岛的高丽、百济、新罗也曾派出大批遣隋使、遣唐使访问中国，总次数大约为________。

A. 20 次　　B. 50 次　　C. 100 次　　D. 200 次

6. 明朝中期，一个朝鲜政治文化名人两次通过烟台访问中国。他是________。

A. 崔溥　　B. 李民宬　　C. 赵宪　　D. 李裕元

7. 韩国国旗图案取材于中国儒家经典著作________。

A.《尚书》　　B.《周易》　　C.《诗经》　　D.《孟子》

8. 韩国在设计国旗的过程中，接受了一位清朝外交官的建议。这位外交官是________。

A. 郭嵩焘　　B. 曾纪泽　　C. 马建忠　　D. 张荫桓

9. 唐朝初期的“十部乐”不包括________。

A. 高丽乐　　B. 扶南乐　　C. 天竺乐　　D. 龟兹乐

10. 海上丝绸之路又被称为________。

A. “科技之路”　　B. “陶瓷之路”　　C. “玉石之路”　　D. “佛教之路”

【评分标准】共 10 题，总分 100 分。每题选择正确得 10 分，选择错误 0 分。

【评估等级】

大牛（对城市很熟悉）：80 ~ 100 分；

及格（对城市基本了解）：50 ~ 70 分；

菜鸟（对城市很陌生）：0 ~ 40 分。

注：参考答案附在本章末。

开篇的话

社交中，陌生人见面，往往会很客气地问："请问您仙乡何处啊？"在这里，"仙乡"是对别人家乡的美称。其实，很早以前，仙乡是指仙人所居住的风景优美又十分神秘的地方。我们的祖先认为，仙人居住在三个地方：天上，比如玉皇大帝的居所；高山上，比如西王母居住的昆仑山；大海中的仙岛上。

在我国古老的地理志《山海经》中，记载了很多海中仙岛，如蓬莱、瀛洲、方丈等。对照现代的地理位置，这些仙岛大都位于今山东半岛北部的烟台附近。齐威王、秦始皇、汉武帝在位的时候，曾经多次东巡来到这里，遥望仙岛，并派人到岛上寻找不死之药。此外，海市蜃楼、八仙过海等很多优美的传说也都发生在这里。久而久之，烟台就成了中国人心目中的仙乡、中国人心目中的海上仙境。

不过，很多朋友也许不知道，烟台除了是我国的仙乡、仙境外，长期以来，它还是我国古代海上丝绸之路的著名港口。它的东、北、西三面临渤海、黄海，东与朝鲜半岛、日本隔海相望，拥有良好的港口条件，很多优美的海上丝绸之路故事都发生在这里。我们先说一个筷子外传的故事。

一、筷子传入日本

筷子是中国人的发明，是老百姓一日三餐都离不了的餐具。但有心的朋友会注意到，不仅中国人会熟练使用筷子，亚洲汉文化圈的日本人、韩国人、朝鲜人、越南人也会用筷子。只不过，他们的筷子文化都是从中国传过去的。

中国筷子起源很早。据传说，大禹治水时，为了节约时间，用树枝捞取熟食，发明了筷子；也有传说，是姜子牙发明了筷子。在河南安阳殷墟中的考古发掘中，出土了用象牙和铜制作的筷子。这说明，至少在三千多年前，中国人已经发明和普遍使用筷子了。据科学研究，使用筷子不仅方便、优雅，而且有利于健康和智力，好处很多。后来，随着中外文化的交流，中国的筷子传入朝鲜、韩国、日本和越南等汉文化圈的诸多国家与地区。

那么，中国的筷子是什么时候传入这些国家的呢？

发生在一千多年前的一次外交活动说明，隋炀帝时期，中国的筷子已经漂洋过海传入了日本。

隋朝的时候，日本处在封建社会初步形成时期，迫切希望与隋朝交往，学习先进的政治和文化制度。于是，日本曾经向中国派出过 6 次遣隋使，比遣唐使的时间早了几十年。当年日本的遣隋使是通过哪条海路进入中国的呢？

史书记载，主要是两条：一条是北线，从日本列岛跨海到朝鲜半岛，然后，沿朝鲜半岛进入我国的渤海沿岸，再沿渤海达到我国的烟台附近。弃舟登岸后，由陆路穿越山东，进入河南的开封、洛阳，到达长安。返回的时候，也是在烟台附近港口离岸。唐朝的时候，烟台地区属于登州（治所在今烟台所属蓬莱市），所以，这条海路也被称为“登州海行入高丽、日本道”，也称“渤海道”。

另一条是南线，由日本列岛直接横渡黄海，由我国南部的明州（今浙江宁波）、扬州等港口登陆，然后，沿大运河进入长安。由于隋、唐、北宋时期，都城在长安、洛阳和开封，相比于南线，北线路途较近，更加便利，沿海岸线航行也比较安全，所以，在日本派出的 19 次遣唐使中，有 7 次是沿北线一带渡海，在烟台附近登岸的。遣隋使也大多把登陆和离开中国的港口选择在烟台。

隋炀帝在位的大业三年（607），日本派遣小野妹子等几十人，作为第二次遣隋使，从日本出发，沿“渤海道”进入中国。使团在烟台附近登陆，去到隋都长安学习和交流。隋炀帝接见了日本使团。回国的时候，小野妹子邀请隋朝也派使节访问日本。这时候，隋朝政治稳定、经济发达，隋炀帝积极推行对外开放政策，希望加强陆上丝绸之路与海上丝绸之路的对外交流活动。所以，答应了日本使团的请求。

为此，大业四年（608），隋炀帝派文林郎（散官）裴世清（又名裴清）等人以答礼使的身份随小野妹子出使日本。裴世清虽然是个低级官吏，但裴氏家族一直是隋唐时期的名门望族，所以，显示出隋朝对这次出使日本还是比较重视的。裴世清所走的路线是从都城长安出发，陆路经洛阳、开封，山东曹州（今山东曹县）、青州（今山东青州市），到达登州，在烟台附近乘船渡海，沿渤海西行、北行，经朝鲜半岛南下，渡海到达日本。日本派遣数百人的仪仗队，在海岸隆重迎接，场面颇为壮观。到了日本国都奈良后，裴世清与日本摄政大臣圣德太子相见，相谈甚欢。

据日本文献（一色八郎《箸の文化史》）记载，为了显示主人的热情，圣德太子在会见裴世清的时候，身穿中国丝绸制作的五彩斑斓的服装；而在招待裴世清带领的中国访问团用餐的时候，特意在餐桌上摆上了箸，也就是筷子。圣德太子和中国使团成员一样都用筷子进食，这让裴世清很吃惊。从裴世清和圣德太子的交流得知，隋朝时，筷子已经传到了日本，而且日本上流社会已经能够熟练地使用中国筷子了。

不过，在筷子传入日本之前，日本人一直保留着“手食（用手抓食物）”的习惯。而筷子传入日本，彻底改变了日本人的进餐方式，是一件具有划时代意义的大事。所以，日本太子招待中国使团时使用筷子也就不奇怪了。而烟台是那个时期中日使团登岸和离岸的重要港口，也许中国的筷子就是通过烟台传入日本的。

其实，隋朝之后，在长达数百年的时间里，由于烟台与日本以及朝鲜半岛之间隔海相望的特殊地理位置，使得从日本、朝鲜半岛来到中国的官方使节、留学生、学问僧以及大量民间商人等大多从烟台港口登陆。频繁的海上政治、经济和文化交流对这座城市产生了深刻影响，苏东坡就曾经见证了当年烟台城市发展的情景。

二、苏东坡的登州之旅

宋神宗元丰八年（1085），苏东坡（1037 ~ 1101）经乌台诗案和黄州之贬的接连打击后，感觉仕途渺茫，准备退出政坛，安度晚年。而这时候，新君宋哲宗即位，急需人才，一纸任命下来，让苏轼去知登州（即做登州知府）。这一年，苏轼已经 50 岁了，刚好到知天命之年。

苏东坡接到任命后，还在江苏，当时交通不便，所以，苏东坡从江苏北上到登州上任，一路走走停停，走了三个多月。这一年的十月十五日，苏东坡终于到了登州任所，也就是蓬莱。但他无论如何也没有想到，当他赶到登州赴任的第一天，就接到朝廷的新任命，让他马上赶到都城开封，就任礼部郎中。通知里说得明白，登州新知府已经在路上，只要新知府一到，他马上就得离开登州，赶赴开封。古代官员的任命往往如此，所以，在官场上往往是无法把握自己的命运的。

下属们就对苏东坡说，反正过几天新知府就到了，您一路风尘仆仆，十分劳乏，趁这些天好好休息一下吧。可苏东坡觉得，新知府未到任，州务不能没人管，我只要在登州待一天，就要为百姓做点事。这是苏东坡一贯的作风。于是，他照常处理州务，并抽空察访民情。

苏东坡看到，当时的登州对外贸易很繁荣，有朝廷设立的专门招待外国使者、商人居住的“新罗馆”“高丽馆”。为什么要建这些馆驿呢？有两个用途，一个是接待外国使团，供应他们吃住；另一个用途则是来到这里的外国商人的暂住之地。按照规定，并不是所有的使团成员都能进京朝见的。使团大都包括译官、军官、医官、家奴、厨子、艄公、炮手等，可达三四百人，可是，能从登州启程访问都城、晋见皇帝的人数只有几十人，其他绝大部分船员、勤杂人员要留在登州的馆驿。在此等候短则数月，长则一两年，直到使团返回，才离开登州回国。漫长的等待期间，那些人都干什么呢？

一是把使团携带的本国商品，比如绵、珍珠、手工艺品等进行交易。二是购买、补充、准备返程所需的各种物资。实在无事可做的时候，就在登州地方政府划定的安全范围内游览观光，体验当地的民俗风情。这一方面活跃了当地的市场，增加了当地的收入；另一方面，也让外国人更多地了解了烟台当地的文化。这让苏东坡颇感自豪。

不过，在主持工作、等待新任知府的第二天，苏东坡却发现了一件怪事。登州临近大海，海盐丰富，所以，登州城中有不少盐铺，买卖兴隆。苏东坡不禁为登州的老百姓感到庆幸，心里想，老百姓吃盐总归是方便的，价格也会很便宜。但不久他就发现，这里的盐的价格和他在内地见到的差不多，他感到很奇怪。向买盐的老百姓一打听，才知道，登州海盐丰富，有很多专门煮盐的灶户。但盐属于国家专卖产品（称作榷盐），朝廷规定，灶户所产之盐，必须先卖给官家，官家再以国家指定价格卖给百姓。灶户如果出售私盐，就违反了国家法律，是要受到法律惩罚的。这样，一方面，灶户卖盐所得很少，煮盐积极性不高；另一方面，当地百姓守着丰富的海盐，但食盐的价格又很高，灶户和老百姓都满肚子怨气。但多年以来，这个问题并未得到解决。苏东坡觉得这种做法既不利于国，又不利民，马上决定向朝廷奏明此事，希望能彻底改变这一做法。于是，当天夜里就写了一份奏折《乞罢登莱榷盐状》，对国家的榷盐政策在登州、莱州（今山东烟台、莱州两市）一带的弊端进行了分析，建议朝廷在登州一带取消榷盐制度，使食盐在市场上能够正常流通。

这封奏折送出去的第三天，也就是苏东坡抵达登州的第五天（十月二十日），新知府就到了。满打满算，苏东坡前后共做了五天的知府。

苏轼在离开登州前，对这个海滨城市流连忘返，两次登临蓬莱阁，留下了几首诗篇。其中，有一首描写海市蜃楼的诗写道：

东方云海空复空，群仙出没空明中。

荡摇浮世生万象，岂有贝阙藏珠宫。

……

斜阳万里孤岛没，但见碧海磨青铜。

新诗绮语亦安用，相与变灭随东风。

——苏轼《登州海市》①

民间传说，“海市蜃楼”“八仙过海”等都发生在蓬莱附近。而所谓“海市蜃楼”则是在特殊的自然环境下，海上云雾升腾，在虚无缥缈的云雾里，人们远远望去，会看到宫殿、台阁、城墙、车马、人物等奇特景观，历历在目。传说影响很广，也显得很神秘。苏轼站在蓬莱阁上，眼前仿佛看到了东方云海中群仙出没的情景，但他心里很清楚，这只不过是人的幻觉而已。

苏轼回到宋都开封后的两个月（此时苏轼已经离开登州），朝廷接受了苏轼的建议，取消了登州的榷盐制度，食盐在市场上能够正常流通了，朝廷只向灶户收取一定的税额。这样，既提高了灶户生产的积极性，又降低了食盐的价格，减轻了百姓的生活负担。后来，这个制度一直延续到清朝末期，烟台的百姓因为苏轼的一道奏折受惠了近千年。当然，当地百姓没有忘记给他们带来利益的五天知府苏东坡，后来，在蓬莱岛上的蓬莱阁附近，当地百姓修建了苏公祠。于是，民间留下了这样一种说法：

五日登州府，千年苏公祠。

一个地方官，为老百姓做一件实实在在的好事，老百姓可能记上一辈子；而一辈子为老百姓做好事，老百姓可能会记上千年。苏轼在登州的经历就说明了这个道理，也成了今天在烟台各地流传的千古美谈。

实际上，在隋唐宋长达数百年的时间里，烟台港都是我国北方地区最大、

① 王文诰辑注：《苏轼诗集》，中华书局，1982 年版。

最繁荣的对外交流港口。相对发达的中国文化对日本、朝鲜和韩国的影响甚至延续到了明朝时期，朝鲜文人李民宬在山东的经历就说明了这一点。

三、李民宬的山东情结

从地理位置上来讲，烟台距离朝鲜半岛更近，通过海上丝绸之路的交流更方便。据现有可查阅资料表明，隋唐时期，朝鲜半岛的高丽、百济、新罗曾以朝拜、纳贡、献物、贺正、谢恩等名义派出的遣唐使节达 100 多次；反过来，唐朝以册封、答赉等名义派往高丽、百济、新罗的使节也有 30 多次，这还不算大批渡海来到唐朝的三国留学生、留学僧等。而高丽、百济也好，新罗也好，其派往中国的使节绝大部分是沿渤海道在今烟台附近登陆和离开的。

明朝中期以后，由于倭寇猖獗，明朝几乎断绝了与日本的所有外交和贸易活动，但与朝鲜半岛的交流却没有停止。在这一时期的中朝交流史上，曾经有一个很有名的朝鲜政治人物两次来到中国，并留下了通过烟台访问中国的记载。

这个人叫李民宬（1570 ~ 1629），是朝鲜历史上著名的文人、政治家。他博学多才，青年时期，通过科举考试进士及第。实际上，隋唐以后，朝鲜也把儒家思想作为立国之本，“四书五经”成为朝鲜士子必读的教科书和科举考试的教材，并通过科举考试选拔官吏。科举及第以后，李民宬曾在朝鲜的吏部、兵部、监察部等部门做官，以知识渊博、直言敢谏在朝野上下知名。由于长期受到儒家文化的熏陶，攻读孔孟的著作，所以，李民宬对孔孟之乡山东充满了敬仰之情。他想，要是能亲身拜谒孔孟之乡，那该多好啊！他做梦也没有想到，还真的等来了这个机会。

明万历三十六年（1608），他作为王世子册封奏请书状官，也就是专门代表国王向明朝递交呈文的使团成员出使明朝，这是李民宬第一次代表朝鲜政府出使明朝。不过，这次出使是通过陆路，经我国的东北地区，到了北京。事隔十多年之后（明天启年间，1623 ~ 1624），李民宬再次以书状官身份出使明朝。这一次来华路线是海路，横渡渤海，在山东烟台附近登陆后，绕道山东到了北京。为什么不走陆路了呢？因为这个时候已经是明朝晚期，后金（也就是后来的清朝）在我国东北地区崛起，阻断了朝鲜与北京之间的陆上交通。所以，李民宬自然而然选择在烟台附近登陆。

当时，朝鲜派出了以李民宬等三人为首的包括译官、军官、写字官、医官、艄公等总共 345 人组成的庞大使团，分乘四条船渡海前来，李民宬的身份仍然是书状官。经过 21 天 3400 里的艰难海上航行，他们终于到达烟台所属的登州。根据明朝留下来的史料显示，当时，在登州实际登岸的使团成员总共 328 人，可见，在 21 天的航海中，有 17 人因各种原因未能顺利登岸。艄公、水军等勤杂人员留在登州馆驿等候使团返回，实际上从登州启程访问北京的人数只有 64 人。

李民宬精通汉语，善于赋诗作文，他从一开始从朝鲜出发，就用纪行诗文记录下了一路上的所见、所闻和所感。渤海的惊涛骇浪、时隐时现的海中小岛、登州的蓬莱水城、山东沿途各地的历史遗迹和灿烂文化、大明首都北京的人文景观等都成为他歌咏的对象，他前后留下了数百首纪行诗文。那么，对于他早已在经史子集中相当熟悉的孔孟故乡、儒家文化发源地的山东，李民宬又有着怎样的真实感触呢？

从李民宬的纪录来看，李民宬一行从登州入城，当天晚上，李民宬登上蓬莱水城，遥望大海，写下了这样一首诗：

秦皇何所得，汉帝亦无成。

远客凭栏久，沧溟月又生。

——李民宬《燕槎唱酬集》[①]

如果我们不知道李民宬是朝鲜人，还以为这首诗出自哪一位中国大诗人之手呢。同时，从诗歌内容可以看出，李民宬对当年秦皇汉武东巡蓬莱求仙的历史很熟悉。诗人凭栏远眺大海，眼前仿佛涌现出当年秦皇汉武执着求仙、试图寻求长生不死的情景。但时过境迁，人世间没有谁可以长生不老，只有涛声依旧的海浪和当空的皓月，才能亘古长存。

从登州向内地走，李民宬又经过了山东的莱州、青州、济南、德州等地。他在莱州（今山东烟台西部莱州）时，拜谒了当地的文庙，参观了东莱书院。当时，莱州文庙的管理非常规范，有专门的守门人负责打开文庙的大门，组织使团一行以礼参拜。在文庙大殿中，至圣孔子的塑像庄重威严，孔子身穿的冕服干净整洁、保持完好，塑像前香烟不断，营造出浓厚的文化氛围。东莱书院是明朝山东半岛有名的书院，李民宬记载，在书院正堂塑着孔子塑像，象征着正规的儒家教育；而书院就位于莱州府衙旁边，表示莱州府对儒家教育机构的重视。整个城市弥漫着浓厚的儒家文化氛围，给李民宬留下了深刻印象。

在济南府，李民宬还参观了著名的趵突泉；在经过山东乡村的时候，虽然已经到了明朝末年，他还是看到了和谐、宁静、富足的田园生活情景。

李民宬通过拜谒莱州文庙、参观东莱书院，既看到了齐鲁大地保存和祭祀历代贤哲的礼仪文化，确认了儒家文化在山东的传承；同时，美丽的蓬莱城、富庶的山东农村生活情景也给他留下了深刻印象，使他更加对孔孟之乡，乃至中国丰富多彩的文化系统产生了无限敬仰之情。

① 李民宬：《登蓬莱阁秦皇汉武遣方士，望海中蓬莱山故名》，《燕槎唱酬集》上，《敬亭先生集》卷之六。

四、星移斗转谋新篇

其实，无论古代还是今天，烟台港并不只是一个港口，而是一个大的港口系统，或者说港口群，它包括了蓬莱港、八角港、莱州港、海阳港等多个大型港口。只不过从时间和影响力上来看，古登州蓬莱港的知名度最高。在隋、唐、宋、元、明长达数百年的时间里，烟台附近各港口都发挥着作用，成为我国北方地区最大、最繁荣的对外交流港口群，并以烟台为中心形成了一个中、日、朝、韩共享的文化空间，最大限度地促进了彼此之间的经济、文化交流与发展。

就中国与朝鲜、韩国的交流来说，李民宬的儒家文化修养之深已经令人震惊，而韩国的国旗则更渗透着中国文化的元素。韩国国旗图案取材于中国儒家经典著作《周易》，中央的太极象征着宇宙，蓝色为阴，红色为阳；四个角落分别是八卦里边的乾、坤、坎、离，代表天、地、水、火。这面国旗产生于我国的清朝时期，在设计国旗的过程中，朝鲜接受了中国一位外交官马建忠（1845 ~ 1900）的建议。后来，太极八卦旗成了韩国的国旗，一直沿用到了今天。

当然，朝鲜半岛的文化也对中国产生了影响。比如，唐朝初期的时候，在都城长安宫廷中形成了所谓的“十部乐”，也就是十部在宫廷中经常演出的大型乐舞。其中，除了通过陆上丝绸之路传入长安的天竺乐、龟兹乐、高昌乐，还有来自朝鲜半岛的高丽乐，受到上层贵族、文人和百姓的喜欢。这是朝鲜半岛文化对中国传统文化影响的一个明显例证。

不过，正如大家所知道的，鸦片战争之后，烟台也被西方国家强行开辟为通商口岸，中国沦为半殖民地半封建社会的深渊，西方物资和文化大量涌入中国，中华民族也由此重新走上曲折而漫长的复兴之路。

习近平总书记在庆祝中国共产党成立 95 周年大会上的讲话中曾指出：

今天，我们回顾历史，不是为了从成功中寻求慰藉，更不是为了躺在功劳簿上、为回避今天面临的困难和问题寻找借口，而是为了总结经验教训、把握历史规律，增强开拓前进的勇气和力量。

——习近平

我和大家一起回顾海上丝绸之路古城的历史也是这样一个目的。

通过对 15 座海上丝绸之路古城的解读，大家会看到：我国自古以来，就是世界主要的海洋大国，拥有漫长的海岸线、辽阔的海域、丰富的海洋资源以及众多优良的海港。海上丝绸之路由中国发起，从东方向西方延伸。通过海上丝绸之路，中国输往世界各地的主要产品从丝绸、瓷器、茶叶，到儒家思想、律令制度、四大发明等，对沿线 60 多个国家和地区产生了不同程度的影响，形成了一股持续吹向全球的东方文明之风。因而，海上丝绸之路素有“陶瓷之路”“茶叶之路”“香料之路”等美誉。与此同时，海外的名贵木材、珍珠香料，以及众多植物、宗教文化等，通过海上丝路输入中国内地，大大丰富了中国人的文化生活。一条丝路，把世界沟通，文明交融，民心相连，从此世界不再遥远！

这就告诉我们，中国虽然自古就是一个农耕文明发达的国度，虽然也有因“重陆轻海”“重农轻商”的传统观念而导致的闭关锁国，延迟了近代科技发展的进程，但中国人从来不缺乏海洋意识，不缺乏生生不息的海洋精神。

北海、广州、泉州、宁波、青岛、烟台等一座座海上丝绸之路古城，都曾经向海而生，劈波斩浪，创造了一个个海上丝路的不老传奇。同时，这些城市也在与众多海外国家的长期交往中，培育和积淀了开放、包容、丰富多彩，不同于内地城市的鲜明城市文化。打个比方，就像一个原本纯朴的渔家姑娘，见足了大世面，又学会了琴棋书画，“腹有诗书气自华”，卓然屹立于中国城市之林，令人向往、令人钦佩，引领着中国城市发展的方向，代表着中国文化的形象。

星移斗转，再谋新篇。21 世纪是海洋的世纪，“一带一路”倡议正是中国人按照我们自己的方式构筑新时代中国梦的最好选择。在这个过程中，海上丝绸之路城市应该更有作为：一方面，利用碧海蓝天的天然优势，保护好海上丝路遗产，传承好珍贵的海上丝路文化，向中国游客、向世界人民讲好海上丝路故事；另一方面，增强自身的海洋意识，不断提高海洋资源开发能力，坚决维护国家海洋权益，打造人类命运共同体，建设更美好的海洋家园！

【趣味知识自测题】参考答案

1.D　2.D　3.A　4.A　5.C　6.B　7.B　8.C　9.B　10.B